Michael Schmidt, Michael Wendland (Hrsg.)

**Der wunderbare florentinische Geist**

Einblicke in die Kultur und Ideengeschichte des Rinascimento

# EuKlId

*Europäische Kultur und Ideengeschichte*
Mitteilungen. Band 1

Herausgeber: Bernd Thum, Hans-Peter Schütt
Institut für Philosophie, Karlsruher Institut für Technologie

# Der wunderbare florentinische Geist

Einblicke in die Kultur und Ideengeschichte des Rinascimento

Herausgegeben von
Michael Schmidt und Michael Wendland

Mit einer Einleitung von Ulrich Arnswald
und einem Nachwort von Hans-Peter Schütt und Bernd Thum

**Umschlagbild**
Johannes Munk 2008

**Impressum**
Karlsruher Institut für Technologie (KIT)
KIT Scientific Publishing
Straße am Forum 2
D-76131 Karlsruhe
www.ksp.kit.edu

KIT – Universität des Landes Baden-Württemberg und nationales
Forschungszentrum in der Helmholtz-Gemeinschaft

KIT Scientific Publishing 2011
Print on Demand

ISSN 2192-872X
ISBN 978-3-86644-716-5

*In Erinnerung an Jerome Schöbe*

# Inhalt

# Inhalt

# Vorwort

Es waren soziokulturelle Entwicklungen in Italien, die als die Anfänge dessen gelten können, was wir heute als die europäische Epoche der Renaissance begreifen. Wenn man nun den Fokus auf eben diese Entwicklungen richtet, sollte man vielleicht besser den italienischen Begriff benutzen und von der Zeit des *Rinascimento* sprechen.

Die Vorreiterrolle, die Italien hinsichtlich der Renaissance für Europa innehatte, übernahm in gewisser Weise Florenz im Bezug auf das *Rinascimento* für Italien. „Der wunderbare florentinische Geist" (Jacob Burckhardt) prägte Italien und Europa während dieser Zeit in seiner ganzen Vielfältigkeit: Er revolutionierte nicht nur die Dichtung, Musik und die bildenden Künste, sondern auch die Naturwissenschaften, die Architektur, die Ingenieurskunst, das politische Denken sowie das Finanz- und Handelswesen und verband dies alles mit der Philosophie und den beiden formalen Disziplinen – der Logik und der Mathematik.

Die kulturelle Blüte, die Florenz im *Rinascimento* erlebte, ist vor allem darauf zurückzuführen, daß sowohl Künstler als auch Ingenieure und Philosophen ein Umfeld vorfanden, in dem ihre Tätigkeit gefördert wurde. Dadurch konnten sich ganz unterschiedliche Bereiche entwickeln und gegenseitig befruchten. Die Diversität besaß also eine wichtige Funktion, denn die Entwicklung eines Teilbereichs, wie der Malerei oder des Handelswesens jener Zeit, wäre so nicht denkbar gewesen ohne den Einfluß und die Entwicklung der anderen Bereiche.

Eben diese Vielfalt ist es, die das Bild von Florenz bis heute prägt und die den Besucher dieser schönen Stadt fasziniert. Sie spiegelt sich ein wenig auch in diesem Buch über Florenz und die Kultur und Ideengeschichte des *Rinascimento*. Es entstand als studentisches Projekt nach einer Exkursion in die toskanische Hauptstadt im Rahmen eines Seminars über Machiavelli und seine theoretischen Schriften.

Die Möglichkeit zur Exkursion und die Möglichkeit zu diesem Buchprojekt sind nicht selbstverständlich und alltäglich – wir danken denen, die dies möglich machten:

Dem Dozenten Ulrich Arnswald, für sein Oberseminar „Niccolò Machiavelli: *Der Fürst* und die *Discorsi*", das den Anstoß zu diesem Projekt gab. Ulrich Arnswald ermöglichte mit seiner Initiative und seinem großen Engagement die Exkursion und half bei der Fertigstellung dieser Publikation.

Den Professoren Hans-Peter Schütt und Bernd Thum, den Herausgebern der Reihe „EuKlId–Mitteilungen", die mit diesem Band eröffnet werden darf.

Dem Institut für Philosophie am Karlsruher Institut für Technologie (KIT) und dem Arbeitskreis Politische Philosophie (polphil), insbesondere David Emling für seine Hilfe beim Satz.

Marco Casu, von der Universität La Sapienza in Rom, der mit einem Beitrag in diesem Buch vertreten ist, sowie allen anderen Autorinnen und Autoren.

Den Mitarbeiterinnen und Mitarbeitern von KIT Scientific Publishing. Namentlich der Verlagsleiterin Frau Regine Tobias sowie Frau Brigitte Maier und Frau Sabine Mehl.

Karlsruhe, im Juli 2011

*Die Herausgeber*

# Einleitung

## *Laudatio florentinae urbis*[1]
## Der Wettbewerb von Wissenschaft, Kunst und Bildung als Inspirationsquelle für Generationen

*Ulrich Arnswald*

*Blick auf die Domkuppel des Architekten Filippo Brunelleschi, Ulrich Arnswald 2008*

Wenn es eine Stadt gibt, bei der die Rede vom berühmten *genius loci* ihre Berechtigung hat, dann ist dies Florenz. In wohl keiner Stadt der Welt wurde die Geschichte einer Epoche zuerst so umfangreich geschrieben, um anschließend anhand ihrer Kulturgeschichte so anhaltend reich beschrieben zu werden wie in der Stadt, die gerne als „Wiege der Renaissance" oder als „Hauptstadt der Toskana" bezeichnet wird. Letztere Ehrentitel sind

---

[1] Dieser Titel lehnt sich an Leonardo Bruni an.

ähnlich wie in Hauptstädten großer untergegangener Reiche für die Florentiner kaum von Trost, denn viele Einheimische trauern immer noch – zumindest dem Anspruch nach – der einstigen Führungsrolle als Hauptstadt Italiens nach. Es ist zweifellos richtig, daß viele Auswärtige „[ü]ber den heutigen Rivalitäten zwischen Rom und Mailand [...] immer mehr vergessen, daß die Mitbewerberin um die Krone der ersten Stadt Italiens jahrhundertelang Florenz hieß [...]."[2]

Das Selbstverständnis, eine Art heimliche Kapitale zu sein, beflügelt bis heute den Ehrgeiz der Florentiner sowohl in der lokal-patriotisch gefärbten selbstausgerufenen Konkurrenz zur Hauptstadt Rom, als auch in der Konkurrenz zu den einstigen Stadtstaaten wie z.B. Siena, Pisa, Lucca, Genua, Verona, Bologna, Mailand oder Venedig.[3] Streng genommen waren die Stadtstaaten am Anfang des 15. Jahrhunderts weder Stadt noch Staat. Sie waren vielmehr eine Art Zwischengebilde – einerseits noch Stadt, andererseits schon der Anfang eines werdenden Staatswesens. Von Fernand Braudel als „Zwitterwesen" bezeichnet, entfalteten diese zwar eine beachtliche wirtschaftliche und kulturelle Dynamik, erwiesen sich aber gerade bei der militärischen Verteidigung ihres Gemeinwesens als äußerst schwerfällig und zudem auf externe Hilfe angewiesen.[4]

Diese im Italien der Renaissance einsetzende Symbiose von Stadt und Staat wurde zu einem großen kulturellen Vorteil, da selbst die kleinste Stadtrepublik noch große Familien und Persönlichkeiten hervorbrachte, die wiederum die Städte in vielfältiger Weise förderten. Die Eliten pflegten dabei eine bürgerliche Kultur:[5] Mittels Spenden unterstützten ihre

---

2 Schreiber 2004, 9.
3 Vgl. Burke 1990, 46f.; vgl. ebenso Beuys 1992, 10; 17.
4 Vgl. Braudel 1999, 44.
5 Es ist unstrittig, daß die Renaissance eine Eliten-Bewegung war. Auf die Gesamtbevölkerung bezogen waren die Humanisten eine Minderheit, bestehend primär aus den Freiberuflern wie Lehrern und Notaren, aber auch aus den reichen Kaufmännern und den Künstlern, zudem den Mitgliedern der herrschenden Klasse wie den Fürsten, Adeligen und Kirchenvätern. Vgl. Burke 1990, 47. Burke hebt diesen Punkt an anderer Stelle noch plastischer hervor: „Die Intimität, das Dörfliche der Renaissancegesellschaft (so erscheint es uns heute) tritt noch deutlicher zutage, wenn man sich vor Augen führt, daß es Ficino war, der Guicciardini über den Taufstein hielt, und daß dieser gleiche Guicciardini später mit Machiavelli im Briefwechsel stand; oder wenn man die Debatten über die Aufstellung von Michelangelos *David* aus dem Jahre 1503 liest: anwesend sind dreißig Personen, darunter Leonardo, Botticelli,

Angehörigen Kirchenbauten, begründeten Bibliotheken, förderten Künstler und ermöglichten Akademien, sich auf die Generierung von Wissen und
die Weitergabe von Bildung zu konzentrieren. Dabei gelang der doppelte
Wettbewerb, einerseits unter den bürgerlichen Städtern, andererseits
zwischen den Stadtrepubliken so vortrefflich, daß der Aufbruch einer
Epoche paradigmatisch zum erneut anzustrebenden Parnaß einer Vielzahl
nachfolgender Epochen wurde. Der Schlüssel zu dieser einzigartigen Blüte,
deren Wiederbelebung oft versucht wurde, bestand aus zwei Haupt-
aspekten: Streben nach Wissen bzw. Bildung sowie bürgerlicher Wettbewerb.

Die von Aby Warburg hingegen als „Geburtsstätte moderner selbstbewußter städtisch-kaufmännischer Kultur"[6] bezeichnete Stadt Florenz ist
aber genau dies in einem auf andere Städte übertragbaren Sinne nicht: Sie ist
nicht der Ausgangspunkt ähnlich erfolgreicher städtisch-kaufmännischer
Milieus andernorts – zumindest nicht, wenn man diese Kultur mit anderen
Handelsmetropolen und „ihrer städtisch-kaufmännischen Kultur" vergleicht. So gerne die zeitlich nachfolgenden Eliten Hamburgs, Frankfurts,
Londons, Amsterdams oder Mailands sich bis heute in die Tradition des
kunst- und kulturfördernden Mäzenatentums der Florentiner Kulturgeschichte zwischen 1380 und 1450 stellen mögen, dem hohen Geist vom
Florenz des Humanismus können ihre jeweiligen städtischen Kaufmanns-
kulturen nicht das Wasser reichen.[7] Salopp gesagt, waren in Florenz gerade

---

Perugino, Piero di Cosimo, die Gebrüder Sangallo, Andrea Sansovino, Cosimo
Rosselli – und das Protokoll verzeichnet, wie jeder von ihnen über die Vorschläge der
anderen dachte." Burke 1996, 238.

[6] Warburg 1989, 16.

[7] Braudel betont die doppelte Stoßrichtung dessen, was man unter „Humanismus"
versteht: „So ist der Humanismus nicht einfach eine Rückwendung zur Antike [...].
Der Humanismus verheißt ‚Fortschritt und Rückkehr', was offensichtlich ein
Widerspruch in sich ist [...]." Braudel 1999, 54f. Dafür spricht auch, was Burke in
Sachen Selbstironie und Selbstkritik der Humanisten festhält: „Die Imitation der
Alten war indes nicht sklavisch. Es ging nicht darum, die Alten ‚nachzuäffen', um
eine der damals beliebten Metaphern zu benutzen. Man war vielmehr bestrebt, die
Vorlagen anzugleichen, sie zu etwas Eigenem zu machen, ja sie womöglich zu über-
treffen. Zwar ging man gemeinhin davon aus, daß die ‚Modernen' die Leistungen der
Alten nicht würden erreichen können, doch stellte dieser Gemeinplatz zugleich eine
ungeheure Herausforderung dar. Wie wir gesehen haben, war es Michelangelo gelungen, eine seiner Statuen für antik auszugeben. Alberti verfaßte eine lateinische

keine „Pfeffersäcke" am Werk, die ausschließlich den kurzfristigen Mammon, irdischen Ruhm sowie gegenwärtiges Glück suchten, sondern vielmehr Kaufleute, die

[...] ihr Geld nicht nur in finanzielle Transaktionen und günstige Schiffsladungen [steckten]. Sie waren von zwei Dingen überzeugt: daß für den ewigen Ruhm ihrer Stadt und ihrer Person nichts eine bessere Rendite versprach, als in Bauten und Kunstwerke zu investieren; und daß zu Lebzeiten der Geldgeber die eindrucksvollen Kirchen, Skulpturen und Fresken den Stolz aller Bewohner auf ihre Stadt mehrten und in den gar nicht so seltenen Krisenzeiten den Willen zum Widerstand gegen eine Welt von Feinden entschieden förderten. Nicht Furcht und Schrecken hielten die Kommune am Arno im Innern zusammen, sondern gemeinsame Überzeugungen, die die Künstler durch ihre Meisterwerke propagierten und öffentlich machten.[8]

Dies ist auch das Sentiment, das man im *Florenzer Tagebuch* von Rainer Maria Rilke wiederfindet. Er beschwört dort die Notwendigkeit der Ewigkeit als Denkfigur: „Wir brauchen die Ewigkeit, denn nur sie gibt unseren Gesten Raum; und doch wissen wir uns in enger Endlichkeit. Wir müssen also innerhalb dieser Schranken eine Unendlichkeit schaffen, da wir an die Grenzenlosigkeit nicht mehr glauben."[9] Aber Rilke geht noch wesentlich weiter, wenn er die Ewigkeit in den Grabmälern der Florentiner – sicherlich nur in den Epitaphen und Kapellen der kunst- und kulturbeflissenen Oberschicht – zu erblicken meint:

Alle Furcht des Todes fällt einem ab diesen Grabmälern gegenüber. Überhaupt erscheint der Erbfeind überwunden, wo ihn das Leben so naiv und schlicht [...] mit aller seiner Liebe und Lichtheit feiern kommt. Er ist wie durch Großmut beschämt und legt seine harten Hände verzichtend in die seines Besiegers. [...] Diese Versöhnung gipfelt in dem ruhigen Rund, welches die schlafende Marmorgestalt schützend und abschließend überwölbt und ihren weißen Frieden noch feierlicher und einsamer macht. Diese Menschen wurden nicht vom Tode besiegt, und keine Spur von Widerstand, keine Erinnerung an Kampf macht die Falten ihres Gewandes hart oder verdunkelt ihre Stirnen.[10]

---

Komödie, die ebenfalls für ein klassisches Werk gehalten wurde. Und der Humanist Carlo Sigonio ‚entdeckte' eine verschollene Schrift Ciceros, die sich im nachhinein als seine eigene Schöpfung herausstellte." Burke 1990, 37.

[8] Beuys 1992, 10.
[9] Rilke 1973, 62.
[10] A.a.O., 112.

Dieses Florentiner Streben nach der Ewigkeit, das zweifelsfrei religiösen Ursprungs ist, und auch den oft manifestierten – wenn auch in Abgrenzung zum Mittelalter wieder bezweifelten – „Individualisierungsschub" dieser Epoche überstand, läßt Rilke zu dem Schluß kommen: *„Ihre* Sehnsüchte dauern in *uns* fort."[11]

Diese Einschätzung erscheint selbst heute noch plausibel, wie Millionen von Florenz-Besuchern jedes Jahr von neuem zeigen. Aby Warburg dürften diese Sehnsüchte nicht unbekannt gewesen sein. Seine als „moderne selbstbewußte städtisch-kaufmännische Kultur" wiedergegebene Haltung der Florentiner verweist indirekt wohl auf den Begriff *Fiorentinità,* der aber meines Erachtens ein Unikat ist und als solcher verstanden werde sollte.

*Fiorentinità* umschreibt „eine Kombination von Geschäftssinn und Glaubenseifer, humanistischem Denken und beißender Spottlust, schroffem Realismus und verfeinertem Geschmack, Tiefgründigkeit im Abstrakten und Harmonie im Konkreten."[12] Hervorzuheben und entscheidend ist, daß die Angehörigen der florentinischen Oberschicht diese Eigenschaften und Ansprüche geradezu als die ihrigen verinnerlichten und aktiv an sich selbst arbeiteten, um ihnen als Individuum gerecht zu werden und sich zu vervollkommnen. Insbesondere da nach Gene Brucker „der Erwerb von Reichtum nicht als Hinderungsgrund für Bildung und Erlösung betrachtet [wurde], sondern vielmehr als Mittel zur Beförderung von Wissenschaft und Moral."[13] Dies läßt sich am besten am großen Lorenzo il Magnifico festmachen, der als mächtiger Renaissancefürst neben seinem erheblichen Mäzenatentum „ein hervorragender Dichter und Prosaschriftsteller (Liebeslyrik, religiöse Dichtungen, Karnevals- und Tanzlieder, Eklogen, Idyllen, mythologische Verserzählungen, platonisierende didaktische Gedichte u.a.)"[14] war. Insofern war das bürgerliche Mäzenatentum immer nur ein Teilaspekt des florentinischen Aufbruchs, der zudem mit einer inneren Entwicklung der Geldgeber und Eliten verknüpft war. Letzteren ging es auch um Selbsterkenntnis angesichts der eigenen Endlichkeit.[15]

---

[11] A.a.O., 37.

[12] Listri 1989, 313.

[13] Brucker 1990, 284

[14] Schreiber 2004, 241.

[15] Schreiber hebt hervor, daß selbst aus den Wollhändler- und Bankiersdynastien Humanisten entstammten, die als Denker, Schriftsteller oder Historiker in der Öffentlichkeit hervortraten. Diese Tatsache würde die florentinische Entwicklung

Warburg, dessen Optimismus von Florenz als „Geburtsstätte moderner selbstbewußter städtisch-kaufmännischer Kultur" sich offensichtlich auch in seiner Hamburger Heimat nicht in dieser Form bewahrheitete, würde man unrecht tun, wenn man verschweigen würde, daß zumindest er als Abkömmling einer wohlhabenden Bankiersfamilie mit eigenen Mitteln und Engagement auf eine Entwicklung in diesem Sinne hingearbeitet hat. Die von Aby Warburg begründete und durch seine Florenzaufenthalte inspirierte *Kulturwissenschaftliche Bibliothek* gehörte in der Geschichte Hamburgs zu den bedeutendsten Kunst- und Kultureinrichtungen und zu einer der progressivsten Einrichtungen der Kunstwissenschaft überhaupt, der wir auch den Teilbereich der Ikonologie in der Kunstwissenschaft verdanken. Er strebte also selbst erfolgreich der Florentiner Kultur nach.[16]

Der florentinische Geist hingegen, der sich – neben dem Bereich des Kommerz' – besonders stark auf den Gebieten der Künste, der Literatur und der Wissenschaften austobte, paarte sich mit dem Wetteifer der florentinischen Kaufmänner, Bankiers und Adelsfamilien um die Vormachtstellung. Dieser Wettbewerb fand primär zwischen den großen Familienclans der florentinischen Elite statt. Wie klein diese Welt war, beschreibt Barbara Beuys detailliert:

In der Republik Florenz regierten die reichsten und wirtschaftlich mächtigsten Geschlechter, das waren 60 bis 70 Familien. Hinter ihnen standen jeweils Cliquen und Parteiungen, die sich die Führenden verpflichtet hatten. Der Florentiner Klüngel, in keinem Gesetz vorgesehen, war die wichtigste Institution am Arno. Die höchsten und hohen, nur kurzfristig bemessenen Ämter in Politik und Verwaltung teilten sich maximal 3000 männliche Florentiner.[17]

---

auch von anderen europäischen Entwicklungen unterscheiden. Vgl. Schreiber 2004, 233f. In diesem Zusammenhang betont Burke: „Den Humanisten zufolge waren dazu Studium und Tugend gleichermaßen erforderlich, vor allem das Studium von Grammatik, Rhetorik, Geschichte, Dichtung und Ethik. Diese Fächer nannte man die ‚Wissenschaften vom Menschsein' (*studia humanitatis*), weil sie den Menschen vervollkommneten – einen Unterschied zwischen dem vollendeten Menschen und dem vollendeten Humanisten machte man im übrigen nicht. Die Grundidee lautete: der Mensch ist ein rationales Wesen, und Rationalität bildet sich im Studium der Sprachen – daher die Bedeutung der Grammatik. Auch die Selbsterkenntnis galt als notwendig für die Vervollkommnung des Menschen." Burke 1996, 204.
[16] Vgl. Gombrich 2005; vgl. ebenso Schmidt 1993.
[17] Beuys, 1992, 12f.

Der muntere Wetteifer der reichsten und mächtigsten Geschlechter „enthob viele Humanisten der Sorge um das tägliche Leben",[18] zudem oder gerade deshalb führte er Florenz zu einer nie zuvor gesehenen kulturellen Blüte. Den Ton gaben dabei die Medici vor, die „guten und bösen Engel von Florenz",[19] die damit die anderen Florentiner Familien gewollt oder ungewollt unter Zugzwang setzten, wenn diese nicht in Unbedeutendheit verfallen wollten. Das Ausmaß dieses Wettkampfs wird besonders deutlich, wenn man exemplarisch das Mäzenatentum Cosimos des Älteren mit dem florentinischen Staatshaushalt in Beziehung setzt:

Cosimo der Ältere, wie man ihn zum Unterschied von dem späteren Medici-Herzog gleichen Namens auch nennt, soll in den dreißig Jahren zwischen seiner Rückkehr von Venedig und seinem Tod den ungeheuren Betrag von 600 000 florentinischen Dukaten, Florenen oder Goldstücken für die Förderung der Künste ausgegeben haben, teils gleichsam à fonds perdu in Form von Stiftungen von Bibliotheken und Akademien, teils in direkten Zuwendungen an Maler, Bildhauer und Dichter im Zusammenhang mit Aufträgen. Vor der bekannten Schwierigkeit, solch einen Betrag verläßlich umzurechnen, kapitulieren die Historiker aus unseren neuen Zeiten eines schwindenden Geldwertes, im vorigen Jahrhundert wagte man sich noch, aber nur die Tatsache, daß diese Summe doppelt so hoch war wie der gesamte florentinische Staatshaushalt, gibt eine gewisse Vorstellung von ihrer Höhe und Bedeutung.[20]

Diese uneingeschränkte Philanthropie ist aber nicht nur bei Cosimo dem Älteren festzustellen. Sie ist im Hause Medici vielmehr bis zum Aussterben der Florentiner Linie Usus.[21] Besonders interessant ist die *Letzte Verfügung* der *Serenissima Elettrice* (dt. Kurfürstin) Anna Maria Luisa de Medici (1667–1743), die die Witwe des Kurfürsten Johann Wilhelm –

---

[18] Schreiber 2004, 238.

[19] Dickens 1968, 315.

[20] Schreiber 2004, 219.

[21] Burke spricht sogar von einer Wirtschaftsethik „der Freigebigkeit oder des Geltungskonsums", die er bei Leon Battista Alberti (1404–1472) begründet sieht, „in dessen Buch über die Familie die Tugend der ‚Prachtentfaltung' (*splendore*) im Wettstreit mit der der Sparsamkeit liegt." Er fügt hinzu: „Sie begegnet uns auch bei Cosimo de' Medici, über den Bisticci berichtet: ‚Ich habe Cosimo sich selbst anklagen hören, daß er nicht zehn Jahre früher mit Schenkungen für die Stadt begonnen hat.'" Burke 1996, 207.

genannt Jan Wellem – von der Pfalz war. Sie übertrug dem Großherzog Franz II. von Lothringen und seinen nachfolgenden Großherzögen

[...] alle beweglichen Güter und Raritäten aus dem Erbe ihres Bruders, des Großherzogs [Gian Gastone von Toscana 1671-1737] wie Galerien, Bilder, Statuen, Bibliotheken, Juwelen und andere Preziosen, die heiligen Reliquien, Reliquiare und die Ausschmückung der Palastkapelle, die seine Königliche Hoheit zu erhalten sich verpflichtet, – unter der ausdrücklichen Bedingung, daß nichts von dem, was zur Verschönerung des Staates, zum Nutzen des Volkes und zur Förderung der Neugier der Fremden dient, aus der Hauptstadt des Großherzogtums Florenz und aus dem Großherzogtum Toscana entfernt und abtransportiert werden darf.[22]

Mit ihrer Verfügung vermachte die letzte Medici, Anna Maria Luisa de Medici, alle ihre Kunstschätze und damit also die gesamte Sammlung der ausgestorbenen Sippe indirekt ihrer Heimatstadt. Die Tatsache, daß sie an ihrer Schenkung der Medici-Kunstsammlung an die Hauptstadt des Großherzogtums Florenz festhielt, daß die Gemälde und Kunstwerke dort verbleiben und der Öffentlichkeit zugänglich sein mußten, machte die Uffizien, den Palazzo Pitti und andere Kunstkammern zu dem, was sie heute noch sind.[23]

In diesem Umfeld konnten die führenden Familien kaum zurückstehen. Sie mußten also mit Beginn der Renaissance erhebliche Anstrengungen unternehmen. Ob es um die Einrichtung eines ersten Lehrstuhls für Griechisch, den Aufbau einer öffentlich zugänglichen Bibliothek oder um die Auftragserteilung für Kunstwerke ging, dies alles waren auch im Florenz des Humanismus ökonomisch betrachtet schlechte Geschäfte ohne Chance auf einen individuellen irdischen *return on investment* – wenn man mal von repräsentativen Zwecken zur Darstellung eigener Macht, sozusagen als Visitenkarte, absieht. Nur die Unterstützung der Kirche bildet eine Ausnahme, denn von dieser erhoffte man sich bekanntlich ewiges Seelenheil – ein zumindest sozusagen angedachter und erhoffter, wenn auch einseitig antizipierter und besiegelter *deal*.

Wohltätigkeitsorganisationen entstanden gleichfalls in dieser Epoche. Dies mag auch dadurch befördert worden sein, daß es keine Segregation der unterschiedlichen Bevölkerungsschichten in den Wohnquartieren der Stadt

---

[22] Medici 1989, 275.
[23] Vgl. Hoffritz 2008, 94.

gab, sondern sich arm und reich über alle Stadtteile gleichmäßig verteilten.[24] Die wohltätigen Einrichtungen trugen nicht – wie heute üblich – die Namen ihrer Förderer, sondern wurden oftmals anonym von Mäzenen, Stiftungen oder Gesellschaften unterstützt, die lieber diskret im Hintergrund wirkten. Zu den großen Errungenschaften gehört eines der ersten Findelhäuser Europas, die *Ospedale degli Innocenti*, dt. „Heim für die Unschuldigen", an der Piazza Santissima Annunziata. 1419 von der Zunft der Seidenhändler und Seidenschneider beauftragt, konnte man dort bis 1875 unerkannt neugeborene Kinder durch einen drehbaren Holzzylinder – heute nennt man dies wohl „Kinderklappe" – an der Wand der Loggia abgeben. Zuvor war es häufig zu Kindstötungen gekommen, die oft die Neugeborenen oder Wickelkinder von Armen, Sklavinnen oder Kinder der Sünde waren. Das Ertränken oder Ersticken von Kindern war vor der Einrichtung des Findelhauses an der Tagesordnung. Der Bau ist einer der ersten der Renaissancearchitektur in Florenz und ist an der Außenfassade durch zehn blau-weiße Relief-Fayencen aus Terrakotta geschmückt, die Wickelkinder darstellen. Sie wurden 1463 vom Florentiner Bildhauer Andrea della Robbia (1435–1525) geschaffen. Das Findelhaus nahm ausdrücklich auch die Kinder von Sklavinnen auf:[25]

Von den 7534 Kindern, die in den Büchern des Ospedale degli Innocenti und des Hospitals von San Gallo aufgeführt sind – die Bücher umspannen die neunzig Jahre 1395–1485 – werden 1096, also vierzehn Prozent, ausdrücklich als Kinder von Sklavinnen bezeichnet; dies kann auch bei anderen der Fall gewesen sein, deren Abstammung nicht angegeben ist.

Die Aufzeichnungen [...] berichten das wenige, was man über die Findelkinder wußte: das Datum ihrer Ankunft und die Herkunft ihrer Eltern (meist den Namen der Mutter, sehr selten den des Vaters); manchmal beschreiben sie die Lumpen, in die sie gehüllt waren.[26]

Eine weitere Wohltätigkeitseinrichtung, welche Florenz zum Ruhm gereichte, war die ehrenwerte *La Società Arciconfraternità della Misericordia*. Diese „Erzbruderschaft der Barmherzigkeit" wurde im Pestjahr 1326 gegründet und zählte einst Michelangelo zu ihren Mitgliedern. Ihre

---

[24] Beuys 1992, 14: „Die verschiedenen sozialen Schichten lebten nicht im Ghetto, sondern Tür an Tür."
[25] Vgl. Zimmermanns 2011, 221f.
[26] Origo 1989, 103.

Mitglieder begleiteten unter anderem auch die zum Tod Verurteilten auf ihrem letzten Weg zur Hinrichtungsstätte. Zudem beherbergten sie Pilger und besuchten Gefangene. Die Erzbruderschaft gibt es noch heute. Der Sitz der Gesellschaft ist neben dem Dom, südlich des Campanile gegenüber der Loggia del Bigallo, die wiederum Sitz der Bruderschaft des Bigallo ist. Ihre Hauptaufgabe lag in der Hilfe für die Armen und Hilfsbedürftigen.[27] Friedrich Leopold Graf zu Stolberg (1750–1819) berichtet in seinem Tagebuch einer Reise durch Deutschland, Schweiz, Italien und Sizilien 1791/92:

Eine Gesellschaft, welche la Società [Arciconfraternità] della Misericordia heißt und immer aus vielen Mitgliedern von allen Ständen besteht, macht es sich zur Pflicht, die Armen und Hilfsbedürftigen in der Stadt zu unterstützen. Die Kranken werden, je nachdem es der Fall erfordert, ins schöne Hospital gebracht oder in ihren Häusern verpflegt. Jeder, den ein außerordentliches Unglück trifft, kann mit Sicherheit auf die Wohltätigkeit dieser Gesellschaft rechnen. Wenn die Gesellschaft sich versammelt, oder wenn ein plötzlicher Fall der Hilfsleistung verschiedene zusammen führt, so erscheinen sie in Larven, teils aus Bescheidenheit sich zu verhüllen, teils damit der reichere Genosse der Gesellschaft durch bessere Kleidung den ärmeren nicht beschäme.

Auch unaufgefordert bieten sie Hilfe jedem, welcher ihrer bedarf. Wird ein Dürftiger durch irgend einen Fall beschädigt, so fällt er der Gesellschaft, auch wenn er nie von ihr gehört hätte, in die Arme.[28]

Neben diesen beiden bekanntesten Beispielen gab es weitere Vereinigungen, die der Armenhilfe nachkamen. Eine besondere war die *Compagnia dei Buonuomini di San Martino*. Diese wurde einerseits von Cosimo dem Älteren unterstützt, andererseits unfreiwillig von Steuersündern, die durch Begünstigungen ihre Strafe herabsetzen konnten: „Der Prior von San Marco, Erzbischof von Florenz, Sant' Antonio, gründete 1442 die Compagnia dei Buonuomini di San Martino, die den vielen ‚verschämten Armen' in Florenz im Geist der Barmherzigkeit helfen sollte. Die compagnia wurde von Cosimo Vecchio unterstützt und Steuersünder konnten durch Spenden ihre Strafe verringern."[29] Ein Modell, daß auch heute noch interessant erscheint, insbesondere wenn man berücksichtigt,

[27] Vgl. Mayer 2009, 42f.; vgl. ebenso Galenschovski 2008, 217.
[28] Stolberg 1989, 123.
[29] Bargellini 1989, 69.

10

daß man um die Jahrtausendwende in Deutschland Steuerhinterziehung mit einer faktisch nicht erfolgreichen Generalamnestie zu bekämpfen versuchte, bei der weder die Mehrheit der Steuersünder sich reuig zeigte, noch den wenigen Selbstanzeigern überhaupt eine Strafe auferlegt wurde.[30]

Wie sehr der bereits beschriebene Wettbewerb zugleich auch zwischen den diversen Stadtrepubliken wütete, kann man exemplarisch am Bau des Florentiner Mariendoms (*Duomo Santa Maria del Fiore*) nachvollziehen, dem 1436 der Beiname *del Fiore* nach der Florentiner Wappenblume, der Lilie, beigefügt wurde. Die örtliche Nähe der konkurrierenden Stadtrepubliken zeitigte für alle Einwohner der Toskana einen Wettbewerbsvorteil, denn er befeuerte einerseits den Wettbewerb, andererseits führte er ökonomisch gesprochen zu einer Art von *Cluster*-Bildung, also einer starken örtlichen Konzentration von künstlerischen und handwerklichen Fähigkeiten, die den Fortschritt in Form des kreativen Wettbewerbs und zugleich die dauerhafte Erhaltung, Verfeinerung und Überlieferung von Techniken auf den jeweiligen Gebieten ermöglichte.[31]

Es scheint wahrscheinlich, daß jegliche Neuerung schnell die Runde durch die räumlich überschaubare Toskana machte. Dies war auf jeden Fall mit Sicherheit beim Bau des Doms von Pisa der Fall, der ja nicht gerade im Verborgenen vonstatten gehen konnte. Der Dom von Pisa war der Vorreiter unter den toskanischen Kathedralen. Bereits im 12. Jahrhundert konnten die Pisaner sich damit brüsten, daß ihr Dom eine Vierungskuppel besaß. Auf diese Entwicklung folgte Siena und übernahm diese Idee wie auch andere Bauinnovationen von den Pisaner Bauherrn im frühen 13. Jahrhundert. Die Sieneser wußten zudem mit einer Innovation zu kontern: Sie gaben ihrem Dom eine Fassade, die als vorliegende Schaufassade diente. Dies rief Florenz auf den Plan. 1296, zwölf Jahre nach dem Beginn des Baus der Schauwand in Pisa, legte man in Florenz den Grundstein für den neuen Mariendom. Dieser übernahm von Siena sowohl den Gedanken der Vierungskuppel als auch den der vorliegenden Außenfassade als Schauwand. Ab 1310 stieg die Stadt Orvieto in den Wettbewerb ein und ließ einen Dom mit Schaufront entstehen, der mit seinen großen Flächen für Mosaikschmuck und seiner reichlichen Ausstattung noch das Sieneser Vorbild der Schaufront überbieten sollte. Damit noch nicht genug. Nach

---

[30] Vgl. Torgler 2004, 173f.
[31] Vgl. Burke 1996, 9; vgl. ebenso Galenschovski 2008, 154.

einer ersten Bauphase von 1296–1302 war der Florentiner Dombau zum Erliegen gekommen und wurde erst 1330, nachdem die Gebeine des heiligen Zenobius aufgefunden worden waren, erneut aufgenommen. Nun ließen die Florentiner ab 1334 Giottos Campanile erstehen, eine Tatsache die Siena erneut herausforderte und nicht ruhen ließ. Die Antwort kam prompt: 1339 reagierten die Sieneser mit einem monumentalen neuen Dombau, der den vorhergehenden Dom aus dem 13. Jahrhundert als Querschiff inkorporieren sollte. Dieser wurde aber nie beendet, denn die Pest von 1348 sowie nachfolgende Wetterkatastrophen zwangen letztlich die Sieneser dazu, ihr Projekt aufzugeben. Zurück blieb eine der schönsten Ruinen Italiens, die die Nachwelt noch immer erfreut.[32]

Das Beispiel des Kathedralenwettkampfs läßt sich auf viele weitere Gebiete übertragen, ob als konkurrierende Weiterentwicklung oder als Neuerfindung: Von der Ausbildung der Volkssprache zur Entwicklung der Perspektive in der Kunst, von der Kunst- und Literaturkritik zur Erfindung der Kunstgeschichte, von den Studien zur Staatsverfaßtheit bis zur Aufführung der ersten Oper, von den Neuerungen der Architektur bis zur Entwicklung moderner Statistik (die ungefähr zeitgleich mit Venedig entstand). Selbstredend darf auch nicht vergessen werden, daß ebenso die Entstehung der modernen Geschichtswissenschaft in Form des historischen Berichts in Florenz ihren Ursprung hatte.[33] Nicht überraschend sprechen viele davon, daß Florenz als erster moderner Staat anzusehen sei. Konkurrenz war dabei definitiv ein substantieller Teil des florentinischen Geistes.[34] Nicht von ungefähr beschrieb Vasari „Anreiz und Reaktion, Konkurrenz und Leistungsmotivation als zentrale Merkmale der Florentiner Kultur."[35] Die Stadt pflegte die Ausschreibung öffentlicher Wettbewerbe, die sich an jeden richteten und zugleich die öffentliche Kenntnis für Qualität befördern sollten:

---

[32] Vgl. Keller 1987, 92f.

[33] Vgl. Brucker 1990, 289.

[34] Burke schreibt hierzu übereinstimmend: „Nun mag zwar das Konkurrenzdenken im Florenz der Renaissance in der Tat sehr ausgeprägt gewesen sein – messen läßt es sich nicht –, doch hatte es schon den mittelalterlichen Rittern nicht an Ehrsucht gefehlt. Auch in ihrem Fall war, wie Huizinga bemerkte, der Ruhm der entscheidende Ansporn zu ihren Taten." Burke 1990, 105f.

[35] Burke 1996, 10.

Eine besondere florentinische Eigentümlichkeit sind die öffentlichen Wettbewerbe, die hier vor der Vergebung eines öffentlichen Auftrags ausgeschrieben werden, und an denen sich jedermann beteiligen kann, während andernorts die Kunstwerke zumeist bei bestimmten Künstlern fest bestellt werden. Diese Sitte kommt nicht etwa erst mit der modern anmutenden Schätzung des concetto auf, die sich seit dem letzten Viertel des Quattrocento beobachten läßt, sondern wurde bereits das ganze Spätmittelalter hindurch geübt. Dadurch war einerseits der Beteiligung von Dilettanten bei den Wettbewerben Tür und Tor geöffnet, andererseits der öffentlichen Meinung bei der Beurteilung der eingereichten Arbeiten ein weites Feld eingeräumt.[36]

Dieser Wettbewerb fand aber nicht nur zwischen den mächtigen Familien sowie den konkurrierenden Stadtrepubliken, wie bis dato nachgezeichnet wurde, statt, sondern wurde zudem durch Migrationsströme weiter verstärkt. Mit Migration sind hier aber nicht die Einwanderer ferner Länder gemeint, sondern das Abwandern von Talenten zwischen den Städte- und Seerepubliken Italiens. Obwohl Florenz phasenweise als demokratische Republik verfaßt war, wenn auch nicht gemäß unserem heutigen Verständnis, so war doch das Gemeinwesen nur begrenzt gerecht. Zwar besaßen weder alle Einwohner das Bürgerrecht, noch war die soziale Schichtung auf Emanzipation ausgelegt, und dennoch wechselten die herrschenden Cliquen und Gruppierungen von Zeit zu Zeit und neue Eliten, die sich durchaus auch aus den in die Stadt Eingewanderten rekrutierten, konnten durch wirtschaftlichen Erfolg emporsteigen und zu Ämtern und Prestige kommen.[37] Gerade Florenz war also bei der Integration Fremder besonders fortschrittlich. Die reiche Stadt leistete sich eine für ihre Zeit relativ moderne Zuwanderungspolitik:

In dieser Zeit entwickelte sich am Arno eine für damalige Verhältnisse erstaunlich offene, tolerante Gesellschaft. Die Inquisition kam hier weniger als anderswo zum Zuge. Fremde Künstler waren willkommen, während sie zum Beispiel in Siena eine extra hohe Zunftgebühr zahlen mußten. Arnolfo di Cambio, Bildhauer und Dombaumeister, oder Giotto di Bondone kamen von außerhalb, wurden zu Lebzeiten schon hoch geehrt und selbstverständlich im Dom begraben. Coluccio Salutati und Leonardo Bruni, die berühmtesten Kanzler der Florentiner Republik, aber nicht dort geboren, verkehrten in den höchsten Kreisen der Stadt,

---

[36] Keller 1987, 81.
[37] Vgl. Schreiber 2004, 155; vgl. ebenso Beuys 1992, 13; 15.

wurden zum Motor neuer Entwicklungen. Niemand kam auf die Idee, sie als ‚Fremde' auf Distanz zu halten.[38]

Dieser Aspekt einer relativ offenen Gesellschaft dürfte einer der Gründe für die produktive Spannung jener Epoche sein.[39] Vieles spricht aber dafür, ebenso von einer „Neuerfindung des Staatswesens" zu sprechen. Fast revolutionär war die Entwicklung der modernen Bürokratie, die das Regierungswesen des Renaissancestaats wesentlich effizienter und berechenbarer machte. Nicht nur das Entstehen einer neuen Elite von Staatsdienern und der mit diesen einhergehende Anstieg des Bildungsniveaus der städtischen Bevölkerung, sondern auch die „rational kalkulierende Haltung" der Berufsbeamten führte zu einem erheblichen Entwicklungs- und Stabilitätsschub für die Städterepublik und ihre bürgerliche Kultur:

Leonardo Bruni und Bartolomeo Scala waren Kanzler von Florenz; Antonio Loschi hatte ein Amt in der mailändischen Kanzlei; Machiavelli und Guicciardini waren während wichtiger Abschnitte ihres Lebens Berufsbeamte; Alberti, Biondo und Valla bekleideten Ämter in der päpstlichen Bürokratie; Panormita, Pontano und Valla dienten als Beamte in Neapel. Das Aufkommen der Bürokratie förderte die Entstehung des Humanismus, eines Ideensystems, das als Ethos von Staatsdienern durchaus taugte. Denn die Humanisten hoben die Macht des Wortes und den Wert der Bildung hervor, das Verdienst gegenüber der Geburt, die Vernunft gegenüber der Tradition, die Gelehrsamkeit gegenüber dem Kriegshandwerk und das Diesseits gegenüber dem Jenseits. Der Bürokrat lebte ebenso wie der Kaufmann von einer rational kalkulierenden Haltung gegenüber menschlichen Problemen. Diese Verbindung zwischen dem Humanismus und einer gesellschaftlichen Gruppe von wachsender Bedeutung hat wahrscheinlich zum Erfolg beider beigetragen und ebenso zu jenen Veränderungen im Weltbild, die die Historiker als charakteristisch für die Renaissance betrachten.[40]

Der Genius von Florenz überragte unzweifelhaft seine Zeit. So sehr auch Städte wie Siena und Pisa glänzten, Florenz war auf dem Höhepunkt seiner

---

[38] Beuys 1992, 13f.

[39] Brucker schreibt: „Die Gründe für diesen kulturellen Umbruch sollten nicht in der Situation von Florenz als einem belagerten, republikanischen Stadtstaat gesucht werden, sondern im besonderen Charakter dieser Gesellschaft und ihrer politischen Traditionen, die den Austausch zwischen Intellektuellen, Kaufleuten und Politikern erleichterte und ein einzigartiges Forum für die Verbreitung neuer Ideen und Ansichten bot. Brucker 1990, 286.

[40] Burke 1996, 237.

Blüte von keiner anderen Stadt zu überbieten. Auch nicht von Rom, wie der florentinische Staatskanzler Leonardo Bruni (~1369/70–1444) recht unbescheiden in einer frühen Eloge festhielt:

Wovon soll ich berichten – von der Vielfalt des Volkes, vom Glanz der Gebäude, dem Schmuck der Kirchen? Und von der unglaublichen, ja wunderbaren Pracht der ganzen Stadt? Wahrhaftig, mit Schönheit und ungewöhnlicher Kostbarkeit ist hier alles verziert. Man schätzt diese Dinge um so mehr, wenn man Florenz mit anderen durchschnittlichen Städten vergleicht, weshalb auch nur diejenigen, die für einige Zeit fort gewesen sind, bei ihrer Rückkehr nach Florenz erkennen, wie sehr diese blühende Stadt alle anderen Städte übertrifft. Wahr ist, daß allen anderen Städten der Welt vieles fehlt, was unumgänglich ist für Schönheit und Herrlichkeit.[41]

Stendhal (d.i. Henri Beyle), 1783–1842, nach dem das äußerst rätselhafte Erschöpfungssyndrom benannt ist, das Fremde im Angesicht der Massen an Kunstwerken und Textdokumenten, Dichter- und Denkergrößen, grandioser Architekturensembles etc. in Florenz kollabieren läßt, ist in ähnlicher Weise voll des Lobs und geradezu religiös ergriffen ob der Größen, die zum „Club der Florentiner" gezählt werden. Die Bezeichnung „Stendhal-Syndrom" entstand bei einem Florenz-Aufenthalt des französischen Schriftstellers 1871, der nach dem Besuch der Basilika Santa Croce angeblich über eine plötzlich aufgetretene heftige Übelkeit klagte.[42] Sein Tagebuch läßt den Grund erahnen:

Endlich gelangte ich nach Santa Croce. [22. Januar 1817.] Dort, rechts vom Eingang, ruht Michelangelo; weiterhin ist das Grab Alfieris von Canova: ich erkenne die große Gestalt der Italia. Dann erblicke ich Machiavellis Grabmal, und gegenüber von Michelangelo ruht Galilei. Was für Männer! Und Toskana könnte ihnen noch Dante, Petrarca und Bocaccio beigesellen. Welch erstaunlicher Verein! Meine Bewegung ist so tief, daß sie fast religiös ist.[43]

Von diesem berühmten Männerverein aus – Frauen waren im öffentlichen Raum noch nicht als Akteure vertreten – sei noch ein Blick auf die Entwicklung der Politischen Philosophie gerichtet. Die Renaissance ist in vielerlei Hinsicht der Beginn des modernen Staatswesens. Die moderne Politische Philosophie ist ein Resultat des Niedergangs der Stadtrepubliken,

---

[41] Bruni 1989, 22.
[42] Vgl. Frankfurter Allgemeine Zeitung 1987, 86.
[43] Stendhal 1989, 84.

dessen Auswirkungen bei Niccolò Machiavelli beschrieben werden und Gegenstand von einigen Beiträgen im hier vorliegenden Buchs sind.[44] Dies ist auch dann der Fall, wenn man wie Peter Burke Machiavellis *Principe* in gewisser Hinsicht dem mittelalterlichen Genre der „Fürstenspiegel" zuspricht – wobei Machiavellis *Discorsi* diesbezüglich eindeutig anders gelagert sind. Der Übergang aus dem angeblich „dunklen" Mittelalter zum „Anbruch der Moderne" mag zwar fließender und weniger abrupt gewesen sein, wie vor allem vom Schweizer Kulturhistoriker Jacob Burckhardt in seinem bahnbrechenden Werk *Die Kultur der Renaissance in Italien* von 1860 angenommen wurde, dennoch ist vom Ergebnis her betrachtet der Umbruch letztlich nicht weniger paradigmatisch.[45]

In Florenz entstanden politische Studien und Theorien, die zum Ziel hatten, neue Formen eines Gemeinwesens zu ermöglichen, die Würde des Menschen zu achten, Toleranz in religiösen Fragen auszuprobieren usw. Bereits unter dem Datum 6. August 1289 findet man ein Dokument, das manche als die *Erste Erklärung der Menschenrechte* ansehen. Es ist ein Gesetz, das im Staatsarchiv Florenz unter den *Provisioni* hinterlegt ist. Inhaltlich wird „der Kauf und Verkauf von Menschen zum Zweck der Nutzung ihrer Arbeitskraft, als Kolonen, Hörige, Sassen gleich welcher Art, Frondienstleistende und so weiter [verboten]; dies wird jedem untersagt, ‚wer er auch sei, welchen Standes, welcher Stellung, welchen Amtes'"[46] unter Androhung von Strafe. Begründet wird das Gesetz mit dem Begriff der Freiheit, von der es heißt:

Da die Freiheit dort, wo der Wille des einzelnen nicht von fremder, sondern von Selbstbestimmung abhängt, durch das Naturrecht auf vielfache Weise ausgestattet wird, durch welches sogar die Staaten und Völker von Unterdrückungen beschützt werden und ihre Rechte verteidigen und verbessern, wird, in dem Willen, diese Freiheit nicht nur aufrechtzuerhalten, sondern zu mehren [...] zum Heile verordnet und festgesetzt[...].[47]

Die Neuerung lag darin, daß hier die Rechtsbegründung nicht von göttlichen Gesetzen oder herrschaftlichen Willen abgeleitet wurde, sondern für jedermann gleichermaßen gültig aus dem Naturrecht. Dieser Wechsel

---

[44] Vgl. Machiavelli 1978; vgl. ebenso Machiavelli 2007.
[45] Vgl. Burckhardt 2009; Burke 1990, 14.
[46] Raith 1989, 31.
[47] Ebd.

der Perspektive ging z.B. einher mit Reden wie der *Über die Würde des Menschen* vom jungen Adligen Giovanni Pico della Mirandola (1463–1494)[48] oder mit Überlegungen zur Stellung des Menschen in der Welt, wie wir sie von Francesco Petrarca (1304–1374), Coluccio Salutati (1333–1406), Leonardo Bruni (1369–1444) oder Marsilio Ficino (1433–1499) kennen. Darüber hinaus trat zunehmend die Frage in den Vordergrund, was der Allgemeinheit zukommt und was das Gemeinwohl ausmacht.[49]

Während Machiavelli immer noch ein geläufiger Haushaltsname ist, ist bis zum heutigen Tag Francesco Guicciardini (1483–1540) kaum bekannt. Seine *Ricordi* können dennoch als ein Klassiker angesehen werden.[50] In ihnen reflektiert Guicciardini, der Politiker und Historiker war, ganz im Gegensatz zu Machiavelli u.a. die Unvergleichlichkeit sowie Unwiederholbarkeit von Situationen und geschichtlichen Lagen und versucht, eine reine Machtpolitik ohne jegliche moralische Maßstäbe theoretisch zu verankern. Damit übersteigt er letztlich die dem *Principe* so gerne zugewiesene Radikalität. Guicciardini bricht ganz mit dem humanistischen Rekurs auf die römische Geschichte und hebt vielmehr ausschließlich auf die „Erkenntnis von der Selbstgesetzlichkeit politischen Handelns"[51] ab. Literarisch bleiben die Maximen der *Ricordi* hinter der Prosa Machiavellis zurück. Dies dürfte ein Grund sein, warum sie nicht eine vergleichbare Wirkungsmacht wie Machiavellis Schriften entfaltet haben. Zugleich aber enthalten die *Ricordi* „ganz prinzipielle, vielleicht sogar die prinzipiellsten Erwägungen der Renaissance über das Wesen der Tat und des Politischen, Erwägungen, die, vom rein theoretischen Standpunkt betrachtet sogar eingehender und systematischer als die Schriften des Machiavelli sind."[52] Festzuhalten bleibt:

Neu ist vor allem bei Guicciardini, daß er ein besonderes Erkenntnisorgan bestimmt, dem allein die Erfassung der nicht subsumierbaren Einzelfälle gelingt. Er nennt es „la discrezione", das Unterscheidungsvermögen, das sich fern halten muß von einem Denken im Allgemeinen, wie Ethik, Philosophie und Theologie

---

[48] Vgl. Pico della Mirandola 1990.
[49] Vgl. Keßler 2008; vgl. ebenso Burke 1996, 231. Vor allem Petrarcas *Canzoniere* und Ficinos *Über die Liebe oder Platons Gastmahl* sind heute noch sehr lesenswerte Texte. Vgl. Petrarca 1993; vgl. Ficino 1989.
[50] Vgl. Guicciardini 1946.
[51] Stackelberg 1954, 24.
[52] Grassi 1946, 16.

es üben. Denn als Kennzeichen des Wirklichen hat sich herausgestellt, daß es, als das jeweils Besondere, selbst der Wahrscheinlichkeit widerspricht; es ist das schlechthin Andere, von keinem vorgreifenden Urteil, von keinem Pessimismus und von keinem Optimismus erreichbar, weil derartiges den Fehler beginge, blind zu machen für das Überraschungsmoment des Wirklichen.[53]

Mit diesem Abwenden vom Allgemeinen steht Guicciardini im Gegensatz zur Bewegung der Humanisten. Dies ergibt sich schon zwingend deshalb, weil er Theorie und Tat getrennt wissen will, denn aus der Tat sollen sich ja gerade keine allgemeinen Regeln ableiten lassen. Dementsprechend konsequent „reduziert [er] beispielsweise die Rolle der männlichen Tüchtigkeit (virtù) zugunsten der Macht des Schicksals (fortuna) [...].“[54] Dies alles soll einer ungeschönten Darstellung der Wirklichkeit zugute kommen, die nach den Maßstäben Guicciardinis zweckfrei betrachtet werden muß. Es ist offensichtlich, wie das bereits pessimistische Weltbild Machiavellis hier geradezu spielerisch an Fatalismus überboten wird. Da Guicciardini, ein Freund Machiavellis, sich als kritischer Kommentator der *Discorsi* hervortat, ist dies allerdings kaum verwunderlich.

Ob den Exkursionsteilnehmern die Renaissance mit ihren vielgestaltigen Kunstwerken und Schriftdokumenten förmlich ins Blut übergegangen ist, kann man weder wissen noch unbedingt erwarten. Von Ohnmachtsanfällen gemäß dem „Stendhal-Syndrom“ ist zumindest nichts bekannt. Fest steht allerdings, daß ein Student als Resultat der Exkursion nach Florenz die italienische Sprache erlernte und eine Kommilitonin das Studium des Faches Kunstgeschichte begann. Insofern läßt sich zumindest ganz im Sinne des englischen Bildhauers Henry Moores (1898–1986) eine gewisse Renaissanceaneignung festhalten. Er berichtete über sich selbst:

Der Zeit, die ich in Florenz verbracht habe, verdanke ich die meiste Bildung in meinem Leben, sie hatte vermutlich für mich eine besonders große Bedeutung. Tatsächlich findet sich alles, was uns stark beeindruckt hat, alles, was einer großen Erfahrung gleichkommt, an irgendeinem Punkt unserer Existenz wieder. Jedenfalls bin ich seitdem oft nach Italien zurückgekehrt. Ich liebe Italien und die italienische Kunst. Die Renaissance steckt mir im Blut – so hoffe ich.[55]

[53] Stackelberg 1954, 24.
[54] A.a.O., 160.
[55] Moore 1989, 267f.

Zweifelsohne ist das Bonmot „Mittels der Literatur könne man Florenz auch bereisen." naheliegend angesichts der endlosen Menge lesenswerter Textdokumente als auch klassischer Manuskripte, die dieser Stadt als Quelle entstammen, ebenso wie der Reisetexte über diesen einzigartigen Ort, der schon seit eh und je Reisende aller Herren Länder, ob von Rainer Maria Rilke bis Mark Twain, von Fjodor Dostojewski bis Lord Byron oder von Virginia Woolf bis Dylan Thomas anzog. Zudem die Einheimischen selbst in jahrhundertelanger Fließbandarbeit bis heute eine *storia fiorentina* nach der anderen produzieren. Und dennoch gilt frei nach Erasmus von Rotterdam, daß man „zu den Quellen selbst eilen muß", denn, wie der Florenz-Kenner Joachim Fest trefflich erkannte, „die Anschauung [liefert] mit einem Mal Erkenntnisse [...], denen man sich zuvor umständlich von Texten genähert habe."[56] Daher scheint es durchaus ratsam, sowohl Florenz zu erlesen als auch zu bereisen, denn das eine geht mit dem anderen durchaus sinnvoll überein.

Selbst Dickens, der eher London als Nabel der Welt ansah und ein recht anglo-zentrischer Zeitgenosse war, lobt die Horizonterweiterung des Reisens, wenn auch aufgrund einer gänzlich anderen Überlegung. Für ihn war es die Ermunterung zum „selbständigen Denken" sowie zum „Aussprechen von Gedanken", die er als den größten Vorteil des Reisens ansah: „Mehr denn je bin ich durchdrungen von der Überzeugung, daß einer der größten Vorzüge des Reisens darin besteht, einen Menschen zum selbständigen Denken zu ermuntern und ihm den Mut zu verleihen, seine Gedanken auch auszusprechen."[57] Gänzlich andere Überlegungen führt Hermann Hesse an, der angesichts der vielgestaltigen Werke in Form von Kunstwerken und Schriftdokumenten in Florenz auch für sich selbst Zuversicht fand, „daß die Arbeit und Hingabe eines Menschen nicht wertlos sind" und daß bei aller Einsamkeit des Künstlers, Schriftstellers oder Philosophen

[...] etwas allen Gemeinsames vorhanden ist; daß zu allen Zeiten Hunderte einsam gelitten und gearbeitet haben, um das Sichtbarwerden dieses tröstlichen Gemeinsamen zu fördern [...] Denn Michelangelo und Fra Angelico haben weder an mich noch an irgend jemand gedacht, wenn sie arbeiteten. Sie haben für sich selber geschaffen, jeder für sich allein, jeder zum Teil für seine Not und in bit-

---

[56] Zitiert nach Merveldt 1989, 318.
[57] Dickens 1968, 327.

terem Kampf mit Unmut und Müdigkeit. [...] Wir haben nur, was übrigblieb, aber das scheint uns wert, daß jene sich mühten. Und damit gewinnen wir selber Mut, fortzufahren.[58]

Wenn aber das einsame Lesen und Nachdenken sowie die intensive Konzentration bei der Auseinandersetzung mit dem Stoff im Studierzimmer zur Betätigung eines angehenden Ideengeschichtlers gehört, so sollte die studienbegleitende Exkursion an die historischen Wirkungsstätten doch eigentlich – zumindest in einem gewissen Umfang – ebenso integraler Teil eines solchen Studiums sein. Florenz nur durch das Lesen von Büchern zu erleben, wäre kaum hinreichend gewesen, um die Umbrüche zu Lebzeiten Machiavellis als auch die Wiederbelebung der klassischen Antike in Form des Florentiner Humanismus nachvollziehen zu können – geschweige denn, um diese mit Begeisterung verinnerlichen zu können.

Dies war die Ausgangslage im Rahmen meiner Lehrveranstaltung zu Machiavellis *Fürst* und den *Discorsi* an der *Universität Karlsruhe (TH)* (heute ein Teilbereich des *Karlsruher Instituts für Technologie – KIT*). Nichts kann einer intensiven Auseinandersetzung vor Ort mit dem Florenz des späten Mittelalters und der Renaissance gleichkommen. Den vielfältigen Verknüpfungen zwischen Politik, Kunst und Wissenschaft nachzugehen, erlaubt auch, das Verhältnis dieser Bereiche menschlicher Kultur in ihrer Interaktion nachzuvollziehen und zu reflektieren. Der Besuch vor Ort regt letztendlich jeden einzeln an, ein eigenes Bild des italienischen Geistes zu entdecken. Schließlich geht es bei einer solchen Exkursion nicht um eine stupende Affirmation des Mythos Florenz, sondern vielmehr darum, anhand des Vorgefundenen den Studierenden eine eigene Basis an Ideen, Ansätzen und Beispielen für zukünftige eigene Arbeiten mit auf den Weg zu geben. Jenes Eigene, das vielleicht durch diese Impulse von außen erst erweckt wird.

Dem Dauerzustand unterfinanzierter deutscher Hochschulen – von einer Finanzkrise läßt sich aufgrund des persistierenden Mangelzustands seit geraumer Zeit nicht mehr sprechen – wäre es fast geschuldet gewesen, daß die Reise nach Florenz nicht hätte stattfinden können. Durch die vereinten Kräfte des *Instituts für Philosophie* sowie des *Zentrums für Angewandte Kulturwissenschaft (ZAK)*, zudem durch die Hilfe des damaligen Kanzlers

---

[58] Zitiert nach Michels 2010, 143.

der Universität als auch der Karlsruher Universitätsgesellschaft konnten letztlich doch gerade noch hinreichende Mittel sichergestellt werden, um den Studierenden heutzutage deprivierter geisteswissenschaftlicher Fächer, einerseits im Studiengang Europäische Kultur und Ideengeschichte (EuKlId) sowie andererseits im Ergänzungsstudiengang Angewandte Kulturwissenschaft, diese Exkursion zu ermöglichen. Der Band belegt hoffentlich erfolgreich, wie relativ geringe, gemäß dem Standard der heutigen Geschäftswelt geradezu zu vernachlässigende Finanzmittel einen nachhaltigen Niederschlag im Bildungshorizont von Studierenden ermöglichen können.

Namentlich gilt mein Dank für Unterstützung Herrn Dr. Dietmar Ertmann, damaliger Kanzler der Universität Karlsruhe (TH), Herrn Professor Dr. Fritz H. Frimmel, 1. stellv. Vorsitzender der Karlsruher Universitätsgesellschaft sowie der Mitveranstalterin der Exkursion im Rahmen des ihr unterstellten Ergänzungsstudiengangs Angewandte Kulturwissenschaft, Frau Professor Dr. Caroline Robertson-von Trotha, Direktorin des *Zentrums für Angewandte Kulturwissenschaft und Studium Generale (ZAK)*. Darüber hinaus gilt hausintern – hier im wörtlichen Sinne – dem Leiter des Instituts für Philosophie der Universität Karlsruhe (TH), Herrn Professor Dr. Hans-Peter Schütt, Dank für vielfältige Unterstützung. Zudem gilt mein Dank allen Beiträgern des vorliegenden Buches sowie den Teilnehmern meiner Lehrveranstaltung „Niccolò Machiavelli: *Der Fürst* und die *Discorsi*".

*Last but not least* möchte ich mich – als der das Buchprojekt begleitende Lehrende – zuvorderst bei den Herausgebern dieses Bandes, Herrn Michael Schmidt, B.A., und Herrn Michael Wendland, B.A., für ihre umfangreiche Arbeit und ihre unermüdlichen Mühen bedanken. Ohne ihre Initiative und ihr Engagement wäre das hier vorliegende Buch nicht zustande gekommen. – Ein Buch, das anregen soll. Das Autoren ins Blickfeld rücken und an große Denker erinnern will, und letztlich den Leser zugleich herausfordert, in dem es ihn subtil auffordert, nach Florenz zu reisen, die Quellen aufzusuchen und diese intensiv zu studieren. Ad fontes!

## Literatur

BARGELLINI, Piero: „Steuersünder mußten spenden", in: E. v. MERVELDT (Hg.), *Reise Textbuch Florenz*. Ein literarischer Begleiter auf den Wegen durch die Stadt, München 1989, 69.

BEUYS, Barbara: *Florenz*. Stadtwelt – Weltstadt. Urbanes Leben von 1200 bis 1500, Reinbek bei Hamburg 1992.

BRAUDEL, Fernand: *Modell Italien 1450-1650*, übers. von S. SUMMERER und G. KURZ, Stuttgart 1999.

BRUCKER, Gene: *Florenz in der Renaissance*. Stadt, Gesellschaft, Kultur, übers. von C. PREUSCHOFT, Reinbek bei Hamburg 1990.

BRUNI, Leonardo: „Frühe Laudatio", in: E. v. MERVELDT (Hg.), *Reise Textbuch Florenz*. Ein literarischer Begleiter auf den Wegen durch die Stadt, München 1989, 22-24.

BURCKHARDT, Jacob: *Die Kultur der Renaissance in Italien*. Ein Versuch, Frankfurt a. M. 2009.

BURKE, Peter: *Die Renaissance*, übers. von R. Cackett, Berlin 1990.

BURKE, Peter: *Die Renaissance in Italien*. Sozialgeschichte einer Kultur zwischen Tradition und Erfindung, übers. von R. KAISER, Berlin 1996.

DICKENS, Charles: *Italienische Reise*, übers. von N. KIEPENHEUER und F. MINCKWITZ, mit einem Nachw. von W. HERMANN, Hamburg 1968.

FICINO, Marsilio: *Über die Liebe oder Platons Gastmahl*, Lateinisch-Deutsch, übers. von K. P. HASSE, hrsg. und eingel. von P. R. BLUM, Hamburg (2. Aufl. als lat.-dt. Ausg.) 1984.

FRANKFURTER ALLGEMEINE ZEITUNG: „Mal fiorentino", in: *Frankfurter Allgemeine Zeitung*, Nr. 46, 24. Februar 1987, 86.

GALENSCHOVSKI, Carmen: *Florenz*, Ostfildern (10. Aufl.) 2008.

GRASSI, Ernesto: „Einleitung", in: F. GUICCIARDINI, *Das politische Erbe der Renaissance („Ricordi")*, Bern 1946, 15-31.

GUICCIARDINI, Francesco: *Das politische Erbe der Renaissance („Ricordi")*, Bern 1946.

GOMBRICH, Ernst H.: *Aby Warburg*. Eine intellektuelle Biographie, Hamburg 2005.

HERMANN, Werner: „Nachwort", in: C. DICKENS, *Italienische Reise*, übers. von N. KIEPENHEUER und F. MINCKWITZ, mit einem Nachw. von W. HERMANN, Hamburg 1968, 321-333.

HOFFRITZ, Jutta: „Die letzte Medici", in: *Die Zeit*, Nr. 46, 6. November 2008, 94.

KELLER, Harald: „Toskanische Kunst", in: *Toskana*, fotogr. von K. BOSEMEYER, mit einem Text von G. KUNERT, Hamburg (2. Aufl.) 1987, 81-93.

KESSLER, Eckhard: *Die Philosophie der Renaissance*. Das 15. Jahrhundert, München 2008.

LISTRI, Pier Francesco: „Fiorentinità", in: E. v. Merveldt (Hg.), *Reise Textbuch Florenz*. Ein literarischer Begleiter auf den Wegen durch die Stadt, München 1989, 313-314.

MACHIAVELLI, Niccolò: *Der Fürst*, übers. und hrsg. von R. ZORN, Stuttgart (6. Aufl.) 1978.

MACHIAVELLI, Niccolò: *Discorsi*. Gedanken über Politik und Staatsführung, mit einem Geleitwort von H. MÜNKLER, Stuttgart (3. verb. Aufl.) 2007.

MAYER, Susanne: „Gefährdete Existenzen", in: *Die Zeit*, Nr. 39, 18. September 2009, 42-43.

MEDICI, Anna Maria Luisa de: „Letzte Verfügung", in: E. v. MERVELDT (Hg.), *Reise Textbuch Florenz*. Ein literarischer Begleiter auf den Wegen durch die Stadt, München 1989, 274-275.

MERVELDT, Eka von: „Nachwort", in: Ders. (Hg.), *Reise Textbuch Florenz*. Ein literarischer Begleiter auf den Wegen durch die Stadt, München 1989, 317-318.

MICHELS, Volker: „Nachwort", in: H. Hesse, *Bilder aus der Toskana*. Von Florenz bis Siena, ausgewählt und mit einem Nachw. versehen von V. MICHELS, Berlin 2010, 133-145.

MOORE, Henry: „Die Renaissance steckt mir im Blut", in: E. v. MERVELDT (Hg.), *Reise Textbuch Florenz*. Ein literarischer Begleiter auf den Wegen durch die Stadt, München 1989, 267-268.

ORIGO, Iris: „Das Findelhaus an der Piazza SS. Annunziata", in: E. v. MERVELDT (Hg.), *Reise Textbuch Florenz*. Ein literarischer Begleiter auf den Wegen durch die Stadt, München 1989, 103-104.

RAITH, Werner: „Erste Erklärung der Menschenrechte", in: E. v. MERVELDT (Hg.), *Reise Textbuch Florenz*. Ein literarischer Begleiter auf den Wegen durch die Stadt, München 1989, 30-32.

PETRARCA, Francesco: *Canzoniere*, nach einer Interlinearübers. von G. GABOR in dt. Verse gebracht von E.-J. DREYER, mit Anm. zu den Gedichten von G. GABOR und einem Nachw. von G. GABOR / E.-J. DREYER, Zweisprachige Gesamtausgabe, München 1993.

PICO DELLA MIRANDOLA, Giovanni: *De hominis dignitate / Über die Würde des Menschen*, Lateinisch-Deutsch, übers. von N. BAUMGARTEN, hrsg. und eingel. von A. BUCK, Hamburg 1990.

SCHMIDT, PETER: *Aby M. Warburg und die Ikonologie*, mit einem Anhang von D. WUTTKE, Wiesbaden (2., unv. Aufl.) 1993.

SCHREIBER, Hermann: *Florenz*. Eine Stadt und ihre Menschen, Gernsbach 2004

STACKELBERG, Jürgen von: *Italienische Geisteswelt*. Von Dante bis Croce, Darmstadt 1954.

STENDHAL (d.i. H. BEYLE): „Nervenzittern in Santa Croce", in: E. v. Merveldt (Hg.), *Reise Textbuch Florenz*. Ein literarischer Begleiter auf den Wegen durch die Stadt, München 1989, 84-86.

STOLBERG, Friedrich Leopold Graf zu: „Misericordia", in: E. v. MERVELDT (Hg.), *Reise Textbuch Florenz*. Ein literarischer Begleiter auf den Wegen durch die Stadt, München 1989, 123.

TORGLER, Benno: „Wirtschaftspolitische Erkenntnisse aus der Steuermoralforschung", in: C. A. SCHALTEGGER / S. C. SCHALTEGGER (Hg.), *Perspektiven der Wirtschaftspolitik*. Festschrift zum 65. Geburtstag von Prof. Dr. R. L. FREY, Zürich 2004, 165-176.

ZIMMERMANNS, Klaus: *Florenz*. Kirchen, Paläste und Museen in der Stadt der Medici, Ostfildern (5., akt. Aufl.) 2011.

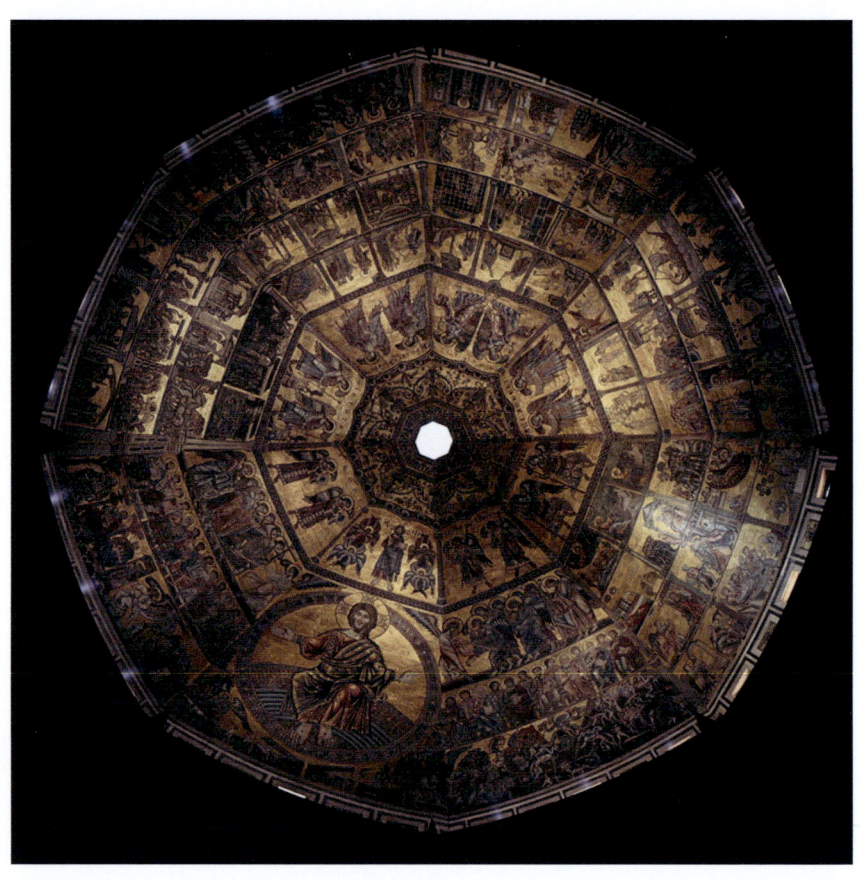

*Deckenmosaik des Baptisteriums San Giovanni aus dem 13. Jh., Johannes Munk 2008*

# Stadt im Umbruch
## Urbanität zwischen Mittelalter und Neuzeit am Beispiel von Florenz

*Friedrich Trenkle*

### Warum Florenz?

Die einzigartige und glanzvolle Geschichte der florentinischen Renaissance, ihre geistige, künstlerische und politische Entwicklung, läßt die Stadt zuweilen in einem solch strahlenden Licht erscheinen, daß der Betrachter Gefahr läuft, für anderes geblendet zu werden. Hatte denn etwa nicht das hochentwickelte Städtewesen in ganz Oberitalien das Gedeihen von Kunst und Kultur begünstigt? Die Leistungen der Metropolen Venedig und Mailand beispielsweise auf architektonischem, künstlerischem und musikalischem Gebiet sind wohl kaum zu übersehen, aber auch andere Städte wie Ferrara, Padua oder Mantua hatten maßgeblichen Anteil an der Entwicklung der Renaissance. Dennoch: Die Faszination, die insbesondere im *Quattrocento* von Florenz ausgeht, hat eine ganz eigene Anziehungskraft.[1]

Hier gelang die Entdeckung der Zentralperspektive, hier wurde mit Donatellos *David* die seit der Antike erste freistehende, zudem nackte Bronzeplastik geschaffen, hier entstand auf der geistigen Grundlage des Humanismus ein neues Menschenbild. Hier lebten, arbeiteten und wirkten Dichter, Philosophen, Schriftsteller, Architekten, Maler und Bildhauer, deren Werke heute noch rezipiert werden. Es ist kaum anzunehmen, daß künftige Generationen von dem Reiz und dem Zauber, den die Stadt bis auf den heutigen Tag ausübt, unberührt bleiben sollten.

Die Literatur zur Geschichte der Stadt Florenz ist kaum noch überschaubar. Man denke alleine an die mittlerweile unzähligen kunsthistorischen Abhandlungen. Aber auch die Arbeiten, welche sich mit den sozioökonomischen und soziopolitischen Aspekten der Florentiner Geschichte befassen, sind so zahlreich, daß die gründliche Beschäftigung mit ihnen ein lebenslanges Studium in Anspruch nehmen müßte. Grundlage der Ausführungen zu diesem Text bildet im wesentlichen das Buch *Florenz in der Renaissance* von Gene Brucker. Der amerikanische

---

[1] Vgl. Flasch 2000, 573.

Kunsthistoriker ist mehrfach als Autor über das Florenz der Renaissance in Erscheinung getreten. Sein Buch *Renaissance Florence* erschien erstmals 1969, eine erweiterte Ausgabe dann 1983. Darin untersucht er unterschiedliche Aspekte der Hauptstadt der Toskana, vor allem in der Zeit zwischen 1380 und 1450, und beleuchtet, so der Untertitel seines Buches, „Stadt, Gesellschaft, Kultur". Die Wahl fiel auf das Buch, weil es, obschon vierzig Jahre alt, nach wie vor aufschlußreich und methodisch vorbildlich, kurzum ein Klassiker ist. Auf einem Bein steht man schlecht. Wurde Bruckers Monographie, bildlich gesprochen, das Standbein für diese Arbeit, so hat Volker Reinhardts Buch *Florenz zur Zeit der Renaissance. Die Kunst der Macht und die Botschaft der Bilder* die Rolle des Spielbeins übernommen. Wer die herausragenden Kunst- und Bauwerke der Renaissance, insbesondere zur Zeit der Medici, auch in ihrem zeitgenössischen Kontext lesen und ihre durchaus konkreten politischen Aussagen verstehen will, ist mit Reinhardts Monographie gut beraten. Erwähnung verdient auch die Datini-Biographie der anglo-irisch-amerikanischen Erzählerin und Historikerin Iris Origo, der nach jahrelanger Beschäftigung mit dem Nachlaß des toskanischen Kaufmanns Francesco Datini eine eindrückliche Beschreibung der Welt eines erfolgreichen Unternehmers gelungen ist.

Einer der ersten Autoren, die Grundlegendes zur florentinischen Renaissance zu sagen wußten, war Jacob Burckhardt. In seinem 1860 erstmals erschienenen Hauptwerk *Die Kultur der Renaissance in Italien* gelangt er zu der Überzeugung, daß Florenz „wohl den Namen des ersten modernen Staates der Welt verdient" habe. Burckhardt schreibt weiter:

Hier treibt ein ganzes Volk das, was in den Fürstenstaaten die Sache einer Familie ist. Der wunderbare florentinische Geist, scharf raisonnierend [sic] und künstlerisch zugleich, gestaltet den politischen und sozialen Zustand unaufhörlich um und beschreibt und richtet ihn ebenso unaufhörlich. So wurde Florenz die Heimat der politischen Doktrinen und Theorien, der Experimente und Sprünge, aber auch mit Venedig die Heimat der Statistik und allein und vor allen Staaten der Welt die Heimat der geschichtlichen Darstellung im neueren Sinne.[2]

Was Burckhardt hier anreißt, indem er einen großen Bogen beschreibt, der das ausgehende Mittelalter mit der Neuzeit verbindet, zielt auf die Namen Dante, Villani und Machiavelli. Dante Alighieri (1265–1321) war politisch

---

2 Burckhardt 1960, 102.

aktiv und bekleidete seit 1296 verschiedene Ämter. Im Sommer des Jahres 1300 war er drei Monate lang Mitglied im Priorat, dem wichtigsten Entscheidungsgremium der Kommune.[3] Stets besorgt um die Unabhängigkeit der Republik, verstrickte er sich im Kampf gegen die Einmischungspolitik des Papstes in eine aussichtslose Opposition und mußte, 1302 von den Florentinern in Abwesenheit zum Tode verurteilt, den Rest seines Lebens im Exil verbringen. Dante sollte den Boden seiner Heimatstadt nie wieder betreten. Er war zur Aufgabe seiner Heimat gezwungen, auch weil er sich, wie Burckhardt es darstellt, für einen cäsaristisch-imperialen Traum begeisterte. Seine Hoffnung auf eine Erneuerung der römischen Weltherrschaft zerschlug sich aber bald nach dem Tod Kaiser Heinrichs VII.

Die Suche nach der idealen politischen Verfassung war Dantes *Idée fixe*, die ihn über die Generationen hinweg mit Niccolò Macchiavelli (1469–1527) verbindet, der ebenfalls über die beste Konstruktion des Staates sinnierte und glaubte „un savio dator delle legge",[4] ein weiser Gesetzgeber, vermöge Florenz zu retten. Was Macchiavellis Sicht seiner Zeit von der Dantes allerdings grundsätzlich unterscheidet, ist ihre Profanität und

[...] die Konsequenz, mit der er augustinische und spätmittelalterliche Betrachtungsweisen aus seiner Analyse der Gegenwart fernhielt, die Beharrlichkeit, mit der er reale Erfahrungen des Jahrhundertbeginns thematisierte, die methodische Sicherheit, mit der er die antiken Autoren zum Verständnis der Gegenwart heranzog, die Klarheit des ethisch-politischen Impulses, sein Wissen von der Machtlosigkeit der Moral zur Verbesserung des menschlichen Lebens.[5]

Giovanni Villani schließlich (~1275–1348) war der bedeutendste Chronist des 14. Jahrhunderts. Ihm und seinem Bruder Matteo, der Giovannis Arbeit nach dessen Tod im Pestjahr 1348 fortsetzte, haben wir nicht nur eine zuverlässige, sondern auch eine der ergiebigsten Quellen nicht allein zur florentinischen Geschichte jener Jahrzehnte zu verdanken. Die *Nuova Cronica* des Giovanni Villani berichtet seit dem Beginn des 14. Jahrhunderts chronologisch fortschreitend von Kriegen, innerstädtischem Gezänk und von Bauvorhaben. Der Geschäftsmann Villani ist aber mehr als bloß patriotischer Berichterstatter; er ist ein sorgfältiger Chronist, der mit kaufmännischer Akribie Zahlenmaterial sammelt und zu einem statistischen

---

[3] Vgl. Prill 1999, 13.
[4] Vgl. a.a.O., 114.
[5] Flasch 2000, 639.

Überblick zusammenstellt, der beeindruckend ist. Durch ihn wurde die Statistik sozusagen eine florentinische Erfindung (sehen wir einmal von den venezianischen Beiträgen zu dieser modernen Kunst ab). Aber hier wurde auch die doppelte Buchführung entwickelt, unabdingbare Voraussetzung für die Wirtschaftsweise der Zukunft. Getragen wurde diese alles umfassende neuartige Kultur von einem patrizischen Bürgertum, das beständig um die Aufmerksamkeit der Öffentlichkeit buhlte und gleichzeitig hoffte, mit Schenkungen an Klöster und Kirchen etwas für die Habenseite seines Kontos bei der himmlischen Buchführung tun zu können.

Seit der Mitte des 13. Jahrhunderts hatten Kaufleute und Bankiers Gewerbe, Handel und Geldwirtschaft stetig ausgebaut und Florenz zum bedeutendsten Handelsplatz Europas gemacht. Die Tuchindustrie, die die Stadt so immens reich machte, blieb bis ins 15. Jahrhundert konkurrenzlos führend. Der Florentiner Gulden wurde europäische Leitwährung. Bis zum heutigen Tage zehrt die Stadt von dem Kapital, das geschäftstüchtige Florentiner in jenen Jahrhunderten zu Beginn der Neuzeit anhäuften, von der einzigartigen Symbiose von Kultur und Ökonomie, von der fruchtbaren Beziehung, die Künstler und erfolgreiche Finanziers eingingen. Bedeutende Gemäldegalerien wie die Uffizien und der Palazzo Pitti ziehen Jahr um Jahr ein Millionenpublikum an. Für Kunstliebhaber und für Bildungsreisende, die die Stadt als urbanes Gesamtkunstwerk wahrnehmen, ist Florenz die Wiege der Renaissance, der europäischen Wiedergeburt, schlechthin.

Die vorliegende Skizze unternimmt den Versuch, ein lebendiges und buntes Bild der Stadt Florenz vor der Zeit der Medici zu entwerfen. Der Leser soll einen Blick auf das urbane Leben der Stadt werfen können, wobei die Darstellung sich aus mehreren Momentaufnahmen zusammensetzt. Das Ergebnis ist eine – naturgemäß flüchtige – Draufsicht auf eine Kommune, die in typischer und exemplarischer Weise dem Wandel eines mittelalterlichen Gemeinwesens zur neuzeitlichen Stadt unterliegt. Kaum ein Objekt ist hierfür mehr geeignet als Florenz.

## Die frühe Geschichte

Noch heute, im 21. Jahrhundert, kolportieren die Florentiner gerne, Gaius Julius Cäsar habe einem sagenhaften *Florentius* den Auftrag erteilt, in der

Ebene des Arno unterhalb von Fiesole eine Stadt zu erbauen. Tatsächlich geht Florenz auf eine etruskische Siedlung zurück, an deren Stelle Veteranen Cäsars 59 v. Chr. die römische Kolonie Florentia gründeten.[6] Die Stadt wuchs rasch und erfuhr in der Zeit unter Kaiser Hadrian (117–138) eine gründliche Umgestaltung. Florentia erblühte dank der großartigen römischen Ingenieurskunst, das Leben in der Stadt wurde komfortabel. Zahlreiche Brunnen und Zisternen, aber auch ein Aquädukt gewährleisteten die Wasserversorgung, und unter sorgfältig gepflasterten Straßen sorgte eine solide gemauerte Kanalisation für den Abfluß der Abwässer. Hadrian ließ zur bereits vorhandenen Therme – keine römische Stadt ohne öffentliche Bäder – eine weitere, großzügige Badeanlage entstehen, auch neue Tore und Theater erhöhten die Attraktivität der Stadt am Arno.

Spätestens unter Diokletian (284–305), aber vermutlich schon früher, wurde Florentia Sitz eines Verwaltungsbeamten, des „corrector Italiae",[7] und war nun Provinzhauptstadt von Tuszien und Umbrien. Florenz war von einer gewöhnlichen Garnisons- zu einer vornehmen Residenzstadt aufgestiegen. Mit dem Niedergang Westroms waren auch die glanzvollen Tage der Stadt gezählt. Bereits im 4. Jahrhundert wurde die Stadt Bischofssitz, aber ihr erneuter Aufstieg begann erst im 11./12. Jahrhundert unter der Markgräfin Mathilde von Tuszien, die im Investiturstreit verläßlichste Bundesgenossin der Päpste war. Canossa war ihre Felsenburg, vor der König Heinrich IV. 1077 nach dreitägiger Buße von Papst Gregor VII., der ebenfalls aus Tuszien stammte, die Lösung vom Bann erreichte. Die wiedererlangte Bedeutung der Stadt drückte sich aus in ihrer Rolle bei der Cluniazensischen Reform. Wenn man von Cluny selbst einmal absieht, war Florenz das Zentrum der Kirchenreform und Basis ihrer politischen Aktionen.

Noch vor Markgräfin Mathildes Tod (1115) hatte die Stadt erste politische Freiheiten errungen und führte danach den Kampf gegen die Feudalherren erfolgreich fort. Die ökonomische und politische Macht des

---

[6] Grote 1965, 22.

[7] Die genaue Bedeutung des Titels ist unklar. Vgl. Simshäuser 1980, 446. Nach der Regierungszeit Diokletians und Maximians verschwindet er wieder aus der Überlieferung. Vielleicht ist das Amt mit dem heutigen Regierungspräsidentenamt vergleichbar.

Landadels beruhte auf dessen Grundbesitz. Diese Vormachtstellung geriet nun durch das Wachstum der Stadt, die technischen Verbesserungen im Handwerk und den damit verbundenen Aufschwung des Handels zunehmend unter Druck. Das aufstrebende Bürgertum suchte der Bevormundung durch den Adel zu entkommen, indem es innerstädtische Entscheidungen selbst traf. Zudem kam es immer wieder zu militärischen Konflikten zwischen Stadt und ihrem Umland, dem *Contado*. Im Verlauf dieser Auseinandersetzungen wurde der alte Adel auf Grund des ökonomischen Drucks zur Residenz in der Stadt gezwungen.

Die Gegnerschaft der Stadtbürger wider die Feudalherren fiel mit der Parteinahme gegen den Kaiser in eins, lag es doch im Interesse des Kaisers, die Feudalherrschaft zu bewahren. Der Papst hingegen unterstützte jede Politik, die eine Schwächung der Staufer zum Ziel hatte.[8] Wohl während des Kampfes zwischen Anhängern des Welfen Otto IV. und des Staufers Friedrich II., bildeten sich in den Städten Oberitaliens zwei große Parteien. Die papstorientierten Guelfen, entschiedene Gegner des Kaisertums, standen den Ghibellinen (italienisiert aus „Waiblinger", nach dem alten staufischen Besitz Waiblingen), den Anhängern des Reiches, unversöhnlich gegenüber. Um das Jahr 1240 herum hatten sich die beiden Blöcke auch in Florenz formiert. Trotz innerer, bürgerkriegsähnlicher Kämpfe (Geschlechterfehden seit 1215) gelang der Stadt der Aufstieg zur führenden Macht in Mittelitalien. Mit dem Tode Konradins, des Herzogs von Schwaben, starb das Geschlecht der Staufer 1268 in der männlichen Linie aus, die Guelfen setzten sich endgültig durch.

In Florenz hatte sich ein neuer, städtischer Adel entwickelt, der sich teilweise aus den alten Adelsfamilien, die in die Stadt gezogen waren, teilweise aus dem städtischen Rittertum, das auch Handel trieb, rekrutierte. Der alte Kriegerstand nutzte seine Waffenstärke, um zu politischem Einfluß zu gelangen. Gleichzeitig verkam die Ritterwürde zum reinen Titel, den sich nun gerne Angehörige ökonomisch aufstrebender Familien bürgerlicher Herkunft verleihen ließen. So hatte sich eine neue Oberschicht gebildet, deren Mitglieder man „Magnaten" nannte. Das Leben im Florenz des 13. Jahrhunderts war aber geprägt von Familienfehden um die Vorherrschaft in der Stadt. Straßenkämpfe gehörten zum alltäglichen Bild; das Motiv der Blutrache verschleierte oft die machtpolitischen Beweggründe.

---

[8] Vgl. Raith 1979, 28.

Es lagen jedoch nicht nur alte Adelsfamilien untereinander im Streit. Neue Machtblöcke formierten und beteiligten sich am Kampf um Teilhabe an der politischen Gestaltung. Bekleideten bislang bevorzugt Männer aus den Magnatenfamilien die Regierungsämter, wurde nun der Stadtadel mehr und mehr vom Bürgertum bedrängt.

Das wirtschaftliche und gesellschaftliche Leben in den Städten wurde seit dem 12. Jahrhundert von den Zünften (auch Gilden oder Einungen genannt) bestimmt. Hierin unterscheidet sich Florenz nicht von anderen europäischen Städten. Handwerker, Kaufleute, aber auch andere Berufsgruppen schlossen sich in genossenschaftlichen Organisationen zusammen. Die Ausbildung der Zünfte im 11. und 12. Jahrhundert geht einher mit der Differenzierung im Handwerk, die überall zu beobachten ist. Aber hier, in Florenz, expandierten Handwerk und Handel in auffälliger Weise.

Die Ausweitung der Produktion verlangte nach Regularien für die Arbeitsorganisation. In den Zünften schlossen sich Handwerker – und bald auch Kaufleute – zusammen, um anfallende Probleme gemeinsam zu lösen und wichtige Entscheidungen gemeinsam zu treffen. Gegenseitige Hilfe und Ausschaltung unliebsamer insbesondere auswärtiger Konkurrenz waren vermutlich starke Motive. Zunftordnungen regelten im Handwerk die Ausbildung der Lehrlinge und setzten Normen für die Gesellen fest. Eine strenge Qualitätskontrolle sorgte für die Wahrung der Berufs- und Standesehre und diente zugleich der internationalen Wettbewerbsfähigkeit. Die Zunft schützte den einzelnen und setzte ihn gleichzeitig in ökonomische und soziale Beziehung zu den anderen. Schließlich wachte ein Zunftgericht über die Einhaltung der überkommenen Regeln und Bestimmungen. Politisch entscheidend aber war, daß es den Zünften gelang, den Stadtadel zu entmachten.

In Florenz ertrotzten sich die *Arti* (Zünfte) Sitz und Stimme im Rat der Stadt und drängten nach und nach den Adel aus den wichtigsten Ämtern. Seit 1282 waren sie die Träger der politischen Macht. Nur wer zünftig organisiert war, war auch für öffentliche Ämter wählbar. Insgesamt 21 *Arti* teilten sich in obere, mittlere und untere *Arti* auf. Zu den oberen Zünften, den *arti maggiori*, gehörten die bedeutendsten Kaufleute, Bankiers und Tuchveredler. Seit 1293 waren die Vorsteher der sieben oberen Zünfte Mitglieder der *Signoria*. Nach einer langen Zeit politischer Erschütterungen und Umwälzungen war in Florenz am Ende des 13. Jahrhunderts die republikanische Zunftregierung voll ausgebildet.

Die angesehenste und einflußreichste Zunft war die *arte della lana*, die Wollzunft, deren Macht auf der erfolgreichen Tuchindustrie beruhte. Die Mitgliedschaft in der Wollzunft beschränkte sich auf die *lanaiuoli*, die Tuchhersteller, die gleichzeitig Eigentümer der Produktionsmittel waren. Zulieferer wie Färber und Kardierer (Wollkämmer) waren ebenso ausgeschlossen wie abhängig Beschäftigte. Das Hauptinteresse der Zunft galt dem Wohlergehen des Gewerbes, und um dieses zu gewährleisten, war sie mit weitreichenden Vollmachten und umfassender Autorität über die *lanaiuoli* und die jeweiligen Untergebenen ausgestattet. Immer wieder war es erforderlich, die eigenen Mitglieder zu disziplinieren. Im Bewußtsein der Bedeutung der hohen Qualität der Erzeugnisse aus florentinischer Tuchproduktion führte sie ständige Kontrollen durch. Und schließlich mußten häufig strittige Fragen zwischen den Tuchherstellern untereinander wie auch zwischen *lanaiuoli* und *sottoposti*, den ihnen unterstellten Arbeitern, geklärt und befriedet werden.

### Das Stadtbild

Neben Rom ist Florenz die an Kunstschätzen und bedeutenden Baudenkmälern reichste Stadt Italiens, deren Silhouette weithin sichtbar von der Bischofskirche mit ihrer mächtigen Kuppel im Wortsinne dominiert wird. Bauwerke aus der Zeit der Gotik und der Renaissance bestimmen das Antlitz der Stadt. Bebauung aus dem früheren Mittelalter ist nur noch spärlich vorhanden, darunter noch ein paar Stümpfe der Adelstürme, die bereits im 13. Jahrhundert auf Druck des Volkes abgetragen werden mußten. Ende des 14. Jahrhunderts kündigte sich ein neuer Baustil an, die Familientürme wurden von den Palazzi abgelöst.

Das Bild einer italienischen Stadt ist geprägt durch ihre belebten Plätze. Die typische Piazza, heute von Gastronomen während der warmen Jahreszeit für Touristen bestuhlt, war zur Zeit der Frührenaissance mit ihren Läden und Tavernen das pulsierende Zentrum der jeweiligen Nachbarschaft. Die umliegenden Gebäude waren unterschiedlich hoch, so konnte ein wenig Luft und Licht in die ansonsten engen und stickigen Gassen fließen. Auch wenn das Gewirr der Häuser auf manchen Besucher zu jener Zeit wie ein buntes Durcheinander gewirkt haben mag, wurde die

Stadtplanung nicht dem Zufall überlassen. Die Kommission für Stadtplanung brachte einige Bauvorhaben voran. Die mit Abstand bedeutendsten waren die Errichtung des Domes und des Palastes der *Signoria*.

Der Bau der Bischofskirche, das größte Bauvorhaben der Stadt, zog sich mühsam und teilweise sehr träge hin. Mehrere Generationen (der Bau dauerte von 1296–1436) sollten Wissen, Zeit und Geld in dieses ehrgeizige Vorhaben investieren. Der Dom mit seiner spektakulären Kuppel war in erster Linie eine Unternehmung der Stadt, nicht der Kirche. Man war fest gewillt, wie es in einer Entschließung von 1299 hieß, „die schönste und ehrwürdigste Kirche in der Toskana zu bauen". Die Kommune trug den Löwenanteil der Gelder, die für den Bau des Domes bereitgestellt werden mußten. Aber immer wieder verzögerte sich die Arbeit, weil für den Dom vorgesehene Gelder in andere Vorhaben umgeleitet wurden. So mußte, weil es wiederholt zu kriegerischen Auseinandersetzungen mit den benachbarten und konkurrierenden Städten kam, ein weiterer Mauerring um die Stadt gezogen werden. Schließlich übertrug die Stadt die Verantwortung für den Dom der *arte della lana*. Die Wollzunft ihrerseits bestimmte vier ihrer Mitglieder, als *operai* über die Arbeiten am Dom zu wachen, sie voranzutreiben, zu organisieren. Diese vier „Arbeiter" (denn nichts anderes heißt *operaio*) holten sich häufig Rat bei Spezialisten, Baumeistern, Bildhauern, Goldschmieden, Malern und organisierten bei einigen seltenen Gelegenheiten Versammlungen, zu denen „jede Person in der Stadt, unabhängig von Stand und Rang", gebeten war, über die Baupläne abzustimmen. „Person in der Stadt"[9] war allerdings nur, wer Bürgerrecht besaß. Arbeiter, Taglöhner, Dienstboten, Knechte, Fuhrleute und Bettler waren, versteht sich, nicht eingeladen.

Bis heute beherrscht der Dom weithin sichtbar das Stadtbild von Florenz. An seiner Kuppel wurde 14 Jahre gebaut, vollendet wurde sie 1434, nachdem es Brunelleschi gelungen war, die riesige Öffnung über der achteckigen Vierung von 42 Metern Durchmesser mit einer Doppelschalenkonstruktion zu überwölben. Zwei Jahre später wurde die Kathedrale vom Papst geweiht. Ihre Laterne erhielt die Kuppel 1461, und erst 1887 wurde die Fassade des Doms vollendet.

---

[9] Zitiert nach Brucker 1990, 54.

An der heutigen *Piazza della Signoria* begann man Ende des 13. Jahrhunderts mit der Errichtung des zweiten bedeutenden Bauwerkes, des Regierungspalastes. Der Chronist Giovanni Villani gibt uns gewissermaßen als Zeitzeuge Nachricht über den Baubeginn:

In diesem Jahre 1298 begann man den Priorenpalast für Gemeinde und Volk von Florenz zu bauen; er erwies sich wegen der Umwälzungen als notwendig, welche zwischen Volk und großen Familien begonnen hatten und auch deshalb, weil das umliegende Land in Eifersucht und Aufruhr war wegen der Beschränkungen des Priorenamtes auf zwei Monate [...] Und die Prioren, welche das Volk regierten samt der ganzen Republik, denen schien es, daß sie nicht mehr an ihrer alten Tagungsstätte sicher seien, nämlich im Palast der ‚weißen‘ Cerchi hinter der Kirche San Procolo. Dort, wo sie den neuen Palast gründeten, befanden sich von alters her die Häuser der Uberti, die als Florentiner Ghibellinen Rebellen und verbannt waren; diese Häuser rissen sie nieder, kauften auch noch andere Häuser von den Bürgern hinzu, so zum Beispiel von den Foraboschi und gründeten auf dem so gewonnenen Areal den besagten Palast.[10]

Der *Palazzo della Signoria* ist steingewordener Ausdruck wehrhafter Macht. Das Bedürfnis nach Wehrhaftigkeit, die nicht nur nach außen gerichtet war, muß in Florenz um 1300 offenbar noch sehr groß gewesen sein. Nach Jahrzehnten blutiger Auseinandersetzungen um die Herrschaft, kehrten in der Stadt am Ende des Säkulums endlich wieder ruhigere, beständigere Verhältnisse ein. Die Guelfen hatten die Ghibellinen ein weiteres Mal vertreiben können und bei dieser Gelegenheit gleich enteignet; Grund und Häuser der „Rebellen" fielen der Kommune zu, was die Umsetzung der neuen Bauvorhaben „erleichterte".

Die Zünfte konnten mit Hilfe der Guelfen die alten Magnatenfamilien in die Schranken weisen und besetzten nun alleine mit den Prioren die obersten Regierungsämter. Ihre zweimonatige Amtszeit im Regierungspalast verbrachten die Prioren quasi in Klausur. Um sicher zu gehen, daß niemand von außen die Amtsinhaber beeinflussen konnte, durften sie den Palazzo nicht verlassen. Schlafstatt, Mahlzeiten und Bedienung wurden von der Gemeinde gestellt. Etwas von dieser rigorosen Auffassung ist durchaus sichtbar geworden in der spröden Festungsarchitektur des Priorenpalastes. Zu seiner heute geläufigen Bezeichnung *Palazzo Vecchio* (alter Palast) kam der *Palazzo della Signoria* erst ab dem 16. Jahrhundert; der „neue Palast",

---

10 Zitiert nach Grote 1980, 268.

in dem zu diesem Zeitpunkt längst die politischen Entscheidungen gefällt wurden, hieß *Palazzo Medici.*

Gegen Ende des 14. Jahrhunderts zerfiel die Herrlichkeit der Zünfte. Nun waren es die Patrizierfamilien, die mit ihren neuen großen Palazzi, Ausdruck eines neugewonnenen Selbstbewußtseins, zur auffälligen Veränderung des Stadtbildes beitrugen. Die geplante Errichtung eines neuen Stadtpalastes mochte sich mitunter hinziehen, weil der Bauherr doch meist erst nach und nach die notwendigen Grundstücke hinzukaufen konnte. Die rege Bautätigkeit verwandelte die Silhouette von Florenz in zweierlei Hinsicht. Zum einen sorgten notwendige Abrisse alter Familientürme und Wohnhäuser für das Verschwinden des mittelalterlichen Durcheinanders, was zu klareren Strukturen im städtischen Gefüge führte, zu mehr Ordnung und Offenheit. Zum anderen etablierte sich ein neuer Baustil, im profanen Gebäude ebenso sichtbar wie im Sakralbau, der die antikischen Prinzipien von Gleichmaß, Verhältnis und Regelhaftigkeit beschwor und sich klassischer Motive bediente: Der spitze Bogen wich dem Rundbogen, die klassische Säulenordnung verdrängte den Pfeiler ohne Basis und Kapitell, einfache und regelmäßige Formen wie Rechteck und Quadrat, Kreis und Halbkreis, lösten das gotische Maßwerk ab.

Die merkliche Zunahme an Baustellen seit dem Ende des 13. Jahrhunderts war sicherlich auch eine Folge der ansteigenden Bevölkerungszahlen. Noch um das Jahr 1200 hatte Florenz etwa 40 000 Einwohner gehabt. Hundert Jahre später war die Bevölkerung bereits auf 110 000 angestiegen. Nur in den Ballungszentren in Flandern gab es eine vergleichbare Dichte. Obzwar die Einwohnerzahl nach der Pestkatastrophe von 1348 drastisch zurückgegangen war, wurde dennoch weiterhin gebaut. Aber wo kamen die nötigen Bauarbeiter her, waren doch so viele Menschen gestorben? Der Rattenfloh interessierte sich nur für Blut, nicht für Kapital. Hiervon aber war auch nach dem Wüten des Schwarzen Todes noch reichlich in der Stadt vorhanden, was immer wieder neue Arbeitskräfte angelockt haben mag.

## Das Straßenbild

In den Gassen befanden sich Ladengeschäfte (*botteghe*) der unterschiedlichsten Art: Tavernen, Wein- und Ölhandlungen, Bäckereien, Metzgereien, Arzt- und Kanzleipraxen, Handwerksbetriebe verschiedener Metiers. Waffenschmiede machten zur Zeit der Familienfehden im 13.

Jahrhundert glänzende Geschäfte. Die Herstellung von Helmen, Halsbergen und Paillettenrüstungen war zeitweise neben der Wollindustrie der wichtigste Wirtschaftszweig. Wer damals durch die Straßen von Florenz wandelte, stieß häufig auf Betriebe, die mit der Wollverarbeitung zu tun hatten.

Das sichtbare Leben auf den Straßen und Plätzen war bunt. Kleidung und Sprache verrieten Herkunft und Stand. Obwohl landeinwärts 80 km vom Meer entfernt, trug Florenz kosmopolitische Züge. Hier trafen sich Kaufleute aus allen Teilen Europas, Arbeiter aus Deutschland und den Niederlanden fanden hier Brot und Behausung, Soldaten, die zur Verteidigung der Stadt geworben wurden, kamen aus Deutschland und Ungarn. In den Straßen und Gassen ritten Feudalherren und noble Damen, stolzierten Bankiers, flanierten gutbetuchte Kaufmannsgattinnen, sah man Handwerker, Bauern und Bäuerinnen, Marktfrauen und Dienstmädchen, Arbeiter, Gassenjungen und Huren, auch Sklaven aus dem Schwarzmeerraum, die wegen ihrer tatarischen oder mongolischen Herkunft auffielen. Angehörige der Unterwelt mischten sich darunter, Bettler, Diebe, Beutelschneider. Der *Mercato Vecchio*, der Alte Markt, den es heute nicht mehr gibt, war das Handelszentrum, hier wechselte der fette Kapaun seinen Besitzer, wurde um ein Roß vermutlich mit gleichem Eifer gefeilscht wie um einen Ballen englischer Wolle. Wie schon auf der athenischen *Agora* wurden außer Waren auch Nachrichten ausgetauscht, allgemeine, öffentliche, wirtschaftliche, private und intime Dinge besprochen. Ähnliches dürfte für die *Piazza della Signoria* gegolten haben, dem politischen Zentrum der Stadt. Dazwischen hörte man die öffentlichen Ausrufer, die von Platz zu Platz eilten, um Bekanntmachungen vorzulesen: Hochzeiten, Todesfälle, Geburten wurden ebenso mitgeteilt wie Konkurse oder Freilassungen von Sklaven.

Verkehr fand nur tagsüber statt und war von den Jahreszeiten abhängig. Sobald mit Einbruch der Dunkelheit die Stadttore geschlossen wurden, verebbte der Betrieb in den Straßen und Plätzen rasch. Nachts herrschte Ausgangsverbot. Bis auf wenige Ausnahmen durfte sich niemand in der Öffentlichkeit zeigen, einige privilegierte Beamte und natürlich die Mitglieder der Polizei ausgenommen. Zuwiderhandlung wurde bestraft. Nächtliche Verbrechen waren selten, was möglicherweise auch daran lag, daß ein eventueller Täter bei verschlossenen Stadttoren schwerlich entkommen konnte. Das allgemeine Treiben war im Frühling und in den angenehmen Herbsttagen lebhafter als im stickigen Sommer oder im kalten regnerischen Winter. Wer es sich leisten konnte, zog sich im Sommer auf seinen Landsitz zurück.

Neben dem Sonnenjahr prägte das Kirchenjahr das Leben der Stadt. Zu den Sonntagen kamen 40 Feiertage, die den Alltag unterbrachen und willkommene Abwechslung boten. Es gab Prozessionen und Umzüge, und oft klangen rituell eröffnete Feste bei allerhand Belustigung aus. Neben solchen zyklisch wiederkehrenden Unterbrechungen des gewöhnlichen Rhythmus gab es auch immer wieder außergewöhnliche Ereignisse, welche die Stadtbevölkerung mobilisierten. Einzüge großer Herrschaften, etwa eines neuen Bischofs oder eines päpstlichen Legaten, wurden pompös inszeniert. Das Motto Brot und Spiele für das Volk galt auch hier. Hinrichtungen muß man sich ebenso als organisierte Spektakel vorstellen.

## Der Aufstieg der Stadt

Noch im Hochmittelalter war Florenz eine verhältnismäßig unbedeutende kleine Stadt inmitten der Toskana gewesen, geprägt vom bäuerlichen und feudalen Charakter des Umlandes. Florenz lag abseits der Haupt-verkehrsadern, die Nord-Süd-Verbindung nach Rom etwa lief über Siena an Florenz vorbei. Die Pilgerströme in die heilige Stadt brachten kaum Devisen nach Florenz. Die Hafenstadt Pisa war zu Beginn des 13. Jahrhunderts erheblich reicher, größer an Fläche und Einwohnerzahl, politisch und ökonomisch bedeutender. Von der Seerepublik am Ligurischen Meer segelten nicht nur Kauffahrer in Richtung Morgenland. Auch mit dem Transport von Kreuzfahrern ließen sich gute Geschäfte machen, und bald errichteten die Pisaner in der Levante Handelsniederlassungen. Pisas Wirtschaftsmacht läßt sich noch heute erahnen, wenn man die Pracht und Schönheit des Ensembles der *Piazza dei Miracoli* wahrnimmt.

Lange standen die toskanischen Stadtrepubliken in verbissener Konkurrenz. Im Verlauf des 13. Jahrhunderts holte Florenz rasch auf, mit der Wirtschaftsmacht stieg auch die militärische Stärke. Zunächst eroberte es nach und nach das toskanische Hinterland, und bereits zur Jahrhundertmitte hatte Florenz auch Pisa in seiner Bedeutung überflügelt. Der rivalisierenden Stadt Siena nahm man das päpstliche Bankmonopol ab und konnte sich in der Folge als Steuereintreiber für den Heiligen Stuhl durchsetzen, und 1406 verlor Pisa endgültig seine Unabhängigkeit an die Rivalin im Landesinnern. Das Verhältnis von Florenz zu den anderen Städten der Toskana ist seither bis auf den heutigen Tag „belastet". Die Verachtung, die man gegeneinander hegt, wird unverhüllt sichtbar in einem Florentiner Spruch gegen die Bewohner der Stadt Pisa: „Meglio un morto in casa / Che un Pisano all'uscio",[11] eine böse Injurie, die etwa so zu übersetzen ist: Besser einen Toten im Hause / als einen Pisaner an der Türe.

Im frühen 14. Jahrhundert errichteten Unternehmer aus Florenz im Königreich Neapel ein Getreidemonopol, das sie rücksichtslos ausbeuteten. Hier steckt eine der Wurzeln für den Aufstieg großer Florentiner Handelshäuser, die bald über ungeheure Kapitalreserven verfügten. Sie trieben Steuern ein und stiegen in hohe Ämter auf. Man kaufte und verkaufte, investierte und verlieh Geld in Brügge, London, Paris ebenso wie in Marseille, Tunis, Bagdad. Die Erträge wurden nach Florenz geschickt. Profite aus mitunter riskanten Kapitaleinsätzen wurden akkumuliert, und Florenz, die Blühende, wurde zur Wiege des Kapitalismus.

Der rasche politische und ökonomische Aufstieg im *Duecento* und im *Trecento* läßt sich auf zwei Hauptgründe zurückführen: auf eine geschickte Diplomatie und auf den Aufstieg durch die Tuchfabrikation. Zum einen stellte sich die Parteinahme für den Papst zur Zeit der Kirchenreform und des Investiturstreits als langfristig kluge Entscheidung heraus. Die enge Beziehung zum Papsttum ließ Florenz manche militärische Krise halbwegs heil überstehen. So konnte sich Florenz auch gegen den Stauferkaiser Friedrich II. behaupten. Zeitgleich knüpfte die Stadt enge Beziehungen zum Königreich Neapel, was sich in Kriegen mit Pisa und Genua als überlebenswichtig herausstellen sollte.

Die Beziehungen zu Rom und Neapel kamen allerdings erst zustande nach langen und erbitterten Auseinandersetzungen zwischen den kaisertreuen Ghibellinen und den papsttreuen Guelfen. Der Sieg der Guelfen führte schließlich zum Aufstieg aggressiver florentinischer Kaufmannsfamilien. Man trug das Banner der *Parte Guelfa*, der Guelfenpartei, noch lange vor sich her, auch wenn der ursprüngliche Konflikt zwischen Kaiser und Papst längst keine Bedeutung mehr hatte. Die Staatsraison verlangte guelfische Gesinnung. Gegen Feinde im Innern ging man unbarmherzig vor, man vertrieb sie oder erschlug sie der Einfachheit halber gleich.

---

[11] Zitiert nach Grote 1980, 13.

Ideologische Kontrolle wurde ein probates Mittel, um sich unliebsamer Konkurrenz aufstrebender Familien zu erwehren. Der Vorwurf, einer Familie anzugehören, die ehedem die ghibellinische Sache vertreten habe, kam einem Schuldspruch gleich, der den Zugang zu kommunalen Ämtern unüberwindlich versperrte.

Der eigentliche Motor, der den rasanten Aufstieg von Florenz ankurbelte, war die Herstellung von Wolltuch. Zwar war Florenz erst spät als Konkurrentin auf dem Markt für Tuche aufgetreten – Flandern und die Lombardei waren längst etabliert – aber zum einen ging im späten 13. Jahrhundert die flämische Produktion zurück, zum anderen zeigte sich bald, daß die Wolltuche aus Florenz von besonders guter Qualität waren. Zunächst hatten sich die Florentiner Handwerker damit begnügt, fertig gewebte Tuche zu kaufen und zu veredeln, bald entwickelten sie aber Fertigkeiten und Techniken, die es ihnen erlaubten, Rohwolle aus England und Kastilien zu besten Tuchen zu verarbeiten. Die Qualität der Stoffe erlaubte es, auf allen Märkten Europas, Asiens und Afrikas Höchstpreise zu verlangen.

Die Tuchindustrie versorgte viele Menschen mit Arbeit. Überall in der Stadt und im *Contado*, dem bäuerlichen Umland von Florenz, war die Tuchindustrie sichtbar. Ballenweise landete die Wolle aus Spanien und England in den *botteghe* der *lanaiuoli*, in denen die Wolle zum Spinnen aufbereitet wurde. Von dort wanderte die Wolle zu den Bäuerinnen im Umland. Das gesponnene Garn wurde darauf zurück in die Stadt transportiert, zu den Webern, die in Werkstätten oder am heimischen Webstuhl Tuche webten, die danach gewalkt, gefärbt und ausgebessert wurden. Wir haben leider keine gesicherten Aussagen über die Produktivität einer *bottega* und die oft zitierten Zahlenangaben, die wir von Villani haben, sind umstritten. Aber wir wissen, daß nach dem *Aufstand der Ciompi* 1378 die Tuchverleger die neuen Machtverhältnisse durch die Niederlegung ihrer Geschäfte zu boykottieren suchten. Ein Dekret der neu zusammengesetzten *Signoria* verfügte daraufhin, „daß alle lanaioli 2000 Tücher im Monat herstellen müssen, unter Androhung schwerer Strafe, ob sie nun wollen oder nicht".[12] Ernst Piper schließt

---

[12] Zitiert nach Piper 1982, 177.

daraus, daß die „Jahresproduktion von 24 000 Tüchern […] selbst in jenen schwierigen Zeiten keineswegs exzeptionell" gewesen sei.[13]

Soviel aber ist klar: Von der Tuchfabrikation lebte zudem eine ganze Zulieferindustrie: Wollwäscher brauchten Seife, die Seifenindustrie brauchte Öl. Färbemittel wurden produziert, ebenso Werkzeuge, die von Schmieden und Werkzeugmachern hergestellt wurden. Webstühle, Spinn-räder, Kämme wurden gebraucht. Die Tuchindustrie gab vielen Brot und machte einige sehr reich. Schließlich darf man aber auch die Bauern im *Contado* nicht vergessen, die mit ihrer harten Arbeit die Stadt Florenz ernährten.

**Die Wirtschaftskrise**

Nahezu drei Jahrhunderte expandierte die Wirtschaft der Stadt, getragen durch die Handelshäuser und die Tuchindustrie. Der Wohlstand hatte im ersten Drittel des 14. Jahrhunderts einen Höhepunkt erreicht. Als dann aber in den dreizehnhundertvierziger Jahren die drei größten Handels- und Bankhäuser Bardi, Peruzzi und Acciaiuoli bankrott gingen, traf das die Wirtschaft nicht nur der Stadt schwer. Bardi und Peruzzi waren mit Abstand die beiden größten Banken von Florenz, dem damaligen europäischen Finanzplatz Nummer eins.[14] Sie machten hochprofitable Geschäfte, indem sie die luxuriösen Hofhaltungen europäischer Fürsten finanzierten. Im Gegenzug wurden sie an den Steuereinnahmen oder an Ernteerträgen beteiligt. Neapolitanischen Weizen verkaufte das Haus Peruzzi mit großem Gewinn in die oberitalienischen Städte. Auch die englischen Könige, die seit Eduard III. (1327–1377) Ansprüche auf den französischen Thron erhoben, benötigten Kapital, um ihre Feldzüge gegen Frankreich zu finanzieren. Der Preis für den Kredit war ein Ausfuhrverbot englischer Wolle nach Flandern, die statt dessen jetzt billig nach Florenz verschifft wurde, zudem erhielten Bardi und Peruzzi ein verbrieftes Monopol für den englischen Import von Luxusgütern. Bei Giovanni Villani erfahren wir, daß die beiden florentinischen Bankhäuser ein Guthaben von 1 365 000 Goldgulden einbüßten und sich dennoch wieder erholten.

---

[13] Piper 1982, Allerdings bleiben auch Pipers Angaben vage, denn wir erfahren nichts über Größe, Gewicht und Qualität der Tücher.
[14] Vgl. Schümer 2008.

Gründe, die zum Bankrott der Banken geführt haben könnten, benennt Dirk Schümer in seinem Artikel „Gier, die über Leichen geht". Trotz erster militärischer Erfolge, so sagt er, habe der Krieg England ausgezehrt. Der König sei bald zahlungsunfähig geworden, die beiden Banken hätten sich verspekuliert und seien daraufhin zusammengebrochen. Schümers Erklärung steht allerdings im Gegensatz zur Ansicht Michael Maurers, der in seiner *Kleinen Geschichte Englands* erklärt, daß bis zum Frieden von Brétigny (1360) „der Krieg auf dem Kontinent England große Gewinne beschert" habe.[15] Was genau auch immer Ursache des Bankrotts gewesen sein mag, der Zusammenbruch der Banken erschütterte die Zuversicht der Unternehmerklasse zutiefst.

Wirtschaftliche Krisen, verursacht durch Kriege oder Mißernten, hatte es bis zu diesem Zeitpunkt immer wieder gegeben. Diese Krise schien aber erstmals nicht durch eine „natürliche" Katastrophe, sondern durch Finanzspekulationen ausgelöst worden zu sein. Infolge der schweren Finanzkrise stieg die Zahl der Armen stark an. Darauf war die Gesellschaft nicht vorbereitet, mußte aber Lösungen finden. Jedoch die Kassen der Kommune waren leer, die Zünfte waren uneins, die Kirche beschränkte sich darauf, die unhaltbaren Zustände von der Kanzel herab zu beklagen. Wirkliche Anstrengungen im Kampf gegen die Armut unternahmen die Bruderschaften, religiöse Gemeinschaften, die bereits im Spätmittelalter im Umfeld der Zünfte entstanden waren. Fromme Bürger konnten in diesen Bruderschaften ihren christlichen Pflichten nachkommen und gezielt Nächstenliebe in Form karitativer Arbeit leisten. Ihre Mitglieder stammten aus allen Schichten, mit Ausnahme der untersten. Manche dieser Bruderschaften waren in ihrer Armenhilfe regelrecht spezialisiert. So schreibt Gene Brucker:

Zwei der bekanntesten Bruderschaften (die bis heute überlebt haben) sind die „arcifraternità della Misericordia", die sich ausschließlich um die Krankenpflege und die Beerdigung der Armen kümmerte, und die „compagnia di Santa Maria del Bigallo", die im 15. Jahrhundert ihre Bemühungen und Mittel vor allem auf die Sorge um Waisen- und Findelkinder richtete.[16]

Natürlich konnte die ökonomische Krise auch Angehörige des *popolo grasso* treffen, kein Berufszweig blieb von ihr unberührt. Für die Villani

---

[15] Maurer 2007, 67.
[16] Brucker 1990, 253.

beispielsweise war die Krise der Handels- und Bankhäuser ein schwerer Schlag, der zwar die finanzielle Situation der Familie in arge Schieflage brachte, das beachtliche politische und soziale Prestige aber nicht gefährden konnte, wozu die Bekanntheit des Geschichtswerkes der Villani beitrug.

Existentiell gefährdet waren aber in erster Linie die Lohnarbeiter. Sie machten das Gros der „fleißigen Armen" aus, wie Mollat sie nennt, Arbeiter, die im Textilgewerbe ihr Brot verdienten, wie Färber und Wollkämmer. Sie bildeten aber keine geschlossene Gruppe und traten untereinander kaum in Verbindung. Noch viel weniger waren sie organisiert; eigene Bruderschaften zu bilden, war ihnen von den Zünften untersagt. Aber auch Maurer und andere selbständige kleine Handwerker litten unter der Krise. Sie waren ausgerichtet auf und gebunden an die großen Familien, von denen sie Protektion erwarteten. Das entsprach durchaus der Struktur der städtischen Gesellschaft, die gewissermaßen aus mehreren hundert kleinen Einheiten organisiert war, Familien mit Macht und Einfluß, die in ihrer jeweiligen Nachbarschaft tonangebend waren.

Wer eben noch Teil hatte an der Herstellung teuren Tuches und sich und seine Familie davon ernähren konnte, war nun unter veränderten Bedingungen trotz fleißiger Arbeit gezwungen, am florentinischen Hungertuch zu nagen. Tatsächlich entstand eine neue Form von Armut. Bislang konnte verarmen, wer wegen Krankheit oder Alter nicht mehr erwerbsfähig war, wer arbeitslos wurde, wer geschäftlich ruiniert wurde, wer sein Kapital verlor. Nun aber gab es Beschäftigte, die von ihrer Arbeit kaum noch leben konnten.

## Die Pest

Weit schwerer aber als die Wirtschaftskrise waren die Schläge, die der Stadt und letztlich ganz Europa durch den Schwarzen Tod zugefügt wurden. Von 1347 bis 1352 suchte die Pest Europa heim, die durch alle Schichten hindurch große Teile der Bevölkerung hinwegraffte und zur Verödung ganzer Landstriche führte, obwohl die Seuche in den Städten schlimmer grassierte als auf dem Land. Fürchterlich wütete sie im Florenz des Jahres 1348. Die bedeutendste zeitgenössische literarische Schilderung der Pest entstammt Boccaccios *Decamerone*[17]:

---

[17] Boccaccio 1952, 14f.

Etwa zu Frühlingsanfang des genannten Jahres begann die Krankheit schrecklich und erstaunlich ihre verheerenden Wirkungen zu zeigen. Dabei war aber nicht, wie im Orient, das Nasenbluten ein offenbares Zeichen unvermeidlichen Todes, sondern es kamen zu Anfang der Krankheit gleichermaßen bei Mann und Weib an den Leisten oder in den Achselhöhlen gewisse Geschwulste zum Vorschein, die manchmal so groß wie ein gewöhnlicher Apfel, manchmal wie ein Ei wurden, bei den einen sich in größerer, bei den andern in geringerer Anzahl zeigten und schlechtweg Pestbeulen genannt wurden. Später aber gewann die Krankheit eine neue Gestalt, und viele bekamen auf den Armen, den Lenden und allen übrigen Teilen des Körpers schwarze und bräunliche Flecke, die bei einigen groß und gering an Zahl, bei anderen aber klein und dicht waren. Und so wie früher die Pestbeule ein sicheres Zeichen unvermeidlichen Todes gewesen und bei manchen noch war, so waren es nun diese Flecke für alle, bei denen sie sich zeigten. Dabei schien es, als ob zur Heilung dieses Übels kein ärztlicher Rat und die Kraft keiner Arznei wirksam oder förderlich wäre. Sei es, daß die Art dieser Seuche es nicht zuließ oder daß die Unwissenheit der Ärzte (deren Zahl in dieser Zeit, außer den wissenschaftlich gebildeten, an Männern und Frauen, die nie die geringste ärztliche Unterweisung genossen hatten, übermäßig groß geworden war) den rechten Grund der Krankheit nicht zu erkennen und daher auch kein wirksames Heilmittel entgegenzusetzen vermochte, genug, die wenigsten genasen, und fast alle starben innerhalb dreier Tage nach dem Erscheinen der beschriebenen Zeichen; der eine ein wenig früher, der andere etwas später, die meisten aber ohne alles Fieber oder sonstige Zufälle.

In drastischen Bildern erzählt Boccaccio vom grausamen Furor der Seuche, berichtet vom Verfall der Sitten und bürgerlichen Bräuche. Die Wirtschaft und das öffentliche Leben brachen zusammen, ebenso verhielt es sich mit der Nahrungsversorgung der städtischen Bevölkerung. Die Vermögenden verloren ihren Unternehmergeist, die Armen verweigerten sich jeder schweren Arbeit. Der Handel kam fast völlig zum Erliegen und die Äcker lagen brach. Zwar machte die Pest vor keiner Familie halt, doch im Kreise der Armen tobte sie besonders heftig. Unzureichende Ernährung, verursacht durch rasch einsetzende Teuerung, schwächte die Widerstandskraft der Menschen und erhöhte die Sterblichkeitsrate unter den ohnehin Notleidenden. Die Preise für Lebensmittel, für Medikamente und ärztliche Hilfe stiegen unaufhaltsam. Notwendige medizinische Versorgung konnte von vielen nicht mehr bezahlt werden. Nach dieser schweren Epidemie war die Bevölkerung von Florenz fast um die Hälfte dezimiert. In ganz Europa hatte die Pest etwa ein Viertel der Menschen hinweggerafft, andere Schätzungen sprechen sogar von einem Drittel.

Der große italienische Dichter ist natürlich nicht der einzige Zeuge, der von den Auswirkungen der Pestilenz Nachricht gibt. Der toskanische Kaufmann Francesco di Marco Datini (1335–1410) erlebte nicht weniger als sechs Ausbrüche der Seuche. Beim ersten Auftauchen der Pestilenz 1348 verlor er beide Eltern, die der Krankheit erlagen. Bald darauf ging er nach Florenz, verdingte sich als Lehrling in zwei verschiedenen *botteghe*, erwarb sich gründliches kaufmännisches Wissen und lauschte den toskanischen Kaufleuten, die unter anderem von den glänzenden Aufstiegschancen in Avignon berichteten. Mit fünfzehn verkaufte er sein bescheidenes Erbe und machte sich, ausgestattet mit 150 Gulden, wahrscheinlich zusammen mit anderen Kaufleuten, auf in die Stadt an der Rhône, in der damals Klemens VI. auf dem Stuhl Petri saß. Hier begann Francesco Datini seine kaufmännische Karriere, an deren Ende er ein Vermögen von 70 000 Goldgulden an die Armen seiner Heimatstadt Prato vererben konnte. Daneben hinterließ er der Nachwelt Dokumente und Briefe von unschätzbarem Wert, die erst 1870 wiederentdeckt wurden, ein Glücksfall für die Geschichtswissenschaft: Geschäftsbücher, Verträge und Versicherungspolicen, aber vor allem 140 000 Briefe, davon 11 000 privater Natur. Zahlreiche seiner Briefe geben Auskunft über das Verhalten der Menschen in Zeiten der Pestilenz. Neben den Verfallserscheinungen, die Boccaccio beschreibt, bewirkte die Geißel bei vielen eine Hinwendung zur Religiosität. Auch nüchterne Kaufleute wie Datini, der selbst eine weniger fromme Natur war, richteten ihr Leben nach den Vorschriften der Kirche ein. Fastentage wurden streng eingehalten, Pilgerscharen zogen im Büßergewand barfuß durch das Land. Viele zeigten Zerknirschung und Reue, gelobten Besserung und Sühne. Eine tiefe Furcht hatte von den Menschen Besitz ergriffen, die Pest wurde als permanente Bedrohung erlebt.

## Das Ende der Republik

Der Arbeitskräftemangel, den die Pest verursacht hatte, führte zu erheblichen Ernteausfällen. Das wenige, das eingebracht werden konnte, war zudem bedroht von Söldnertruppen, die durch die Toskana zogen. Gleich für welche Seite die Truppen kämpften, immer hinterließen sie eine

Spur der Verwüstung. Kriege, Wirtschaftskrise und Pest hatten den Haushalt der Stadt arg in Mitleidenschaft gezogen. Um die Finanzen aufzubessern, erhoben die Stadtoberen höhere Steuern. Das verschärfte den Unmut der Reichen und das Elend der Armen.

Gleichzeitig hatte die Pestepidemie zu wirtschaftlichen Umschichtungen geführt. Mancher konnte ein überraschend großes Erbe antreten und verlangte nun im Konzert der Mächtigen mitspielen zu dürfen. Teile der alten Oberschicht nahmen diese Parvenüs, die *gente nuova*, als Bedrohung wahr. Eifersüchtig verteidigte man seine Privilegien. Es kam jetzt verstärkt zu Machtkämpfen, in denen sich bestimmte Gruppierungen der etablierten Schicht gegen die aufstrebenden Kräfte zu verteidigen suchten. Die bereits beschriebene ideologische Kontrolle der *Parte Guelfa* richtete sich nun gegen jene, die von den wirtschaftlichen Folgen der Pest profitiert hatten.

Unter den Angehörigen des *popolo grasso* fanden sich aber auch Männer, die den sozialen und ökonomischen Umbrüchen aufgeschlossen gegenüberstanden und zu einer teilweisen Öffnung zugunsten der Aufsteiger bereit waren. Die Folge war eine heillose Zerstrittenheit innerhalb der herrschenden Kaste selbst. Hinzukam, daß die Wollzunft, unterstützt von den anderen *arti maggiori*, die niederen Zünfte von der Teilhabe in der Kommune zu verdrängen suchte. Dies und die sich verschärfenden Bedingungen, unter welchen der *popolo minuto* zu leiden hatte, führten schließlich 1378 zum *Aufstand der Ciompi*, der untersten Klassen der Wollarbeiter, der zur vorübergehenden Gründung neuer Zünfte führte, die sich als *arti del popolo di Dio*, als Zünfte des Volkes Gottes, bezeichneten. Gerade ganze zwei Monate saßen die Vertreter der kleinen Leute gleichberechtigt in den Gremien der Stadt. Für einen historischen Augenblick, einen kurzen Sommer der Demokratie, hatte Florenz eine Regierung, welche allen Florentinern die Teilhabe an der Kommune gewährte. Durch den Erfolg der Wollarbeiter sah sich die Führungsschicht zur Verständigung mit den *arti minori* gezwungen. Bereits Ende August jagte man gemeinsam die „Zünfte des Volkes Gottes" aus der *Signoria*. Alle weiteren Versuche der *Ciompi*, ihre errungene Macht zu verteidigen, wurden brutal niedergeschlagen.

Mit der gewaltsamen Repression gegen die revolutionären Arbeiter konnten die alten und neuen Herrscher zwar die Bedrohung ihrer Macht, nicht aber die Ursachen der Krise beseitigen. Zunächst „folgten drei Jahre einer breiten Zunftregierung, das Goldene Zeitalter der Mittelschicht",[18] wie Volker Reinhardt es formuliert, doch die letzten Jahrzehnte der Republik wurden von einer autoritären Oligarchie Florentiner Patrizierfamilien bestimmt. Schon ab 1382 konnten die großen Familien ihre Vorrangstellung gegenüber den 14 unteren Zünften wieder einnehmen. Das Mitspracherecht der *arti minori* in der Kommune wurde immer geringer, sie wurden mit wenigen, zudem geringen Ämtern betraut. Die korporative Organisation der Zünfte insgesamt wurde abgelöst durch die Herrschaft von Unternehmern; Kaufleute und Bankiers regierten fortan die Kommune.

Das Patriziat, so lautet eine zentrale These Bruckers, brachte eigentlich die Renaissance hervor, ihr „Lebensstil, ihre Wertorientierungen, ihre Denk- und Wahrnehmungsweise".[19] Aber diese mächtige und einflußreiche Führungsschicht war, wiewohl durch gemeinsame Interessen verbunden, keine homogene Gruppe. Um 1400 bildeten etwa 300 Familien die herrschende Klasse der neuen Stadtaristokratie. Reichtum und Ansehen waren unterdessen die wichtigsten Kriterien geworden, die über die soziale Stellung einer Familie entschieden. Ein reicher Bürger genoß auch hohes Ansehen. Es gab wohl zu Beginn des *Quattrocento* noch einige wenige Familien, die ihre Wurzeln im Feudaladel sahen, sie hatten aber kaum noch Anteil an der Macht. Die weitverzweigten bedeutenden und tonangebenden Clans waren „bürgerlicher" Herkunft. Eine tradierte „bürgerliche" Mentalität, eine „aus dem Mittelalter überkommene korporative Struktur und Gesinnung",[20] des Patriziats war noch immer lebendig. Familien, deren Mitglieder häufig in die Gremien der Kommune berufen worden waren, genossen einen hohen sozialen Status, doch mehr und mehr führte die individuelle Leistung zu Statusgewinn. Die Rückbindung des einzelnen an die Zunft oder Bruderschaft wurde unbedeutender, dagegen wurde die Zugehörigkeit zu einer reichen Familie wichtiger.

Der erfolgreiche Kaufmann, der im Ausland sein Glück gemacht hatte und nun als wohlhabender Mann in die Heimat zurückkehrte, verschaffte sich dadurch ein höheres Ansehen als es der genoß, der mit dem Hinweis

---

[18] Reinhardt 1990, 29.
[19] Brucker 1990, 122.
[20] Ebd.

auf seine edle Abkunft lieber sein Erbe verzehrte, anstatt sich mit niedrigen Geschäften abzugeben. Für die Florentiner Oberschicht war es ein Gebot der Ehre, daß man einer standesgemäßen Tätigkeit nachging. Man versuchte als Tuchproduzent oder als Jurist, als Kaufmann im internationalen Warenverkehr oder als Bankier seinen Reichtum und sein Ansehen zu mehren. Erfolgreiche Familien vergrößerten ihren Einfluß und ihre Macht, indem einzelne Mitglieder untereinander heirateten. Was für die dynastische Politik in anderen Teilen Europas Usus war, galt auch für das Patriziat in Florenz. Der soziale, politische und ökonomische Rang war ausschlaggebend für das Zustandekommen einer ehelichen Verbindung. Eine vielleicht weniger wohlhabende Familie, deren Mitglieder aber häufig ehrenvolle Ämter bekleidet hatten, konnte für eine wirtschaftlich aufstrebende Familie, die bislang ohne politischen Einfluß war, durchaus attraktiv sein.

Schon vor Beginn der Renaissance finden wir in Florenz eine frühkapitalistische Wirtschaftsordnung vor, welche die unternehmerische Risikobereitschaft und Flexibilität des Einzelnen begünstigt. Gleichzeitig ist das Individuum gebunden an seine Herkunft, seine Familie, deren Ziele als Gruppe Stabilität und Sicherheit und Kontinuität und Konformität sind. Diese beiden Haltungen, die Rückbindung an die Familie samt der Einbindung in die entsprechenden sozialen Netzwerke einerseits und die mitunter egoistische Durchsetzung eigener Interessen andererseits, stehen sich im Grunde unversöhnlich gegenüber, und tatsächlich ist in dieser Konstellation einiges an Konfliktstoff verborgen. Dieser Gegensatz sorgte für anhaltende Spannungen im gesellschaftlichen Gefüge der Kommune, und diese Spannungen trieben die Prozesse des Umbruchs voran.

Soziale Verhaltensweisen, Wertorientierung, propagierte und praktizierte Moral erfuhren im 14. und 15. Jahrhundert eine merkliche Umwandlung. Die Männer, die ihre Geschäfte im Fernhandel, in der Tuchfabrikation und im Kreditwesen betrieben, suchten unablässig ihr Kapital zu mehren, da doch Reichtum und Besitz nun die maßgeblichen Indikatoren für die Stellung des einzelnen in der Gesellschaft geworden waren. Für sie war, wie Volker Reinhardt es ausdrückt, Geld der „Rohstoff der Macht". Der Kaufmann und Bankier, wie ihn die Renaissance hervorbrachte, war ehrgeizig, geschäftstüchtig, manchmal auch skrupellos und habgierig. Er wurde zum Prototyp des modernen Unternehmers, einem Typus, der sich von nun an über republikanische und fürstliche Zeiten hinweg halten sollte. Mit dem glanzvollen Aufstieg einer Unternehmerfamilie namens Medici, der es gelang, die „Patriarchalisierung der Republik" durchzusetzen (Piper), wird nun ein neues Kapitel der florentinischen Geschichte aufgeschlagen.

## Literatur

BOCCACCIO, Giovanni: *Das Dekameron*. Mit Kupferstichen von Gravelot, Boucher u. Eisen d. Ausg. von 1757, übers. von K. WITTE, durchges. von H. BODE, Nachw. von A. BAUER, München 1952.

BRUCKER, Gene: *Florenz in der Renaissance*. Stadt, Gesellschaft, Kultur, übers. von C. PREUSCHOFT, Reinbek bei Hamburg 1990.

BURCKHARDT, Jacob: *Die Kultur der Renaissance in Italien*. Ein Versuch, hrsg. und mit einer Einführung von W. REHM, Stuttgart 1960.

FLASCH, Kurt: *Das philosophische Denken im Mittelalter*. Von Augustin zu Machiavelli, Stuttgart 2000.

GROTE, Andreas: *Florenz*. Gestalt und Geschichte eines Gemeinwesens, München 1980.

MAURER, Michael: *Kleine Geschichte Englands*, Stuttgart 2007.

MOLLAT, Michel: „Städtische Armut", in: R. BECK (Hg.), *Streifzüge durch die Jahrhunderte*. Ein historisches Lesebuch, München 1987.

ORIGO, Iris: *„Im Namen Gottes und des Geschäfts"*. Lebensbild eines toskanischen Kaufmanns in der Frührenaissance. Francesco di Marco Datini 1335–1410, übers. von U.-E. TROTT, München 1985.

PIPER, Ernst: *Der Stadtplan als Grundriß der Gesellschaft*. Topographie und Sozialstruktur in Augsburg und Florenz um 1500, Frankfurt a. M. / New York 1982.

PRILL, Ulrich: *Dante*, Stuttgart / Weimar 1999.

RAITH, Werner: *Florenz vor der Renaissance*. Der Weg einer Stadt aus dem Mittelalter, Frankfurt a. M. / New York 1979.

REINHARDT, Volker: *Die Medici*. Florenz im Zeitalter der Renaissance. München 1998.

REINHARDT, Volker: *Florenz zur Zeit der Renaissance*. Die Kunst der Macht und die Botschaft der Bilder, Freiburg / Würzburg 1990.

SCHÜMER, Dirk: „Gier, die über Leichen geht", in: *Frankfurter Allgemeine Zeitung*, Nr. 227, 27. September 2008, S. Z3.

SIMSHÄUSER, Wilhelm: „Untersuchungen zur Entstehung der Provinzial-verfassung Italiens", in: H. TEMPORINI / W. HAASE (Hg.), *Aufstieg und Niedergang der römischen Welt*. Geschichte und Kultur Roms im Spiegel der neueren Forschung, Teil II., Bd. 13, Berlin / New York 1980, 401-452.

# „Florenz kommt mir vor wie eine liebe, bekannte Stadt, die ich wiedersehe."
## Karl Jaspers von seiner ersten Italienreise anno 1902

*Ulrich Arnswald*

Karl Jaspers (1883–1969) unternahm im Frühjahr 1902 seine erste Auslandsreise, die ihn als neunzehnjährigen Studenten nach Italien bringen sollte. Primäres Ziel seiner Reise war die Stadt Rom, in der er sich gleich mehrere Wochen aufhielt. Seine Zeit in Florenz war eher eine Art Abstecher auf der Rückreise, aber Jaspers zeigte sich trotz der Kürze des Aufenthaltes in seinen Reisebriefen von der Stadt der Frührenaissance tief beeindruckt.

Jaspers Italienreise war ein Kurersatz. Im Frühjahr 1901 stellte sein Arzt und Familienfreund, Dr. Albert Fraenkel, eine chronische Erkrankung fest, unter der Jaspers bereits seit frühester Kindheit litt. Fraenkel diagnostizierte chronische Bronchiektasen. Genauer: „Bronchiektasen der Lunge, in früheren Jahren angegriffene Nieren, durch zunehmendes Emphysem sekundäre Herzinsuffizienz."[1] Der junge Student wollte aber keine „passive Kur" in Meran absolvieren wie es der ursprüngliche Rat seines Arztes war. Stattdessen versuchte er den Arzt und Familienfreund, dessen Frau Erna Fraenkel geb. Thorade aus Jaspers' Geburtstadt Oldenburg stammte, zu überreden, die geplante Kur durch eine Romreise zu substituieren. Fraenkel war wohl bis zuletzt nicht so ganz einverstanden, aber letztlich setzte sich Jaspers über dessen Bedenken hinweg und entschied sich für die gewünschte Reise nach Italien als eine Art „aktive Kur".[2]

Über die beim ihm recht spät entdeckte chronische Erkrankung schreibt Karl Jaspers in seinem Selbstbildnis:

Als ich 18 Jahre alt war – bis dahin hatte der Hausarzt meine Krankheit nie ernst genommen, sondern hielt die vielen Fieberanfälle für Influenza (so nannte man damals die Grippe) –, stellte Dr. Fraenkel (später Entdecker der Strophantintherapie und Professor in Heidelberg) in Badenweiler, den ich als Freund unserer Familie besuchte, fest, daß ich Bronchiektasen hätte. Er setzte mir auseinander:

---

[1] Vgl. Saner 1991, 17.
[2] Vgl. Kirkbright 2006.

„Sie sind nicht tuberkulös, Sie sind nicht ansteckend, Sie brauchen deswegen keine Sorge zu haben. Aber Sie haben Bronchiektasen, die sind unheilbar. Mit denen müssen Sie leben, mit denen können Sie auch leben, wenn Sie es richtig einrichten. Und Sie werden ein ausgezeichnetes Leben vor sich haben, wenn Sie wollen. Es kommt nur auf eines an: Sie müssen dafür sorgen, daß Ihre Bronchien stets leer sind von Sekret. Daher müssen Sie ständig expektorieren. Dann hören die Fieberanfälle auf. Ihre Krankheit schreitet an sich nicht fort." Das alles hatte sich bestätigt, wie er es gesagt hat. Mein Arzt und Freund, bis zu seinem Tode im Jahre 1938, nahm sich meiner an wie ein Arzt, der auf seinen Patienten stolz ist. Er half mir nicht bloß körperlich, sondern wollte nun auch, aus mir müsse etwas werden![3]

Trotz dieses ernsten Hintergrundes der Italienreise überlagerte die unheilbare Krankheit die Briefe aus Italien nicht. Es erscheint vielmehr, als ob das Abenteuer Italien und die Neugierde auf Landschaft und Kultur bei dem jungen Studenten obsiegt hätten. Jaspers hatte dies so wohl vorhergesehen. Noch bevor die positive Entscheidung für den Romaufenthalt gefallen war, schrieb Karl Jaspers am 13. Februar 1902 für die Italienreise werbend an seine Eltern: „In Italien dagegen habe ich nur Anregung für alles und komme dann mit einem großen Schatz nach München, wo ich dann mit größter Lust arbeiten kann."[4]

Die hier verwendeten Zitate aus den Italien-Briefen Karl Jaspers' entstammen dem von Suzanne Kirkbright herausgegebenen Band *Karl Jaspers Italienbriefe 1902*[5], in dem die vollständigen transkribierten Briefe nach den handschriftlichen Originalen aus dem Besitz des Deutschen Literaturarchivs veröffentlicht sind. Allerdings wurde eine Auswahl vorgenommen. Die Vertraulichkeit der Familienbriefe wurde nicht aufgehoben, so daß Jaspers in den vorliegenden Briefen durchgängig mit seinem Kosenamen „Kally" zeichnet. Ein Hinweis auf die besondere Schreibweise des Datums bei Jaspers scheint zudem angebracht. Alle Briefe

---

[3] Jaspers 2000, 23.
[4] „Brief Nr. 1, Heidelberg, 13.II.02", in: Jaspers 2006, 20. Die Italienbriefe Jaspers' werden in diesem Artikel ab sofort nur mit Briefnummer, Ort, Datum sowie Seitenzahl zitiert.
[5] Der Text der Briefe ist von der Herausgeberin durchgängig an die neue deutsche Rechtschreibung angepaßt, aber die Großschreibung der Anredeform in den Briefen ist gemäß dem originalen Wortlaut beibehalten worden.

sind mit dem jeweiligen Datum in der Originalschreibweise versehen, die ihrerseits selbst aber uneinheitlich war.

Jaspers gesundheitsbedingte Reise nach Italien fiel auch aus anderen Gründen als der Entdeckung der besagten chronischen Krankheit in eine Umbruchszeit in seinem noch jungen Studentenleben. Jaspers war mit gerade mal achtzehn Jahren an die Universität gekommen und hatte anfänglich noch nicht das richtige Studienfach gefunden. Auch den Studienort wechselte er zuerst häufig:

Im Herbst 1901 ging ich nach Heidelberg, dann 1902 nach München, von dort nach Berlin, schließlich nach Göttingen. In Göttingen blieb ich jahrelang. Göttingen, das ist die Luft, in der man nüchtern einfach tätig ist und lernen will, während in München etwa meine Teilnahme an der Schwabinger Welt weit stärker war als die an der Universität. Aber nur ein Sommersemester lang.[6]

Die Reise zu seinem endgültigen akademischen Bestimmungsort war mit dem um diese Zeit erfolgten Umzug von Heidelberg nach München und dem kurze Zeit später stattfindenden Wechsel von der Juristerei zur Medizin noch lange nicht beendet. Und dennoch kann man bereits in den Briefen die Suche und den Veränderungswillen des Noch-Juristen Jaspers erkennen. Affinität zu Kunst, Kultur, Geschichte und Philosophie sind spürbar, auch wenn diese Interessen im September 1902 nochmals zurück-gestellt werden, als er nach einem weiteren Semester das Jura-Studium in München schließlich an den Nagel hängt, um ein Medizinstudium in Göttingen zu beginnen. Nicht von ungefähr hat Jaspers sich später in einem Beitrag mit dem Titel *Über meine Philosophie* wie folgt über seine erste Italienreise geäußert: „Als unzureichender Ersatz diente Beschäftigung mit Kunst und Dichtung und eine enthusiastische Reise nach Italien, um die Roma aeterna zu sehen, Geschichte zu spüren und Schönheit zu erblicken (1902)."[7] Kritisch gibt sich Jaspers zum Zeitpunkt der Italienreise sowohl gegenüber seinen eigenen Kunstkenntnissen als auch gegenüber der Kunst als solcher. Er schreibt:

Überall sind herrliche Sachen, aber meist auch sehr viel Schund[,] und man muss sich das Gute erst suchen, was für mich, wo kunsthistorische Kenntnisse mich oft im Stich lassen, recht schwer ist, natürlich bis auf die ganz berühmten Bilder. So muss ich dann erst in einer Galerie herumlaufen, alles oberflächlich sehen und

---

[6] Jaspers 2000, 24.
[7] Jaspers 1991, 389.

kann erst dann vor den Bildern, die mir gefallen, länger verweilen, was ein unbeschreibliches Wohlbehagen herbeiführt.[8]

Zugleich aber kommt auch seine grenzenlose Bewunderung für die Kunst, die er in vollen Zügen genießt, in manchem Schreiben zum Ausdruck, auch wenn die schiere Masse an Kunstwerken ihn zeitweise förmlich zu erdrücken scheint. Selbst wenn der Name nicht fällt, so kann man zwischen den Zeilen aus einem seiner Briefe das sogenannte Stendhal-Syndrom herauslesen, in dem er mitteilt: „Die Menge des Sehenswerten ist so groß, dass man ganz verwirrt dabei wird."[9] Die Entdeckung von Kunst und Philosophie hat eine beruhigende Wirkung auf den schwer kranken Studenten, von dem seine Eltern fürchteten, daß er kaum älter als dreißig Jahre würde. Eine Einschätzung, die sich glücklicherweise als falsch herausstellte, nicht nur weil Dr. Fraenkel die wahre Krankheit erfolgreich diagnostizierte, sondern auch weil Jaspers sich gut auf diese einzustellen und mit ihr zu Leben verstand. Zum damaligen Zeitpunkt war dies aber noch nicht absehbar, so daß der folgenden Aussage des jungen Mannes eine besondere Bedeutung zukam:

Trotzdem genieße ich stundenlang bei dem Anblick der großen Kunstwerke[,] und indem ich daran denke, ein ganz einzigartiges Glück, wie selten. Es kommt hier manchmal ein solcher Friede, solche Seelenruhe – ich weiß nicht, wie ich mich ausdrücken soll – über einen, wie ich in dieser Art noch nie glaubte, empfunden zu haben, und wie es wohl nur Kunst und Philosophie hervorbringen können.[10]

Obwohl Jaspers also in vielerlei Hinsicht auf Suche war, Umbrüche und Handicaps ihm zu schaffen machten, gibt sich der noch recht unerfahrene Student auf seiner ersten Auslandsreise betont welterfahren. Vermutlich ist das ein oder andere nur angelesen, wie beispielsweise der erste in den Italienbriefen zu findende Bezug auf Florenz in Rahmen eines Briefes an seine Eltern aus Rom verrät:

[...] Morgen ist nun der letzte Tag hier in Rom für mich. Es fehlt noch vieles, was ich nicht gesehen habe, doch kann ich wohl sagen, dass ich mich sehr auf Florenz

---

8 „Brief Nr. 26, Rom, 12.III.02", 74.
9 „Brief Nr. 27, Rom, 15.III.02", 76.
10 „Brief Nr. 27, Rom, 15.III.02", 77.

freue, wo Kunstschätze aus der Renaissance noch in viel größeren Mengen als hier sind. […][11]

Auch andere Einsichten Jaspers auf seiner Reise lassen deutliche Interessen des jungen Mannes erkennen: Schon beim Eintreffen in Mailand fiel ihm auf, daß die meisten Frauen auf der Promenade am Dom auf Taille gingen und er sieht sich im selben Schreiben auch veranlaßt, festzustellen: „Unter den Mädchen ist jede Zehnte so schön, wie es in Oldenburg kein einziges gibt. Man hat gleich das Gefühl, im Lande der Schönheit und Kunst zu sein."[12] Trotz dieser im Vordergrund stehenden Reize nimmt er die italienische Landschaft mit ihrer Lieblichkeit zur Kenntnis. Aus Rom schreibt er, dies besonders trefflich zusammenfassend: „Der Himmel ist so tiefblau und die Luft so warm, dabei alles so malerisch zwischen Zypressen und Pinien, dass man sich auch in der Landschaft als solcher sehr wohl fühlt."[13] Auch sonst ist er dem italienischen Leben nicht abgeneigt und zeigt sich durchaus aufgeschlossen für neue Sinneseindrücke. Jaspers berichtet: „Ich wartete an der Hauptpromenade vor einer Osteria, weißen italienischen Wein trinkend; dabei konnte ich reizend das italienische Straßenleben beobachten. Bei Sonnenuntergang kamen die Hirten aus der Campagna auf Eseln oder Pferden heim. Es war sehr romantisch."[14]

Am 1. April 1902 ist es dann endlich soweit: Jaspers trifft in Florenz ein. Offensichtlich reichlich ermüdet von der Reise, ist seine erste Mitteilung[15] wiederum an die Eltern kurz und knapp gehalten:

Florenz, 1/IV/02

L[iebe] Eltern!

Bei gutem Befinden bin ich hier angelangt, allerdings <u>etwas</u> müde von Hitze und Schmutz. Die Pension macht einen guten Eindruck. Florenz kommt mir vor wie eine liebe, bekannte Stadt, die ich wiedersehe.

Herzlichen Gruß!

Euer Kally

---

[11] „Brief Nr. 34, Rom, 30/III/02", 90.
[12] „Brief Nr. 19, Mailand, 3. März 02", 60.
[13] „Brief Nr. 25, Rom, 10.III.02", 72.
[14] „Brief Nr. 25, Rom, 10.III.02", 71.
[15] „Brief Nr. 35, Florenz, 1/IV/02", 92.

Erstaunlich ist Jaspers' Feststellung, daß ihm Florenz wie eine liebe, bekannte Stadt vorkomme, die er wiedersehe. Hier kann man nur Vermutungen anstellen, warum der Anblick der Stadt bei ihm das Gefühl auslöste, bereits da gewesen zu sein, obwohl er noch nie dort war. Zum einen kann dies an Fotos und Postkarten liegen, die Jaspers sammelte und in großen Mengen während seiner Tour kaufte, die er aber ebenso gut bei anderen Reisenden gesehen haben könnte. Zum anderen könnte ihm das Gesehene durch seinen Besuch von Henry Thodes Vorlesungen über die Kunst der italienischen Renaissance bekannt gewesen sein, die er in seinem ersten Heidelberger Semester gehört hatte. Möglich wäre auch, daß ihm die Stadt durch die mitgenommenen Reiseführer vertraut vorkam, die er zweifelsohne eifrig studiert hatte. Jaspers hat sich zwar vordergründig gegen die Tradition der Bildungsreisenden gestellt, die sich von den Kunstschätzen Italiens eine Vertiefung ihres humanistischen Weltbildes versprachen, aber dennoch bediente er sich derselben Quellen wie die deutschsprachigen Bildungsreisenden seiner Zeit. Sowohl *Der Cicerone*, Jacob Burckhardts Kunstführer Italiens, als auch der damals aktuelle *Baedeker* befanden sich in seinem Reisegepäck. Von *Der Cicerone* besaß Jaspers die vierbändige Ausgabe von 1898 und in allen Bänden war „K[arl] Th[eodor] Jaspers. Februar 1900" notiert. Die Benutzung des *Baedekers* läßt sich durch die römischen Spaziergänge und Tagesausflüge nachweisen, die alle auf die damals aktuelle Ausgabe zurückzuführen sind.[16]

Was immer auch seine Vertrautheit mit Florenz begründet haben mag, eine gewisse Leichtigkeit spiegelt sich auch in seinem zweiten Brief[17] an seine Eltern vom 2. April 1902 wider. Fast euphorisch schreibt er nach Hause:

Florenz, 2/IV/02

L[iebe] Eltern!

Der erste Tag in Florenz war herrlich. Ich war in den Uffizien, dem Dom, Baptisterium und S. Lorenzo. Päpstliche Autorität und Barockstil bemerkt man hier gar nicht, alles wirkt mit dem fröhlichen Geist der Frührenaissance höchst anziehend. Dann sind die Entfernungen hier klein, was für mich sehr angenehm ist. Mein Befinden ist vorzüglich.

---

[16] Vgl. Kirkbright 2006.
[17] „Brief Nr. 36, Florenz, 2/IV/02", 93.

Herzlichen Gruß von

Eurem Kally

Zwei Tage später ist diese Euphorie noch nicht verflogen, als Jaspers seinen umfangreichsten Brief aus Florenz verfaßt. In diesem Schreiben vergleicht er in verschiedener Hinsicht Florenz und Rom, wobei sein Urteil deutlich zugunsten von Florenz aus fällt. Die Stadt sieht er als den „Mittelpunkt der italienischen Kunst" an, ihre Kunstwerke empfindet er als mehr mit der deutschen Kunst verwandt als die römischen, und er kommt zu dem Urteil, daß aus den „Schöpfungen der Frührenaissance" ein viel anziehenderer, fröhlicherer Geist wehe als aus der „schauderhaft lastenden Autorität und Macht des Papstes" in Rom entsprungen sei. Aber auch in diesem Brief schleichen sich gewisse Oberflächlichkeiten des jungen Intellektuellen ein, wenn er unbesorgt davon spricht, daß man überall an die glänzenden Zeiten der Republik und der Medici erinnert wird, dann scheint dies schon ein kleiner Widerspruch in sich zu sein, denn diese gingen ja bekanntlich nicht friedlich miteinander einher. Diese inhaltliche Fußnote soll der Begeisterung und Leichtigkeit keinen Abbruch tun, denen der junge Karl Jaspers in seinem Brief[18] Ausdruck verleiht, und die der Leser hier auch in Form des vollen Wortlautes in seiner stilistischen Schönheit genießen können soll:

Florenz, 4/IV/02

Liebe Eltern!

Mutters Brief und Karte habe ich erhalten und danke bestens. Wie Ihr aus den Karten gesehen habt, gefällt mir Florenz ganz außerordentlich gut. Nur das Essen in der Pension ist nicht besonders; doch mag ich wegen der kurzen Zeit nicht mehr umziehen und bekomme auch Nahrung genug, da ich mich immer gehörig satt esse. Die Fülle der Kunstschätze ist hier noch größer als in Rom. Die Kirchen sind alle noch durch und durch alt und nicht, wie in Rom, in der Barockzeit umgebaut und verunstaltet. Hier ist offenbar der Mittelpunkt der italienischen Kunst, die man hier viel besser kennen lernt als in Rom. Dazu lastet hier nicht auf allem so schauderhaft die Autorität und Macht des Papstes, sondern man wird überall an die glänzenden Zeiten der Republik und der Medici erinnert. Die meisten Kunstwerke sind hier aus der so genannten Frührenaissance; sie sind nicht so mächtig imponierend oder geradezu erdrückend wie

---

[18] „Brief Nr. 39, Florenz, 8/IV/02", 96.

die Werke Michelangelos und Raffaels in Rom, aber auch nicht so einseitig „idealisierend", wie man es nennt. Aus den Schöpfungen der Frührenaissance weht ein viel anziehenderer, fröhlicherer Geist und man findet darin auch viel mehr der deutschen Kunst Verwandtes. Alles heimelt einen hier in Florenz an und ich bin daher enorm gern hier; schade, dass ich schon bald wegmuss. Mein Befinden ist brillant, meine Leistungsfähigkeit zufriedenstellend, auch wohl etwas größer als im Anfang in Rom.

Mutters Gedanken, dass Ihr mit Erna nach Papas Kissinger Kur nach München kommen wollt, finde ich vorzüglich. Es wäre nett, wenn Ihr das ausführtet.

Herzlichen Gruß von Eurem

Kally

Zur Erläuterung: Bei Erna handelt es sich um Jaspers Schwester. Mit vollen Namen hieß sie Erna Margarete Jaspers und lebte von 1885 bis 1974. 1907 heiratete sie den Oberverwaltungsgerichtspräsidenten Ernst Dugend (1879–1946). Jaspers Vater Karl Wilhelm Jaspers lebte von 1850 bis 1940 und war mit Henriette Tantzen (1863–1941) verheiratet. Er war Bankdirektor der Oldenburgischen Spar- und Leihbank. Da er an Magenbeschwerden litt, fuhr er regelmäßig in Kur nach Bad Kissingen.[19]

   Nach diesem langen und aufschlußreichen Schreiben aus Florenz ließ sich bedauerlicherweise der junge Jaspers nicht mehr zur Kunst und zum Gesehenen in Florenz aus. Es gibt auch keine Bemerkungen zu Florentiner Denkern wie Niccolò Machiavelli, Dante Alighieri, Galileo Galilei oder Giovanni Pico della Mirandola.[20] Das Wetter war wohl nach den schönen Anfangstagen schlechter geworden und schränkte die Aktivitäten auf Innen ein. Daher heißt es beiläufig im Brief vom 6. April 1902 kurz angebunden: „Mein Befinden ist sehr gut. Das Wetter leider noch immer bedeckt. Doch kann man Galerien und Kirchen gut besehen."[21] Ansonsten äußert sich Jaspers in diesem Schreiben verdrießt über einen Reisenden, den er als „grässlich dummen Kerl" bezeichnet und macht sich erste Gedanken zur geplanten Weiterreise nach Venedig.

---

[19] Vgl. Kirkbright 2006; vgl. ebenso Saner 1991.
[20] Einige dieser Denker spielten später in seiner Philosophie eine Rolle, wie man z.B. in seiner *Einführung in die Philosophie* gut sehen kann. Vgl. Jaspers 1992.
[21] „Brief Nr. 38, Florenz, 6/IV/02", 95.

*Piazza Santa Croce, Michael Wendland 2008*

In den letzten beiden Schreiben aus Florenz vom 8. und 9. April 1902 stehen ebenso einerseits organisatorische Fragen der Weiterreise nach Venedig und andererseits der Rückkehr nach München im Vordergrund. Über Florenz erfahren wie praktisch nichts mehr, außer, daß Jaspers am 9. April 1902 am Morgen wieder in den Uffizien war und am Nachmittag in Fiesole.[22] Das Schreiben vom 9. April war sein letztes Schreiben vor der Weiterreise nach Venedig, von wo er nicht mehr in seinen nun zunehmend kürzer werdenden Briefen auf Florenz zu sprechen kommt. Vergleiche mit deutschen Landschaften werden häufiger, man kann dies eventuell als ein Zeichen von Heimweh werten. Deutlich begrüßt er auch das baldige Wiedersehen mit seinen Eltern in München, und die Kürze der venezianischen Briefe können insofern als Vorbote des nahenden Endes seiner Italienreise gewertet werden. Jaspers Befinden aber blieb bis zum Ende der Reise nach eigenen Angaben „vorzüglich".[23]

---

[22] „Brief Nr. 40, Florenz, 9/IV/02", 97.
[23] „Brief Nr. 42, Venedig, auf dem Lido, 13/IV/02", 104.

## Literatur

JASPERS, Karl: *Karl Jaspers Italienbriefe 1902*, hrsg. von S. KIRKBRIGHT, Heidelberg 2006.

JASPERS, Karl: „Über meine Philosophie", in: Ders., *Was ist Philosophie? Ein Lesebuch*, Textauswahl und Zusammenstellung von H. SANER, München (6. Aufl.) 1991, 389-414.

JASPERS, Karl: *Einführung in die Philosophie. Zwölf Radiovorträge*, München / Zürich (30. Aufl.) 1992.

JASPERS, Karl: „Karl Jaspers – Ein Selbstportrait", in: Ders., *Was ist der Mensch? Philosophisches Denken für alle*, ausgewählt und mit einleitenden Kommentaren versehen von H. SANER, München / Zürich 2000, 15-44.

KIRKBRIGHT, Suzanne: „Vorwort", in: K. Jaspers, *Karl Jaspers Italienbriefe 1902*, hrsg. von S. KIRKBRIGHT, Heidelberg 2006, 7-13.

SANER, Hans: *Karl Jaspers*, mit Selbstzeugnissen und Bilddokumenten dargestellt von H. SANER, Reinbek bei Hamburg 1991.

# Von der Ambivalenz und Notwendigkeit der Renaissance

*Erduana Shala*

> Die „Renaissance" wäre nicht die hohe, welt-
> geschichtliche Notwendigkeit gewesen, die sie war,
> wenn man so leicht von ihr abstrahieren könnte.
>
> Jacob Burckhardt, 1976, 161

Mit der Renaissance wird sowohl der Beginn der Neuzeit als auch das Wiederaufleben der antiken Kultur verbunden – es hat sich ein klares Bild von dieser Epoche gefestigt, nach welchem von der Renaissance nicht einfach abstrahiert werden kann.

Durch die humanistische Ordnung der Geschichte in Antike, Mittelalter und Neuzeit, wurde die Wahrnehmung der Renaissance als eine neu einsetzende, das Mittelalter ablösende Epoche begründet. Daß der Begriff jedoch nicht lediglich der Verfeinerung der chronologischen Ordnung dient, sondern gleichzeitig Assoziationen mit einem bestimmten neuen Menschentypus und einer neuorientierten kulturellen Produktivität weckt, ist wesentlich dem bis heute wirkenden Renaissancebild des 19. Jahrhunderts zuzuschreiben. Einen prägenden Einfluß hinterließ insbesondere Jacob Burckhardts *Die Kultur der Renaissance in Italien* (1860).[1] Burckhardts Thesen wurden ideologisiert, ergänzt oder relativiert, jedoch nie durch ein vollkommen neues Bild ersetzt.[2] Während sich Burckhardts Darstellung der Renaissance jedoch allein auf Italien konzentriert,[3] betonen Renaissanceforscher der Gegenwart wie etwa Peter Burke, daß europäische

---

[1] Bereits Burckhardt war sich des unerschöpflichen Ausmaßes des Aussagegehalts der „Renaissance" bewußt und nannte sein Werk im Untertitel vorsorglich *Ein Versuch*: „[…] der Verfasser ist sich deutlich genug bewußt, daß er mit sehr mäßigen Mitteln und Kräften sich einer überaus großen Aufgabe unterzogen hat. […] Es ist die wesentlichste Schwierigkeit der Kulturgeschichte, daß sie ein großes geistiges Kontinuum in einzelne scheinbar oft willkürliche Kategorien zerlegen muß, um es nur irgendwie zur Darstellung zu bringen." Burckhardt 1976, 1.

[2] Vgl. Janssen 1970, 1.

[3] Laut Burckhardt hat „[…] nicht sie [die Renaissance] allein, sondern ihr enges Bündnis mit dem neben ihr vorhandenen italienischen Volksgeist, die abendländische Welt bezwungen […]." Ebd., 161. Im Folgenden soll gezeigt werden, wie diese These ausgeweitet wurde.

Stadtzentren außerhalb Italiens ebenfalls einen bedeutenden Einfluß auf die Entwicklung der Renaissance hatten. Zur „weltgeschichtliche[n] Notwendigkeit" der Renaissance, die Burckhardt festgestellt hatte, haben somit auch die Einflüsse aus Nordeuropa beigetragen. Diese Erkenntnis wirft jedoch einige Unklarheiten auf: Wie läßt sich kulturelle Produktivität, die sich gleichzeitig auf die Antike bezieht und den Anspruch eines Neubeginns erhebt, zeitlich und räumlich eingrenzen?

Im vorliegenden Text sollen nun jene multivalenten Aspekte angesprochen werden, welche die Renaissance nicht nur als Epochenbegriff, sondern auch aufgrund ihrer inhaltlichen Vielfältigkeit hervorruft. Ein besonderes Augenmerk liegt neben dem Hauptwerk Burckhardts auf dem Renaissancebild Peter Burkes (1972, 1987, 1998), dessen differenzierte Betrachtungen für das heutige Verständnis der Renaissance als Kulturepoche unabdingbar sind.

## I. Der Begriff „Renaissance"

Der Ursprung des aus dem Französischen übernommenen Begriffes „Renaissance" liegt im lateinischen *renasci*, was „wiedergeboren werden", „wiederentstehen" oder „wiederwachsen" bedeutet. Von jeher waren unterschiedliche Konnotationen an diesen Begriff geknüpft: In der Antike fand er Verwendung als botanischer Fachausdruck für das Wiederwachsen, etwa wenn abgeholzte Bäume wieder ausschlugen, später wurde er aber auch im Kontext der sakramentalen Wiedergeburt bei der Taufe genutzt.[4]

Mitte des 16. Jahrhunderts bedient sich Giorgio Vasari[5] des italienischen Begriffes *renascita*,[6] um mit diesem die Wiederbelebung antiker Muster der bildenden Künste mit dem Sinngehalt auszudrücken, welcher im 19. Jahrhundert aufgegriffen wird. Nachdem der Begriff „Renaissance" bis ins

---

[4]  Vgl. Günther 1992, 783f.

[5]  Giorgio Vasari (1511–1574) war Architekt, Hofmaler der Medici und Künstlerbiograph.

[6]  *Rinascita* ist inhaltlich mit dem gleichzusetzen, was auch unter *Renaissance* verstanden wird. 1550 teilt Vasari die Entwicklung der bildenden Künste seit der Antike in drei Phasen ein: sie haben seit der Antike eine „Vollendung, Zerstörung und Wiederherstellung oder bessergesagt Wiedergeburt" durchlaufen („perfettione, e rouina, e restauratione, e per dire meglio renascita"). Zitiert nach Buck 1988, 40; zitiert ebenso nach Günther 1992, 786.

19. Jahrhundert hinein zunächst vereinzelt Erwähnung findet, häuft er sich fortan als Bezeichnung eines künstlerischen Stils in der Kunstgeschichtsschreibung, in der *Historia Literaria* sowie in der Philosophiegeschichte. Bis zu Beginn des 19. Jahrhunderts wird das Wort in Zusammensetzungen wie *renaissance des lettres* oder *renaissance des arts* benutzt. Aber auch mit anderen Begriffen wurde die Erneuerung einzelner Künste, die der Wissenschaften oder eine umfassendere kulturelle Bewegung verbunden – etwa mit den englischen Begriffen *restoration* und *revival*, mit *rétablissement* und *revival* im Französischen, oder auch mit den deutschen Bezeichnungen *Wiederherstellung* und *Wiederbelebung*.[7] Dem Franzosen Jules Michelet (*Histoire de France*, 1855)[8] und nach ihm dem Schweizer Jacob Burckhardt (*Die Kultur der Renaissance in Italien*, 1860) gelingt es „Renaissance" als Epochenbegriff zu etablieren. Die tatsächliche Festigung und Anerkennung des Epochenbegriffs „Renaissance" vollzieht sich somit während des 19. Jahrhunderts. Er bezeichnet seitdem in Italien die Epoche vom Ende des 13. oder Beginn des 14. Jahrhunderts bis zum Ende des 16. Jahrhunderts. Im übrigen Europa umfaßt die „Renaissance" hauptsächlich das 16. Jahrhundert.[9]

## II. Vielschichtigkeit und Problematik der Renaissance

Das grundlegende Problem, das eine Darstellung der Renaissance erschwert, liegt darin, daß die Geschichte der Renaissance nicht von ihrer Begriffsgeschichte trennbar ist, da sie beide eine Entwicklung durchlaufen.[10]

---

[7] Vgl. Günter 1992, 784, 787.

[8] Jules Michelet beschreibt im 7. Band seiner *Histoire de France* Frankreich im 16. Jahrhundert sowie die französische Renaissance. In dieser sieht er den Ursprung der Neuzeit, welche von einer völlig neuen Interpretation des Individuums geprägt ist. Diese Neuentwicklung faßte er unter der These „die Entdeckung der Welt und des Menschen" zusammen, welche für den Geist der Renaissance paradigmatisch sein sollte. Vgl. Michelet 1978, 51.

[9] Vgl. Buck 1990, 1; vgl. Burke 1998, 13; vgl. Günter 1992, 784, Hardtwig 1990, 13.

[10] Huizinga erläutert das Problem der Renaissance wie folgt: „Darum ist das Problem der Renaissance, die Frage: was ist sie gewesen? nicht zu trennen von der Wachstumsgeschichte des Ausdrucks, der sie bezeichnet." Huizinga 1974, 7. Er weist zudem darauf hin, daß bis zu dem Zeitpunkt der Veröffentlichung seines Essays die Begriffsgeschichte der Renaissance insbesondere von deutschen Historikern untersucht wurde.

Noch ohne entsprechende Begrifflichkeit prägt sich bereits ab dem 13. Jahrhundert bei den italienischen Humanisten und Künstlern das Bewußtsein einer Wiederbelebung der Antike als Leitbild für das eigene Schaffen.[11] Dies geschieht zunächst in der Dichtung, dann in der Architektur, den bildenden Künsten, der Musik und Politik sowie den Wissenschaften durch den Bezug auf antike Quellen. Es wird jedoch keine Wiedergeburt im Sinne einer identischen Übernahme der antiken Vorbilder angestrebt, sondern vielmehr „[...] deren kreative Anwandlung in der Moderne [...]."[12] Durch die Säkularisierung des Begriffes der Wiedergeburt und seiner Übertragung auf die Kultur wurde die „Renaissance" zum Schlüsselbegriff des Selbstverständnisses der Zeit vom 14. bis 16. Jahrhundert. Während das noch existente Mittelalter für „finster" empfunden wird, drückt das Selbstverständnis des Renaissancemenschen die Hoffnung auf – vereinzelt bereits die Gewißheit über – den Anbruch einer neuen Zeit aus. Bis ins 18. Jahrhundert hinein, also in einer Zeit, die nicht mehr der Epoche Renaissance zugerechnet wird, führte dieses Verständnis jedoch dazu, daß vereinzelte Philosophen, Wissenschaftler und Künstler keine abgeschlossene Epoche in diesen Bestrebungen sahen, sondern den Beginn einer neuen Zeit, der auch sie selbst angehörten.[13]

Der Begriff „Renaissance", der den Anspruch des Erneuernden durch Rückgriff auf Altbewährtes, Vergessenes verspricht, wurde oft von Mediävisten auf alle Neuorientierungen in der Kultur des Mittelalters angewandt, wie etwa bei der Begriffsbildung der *Karolingischen Renaissance* (9. Jahrhundert) oder bei der *Ottonischen Renaissance* (12. Jahrhundert).[14] Es zeugt von einer geringen historischen Aussagekraft, wenn mit dem Begriff „Renaissance" nicht nur eine erst im 19. Jahrhundert mögliche rückwirkende Konzeption einer kulturhistorischen Einheit und das Lebensgefühl einer bestimmten Epoche ausgedrückt wird, sondern er bereits für historische Vorläufer, die zumindest dem Ansatz der Wiederentdeckung gerecht werden, Anwendung findet.

Somit stellt sich bei der Betrachtung der Renaissance als Epochenbegriff – wie bei anderen Epochen übrigens auch – einerseits die Frage nach ihrer

---

[11] Vgl. Burke 1998, 35; vgl. Günter 1992, 784.
[12] Buck 1988, 40.
[13] Vgl. Burke 1998, 35f.; vgl.Günter 1992, 784; vgl. Rudolph 1998, 9ff.
[14] Vgl. Günther 1992, 784.

Abgrenzung von der vorangegangenen sowie der folgenden Epoche, andererseits die Frage, anhand welcher Ereignisse die Epochenschwellen überhaupt markiert werden können. Das erste Problem liegt jedoch beim Epochenbegriff selbst:[15] nämlich in der neuzeitlichen Bestrebung anhand von Epochen verschiedene Zeitabschnitte aufgrund ihrer Differenzen zu vergleichen. Geschichtliche Prozesse nach Epochen methodisch zu ordnen, erweist sich nicht zwangsläufig als praktikabel, denn eine explizite Trennung von der Vergangenheit, wie sie die Neuzeit vorgenommen hat, können die Epochen kaum leisten – bei der näheren Betrachtung nicht einmal die Neuzeit selbst. Historizität wurde im Mittelalter beispielsweise als Fortsetzung der Antike verstanden, die Identitätsbildung zu ihr war ausschlaggebend für die eigene Legitimität. Dichter und Schriftsteller der Romantik wiederum bedienten sich am Stoff der mittelalterlichen Mythen und Sagen.

Die Vielschichtigkeit der Renaissance erlaubt selbst unter Experten bis heute keine genaue, universelle Datierung; es wird eher noch ein enormer Erörterungsbedarf hinsichtlich einer „[...] differenzierte[n] und aufgeschlossene[n] Wahrnehmung der Authentizität dieser vormodernen Aufklärungs- und in Teilen kulturellen Emanzipationsbewegung [...]"[16] gesehen. Insbesondere die Parallelität verschiedener geistiger Strömungen der Neuzeit erschwert die Darstellung der Renaissance als eine einheitliche Epoche. Einen wesentlichen Beitrag leistete der aufkommende Protestantismus, der mit der Diskreditierung der Renaissance die eigene Existenz zu legitimieren suchte. Trotz fehlender Anerkennung der Renaissance als eigenständige Epoche durch Vertreter anderer geistiger Strömungen, führte die Kritik an ihr dennoch zu einer gewissen Ideologisierung.[17]

---

[15] Das griechische Wort *epoché* bedeutet das Innehalten in einer Bewegung, dann auch den Punkt, an dem angehalten oder umgekehrt wird. Die moderne Geschichtsschreibung bezeichnet mit „Epoche" jedoch keinen spezifischen Zeitpunkt; sie individualisiert historische Zeiträume, macht sie zu komplexen Einheiten von Ereignissen und Wirkungen. Sie kehrt das „[...] genuine Verhältnis im Epochenbegriff um: Das Ereignis wird zur geschichtlichen Größe durch den Zustand, den es herbeiführt und bestimmt." Blumenberg 1988, 533f.

[16] Rudolph 1998, 1.

[17] Am Rande sei hier noch auf die Popularität des *Renaissancismus* hingewiesen, welcher zu Beginn des 20. Jahrhundert in der deutschen Literatur Verbreitung fand. Dieser „modische Kult der italienischen Renaissance" (Buck) geht auf Nietzsche

## III. „Die geistigen Umrisse einer Kulturepoche" – Die Renaissance bei Jacob Burckhardt

Michelet verwendete den Begriff „Renaissance" nicht lediglich als einen Begriff für eine neue Stilrichtung in Dichtung und Kunst, sondern für eine sich bemerkbar machende Geisteshaltung im ausgehenden Mittelalter, die somit eine neue Zeit einleitet.[18] Jacob Burckhardt gelang es schließlich, die Renaissance als umfassenden Epochenbegriff durchzusetzen. Er bezweckte das neuzeitliche Individuum in den Mittelpunkt zu stellen und die Entwicklung des Menschen in der italienischen Renaissance herauszuarbeiten: seine Bildung, seine Haltung zum Staat und zur Religion. Burckhardts Betrachtungen reichen dabei bis ins 14. Jahrhundert zurück. Eine das Individuum ins Zentrum stellende Betrachtung der Renaissance ist zwar nur eine von vielen Möglichkeiten, doch soll sie an dieser Stelle exemplarisch herangezogen werden, da sich die Renaissanceforschung bis heute mit Burckhardts Renaissancekonzeption kritisch auseinandersetzt. Dabei darf jedoch nicht vergessen werden, daß eine derartige Betrachtungsweise letzten Endes lediglich eine bestimmte Personengruppe innerhalb einer kulturellen Strömung, die mit anderen koexistiert, berücksichtigt: eine gebildete Elite.[19]

Während Michelet sich voll und ganz auf die französische Renaissance konzentriert, liegt für Burckhardt die eigentliche Wiege der Renaissance eindeutig in Italien, denn „[s]obald hier die Barbarei aufhört, meldet sich

---

zurück, welcher Burckhardts Individualismus-These in einem überzogenen Zerrbild wiedergab. „Nach Nietzsche hatte die Renaissance einen Menschentypus hervorgebracht, für den ein zuchtloser Individualismus den höchsten Wert darstellt und der im Willen zur Macht und zum Genuß den Übermenschen vorwegnimmt, das Modell für die Herrenmenschen [...]." Buck 1990, 2f.

[18] Burke faßt Burckhardts Position wie folgt zusammen: „Jacob Burckhardt [...] defined the period in terms of two concepts, 'individualism' and 'modernity'." Burke 1987, 1.

[19] Vgl. Huizinga 1974, 38. „Der Begriff Renaissance deckt nur eine Seite des reichen Kulturprozesses, der sich ja nicht beschränkt auf Kunst, Wissenschaft und Literatur. Er beleuchtet ausschließlich eine Elite [...]." Dies sieht Burckhardt hingegen recht unproblematisch: „Der schärfste Tadel [...] ist der der Unvolkstümlichkeit, der erst jetzt notwendig eintretenden Scheidung von Gebildeten und Ungebildeten in ganz Europa. Dieser Tadel ist aber ganz wertlos, [...] [da] die Sache noch heute nicht besiegt werden kann." Burckhardt 1976, 162.

bei dem noch halb antiken Volk die Erkenntnis seiner Vorzeit; es feiert sie und wünscht sie zu reproduzieren."[20] Die Notwendigkeit und Plausibilität der Renaissance leitet er mitunter aus der Wehrlosigkeit der „mittelalterlichen Kulturformen und Vorstellungen"[21] ab. Für Burckhardt lebt der mittelalterliche Mensch unter einem „Schleier [...] aus Glauben, Kindesbefangenheit und Wahn", wohingegen in der Renaissance „mit voller Macht sich das *Subjektive* [erhebt], der Mensch wird geistiges *Individuum* und erkennt sich als solches."[22]

Ein förderliches Milieu für die Entwicklung der italienischen Kultur der Renaissance boten Burckhardt zufolge nicht etwa die großen Staaten oder die Zeiten der höchsten wirtschaftlichen Blüte, sondern vielmehr die modernen Städte: Hier erschuf nicht allein der Rückbezug auf das Altertum, sondern insbesondere der freie Umgang mit einzelnen Motiven, Formen und Gedanken die „Lebensatmosphäre"[23] einer nicht mehr ausschließlich kirchlich geprägten Kultur:

Dieses Gesamtereignis besteht darin, daß neben der Kirche, die bisher (und nicht mehr für lange) das Abendland zusammenhielt, ein neues geistiges Medium entsteht, welches, von Italien her sich ausbreitend, zur Lebensatmosphäre für alle höher gebildeten Europäer wird.[24]

Die Herausbildung eines neuen Verständnisses von Individualität und Autonomie des Menschen vollzieht sich somit zunächst in den italienischen Städten. Diese Entwicklung, zu der insbesondere die Humanisten maßgeblich beitragen, gilt Burckhardt zufolge als Wegbereiter säkularisierender Prozesse in der Neuzeit.

Die Zwangsläufigkeit der Übertragung einer neuen Moral, beziehungsweise eines neuen Selbstverständnisses auf das Weltbild und Weltverständnis überhaupt ist für Burckhardt offensichtlich; die Entdeckung des Menschen geht der „Entdeckung der Welt"[25] voran. In der Tat förderte

---

[20] A.a.O., 163.
[21] A.a.O., 162.
[22] A.a.O., 123.
[23] A.a.O., 162.
[24] Ebd.
[25] A.a.O., 284f. Burckhardt weist in der Fußnote darauf hin, die hier geschilderte Parallelität von der Entdeckung des Menschen und Entdeckung der Welt von Michelet übernommen zu haben.

diese Geisteshaltung schließlich den Aufschwung der Naturwissenschaften, indem man sich des antiken Erbes bediente, um die Wissenschaften zu erneuern.[26] Eine Folge dieser Entwicklung war schließlich die Umorganisation des Bildungssystems, in dem die lange Tradition der *septem artes liberales* der *studia humanitas* wich. Das neue Bildungsziel, nun ethisch und anthropologisch mit der Kombination aus der Erziehung zur Autonomie durch Ethik und dem Bewußtsein für das *zoon logon echon* versehen, forcierte das neue Verständnis vom Individuum.[27] Schon Burckhardt war sich darüber bewußt, daß es bereits vor der Renaissance Variationen des Individualismus gab, doch war er der Erste, dem es gelang, die historische Herausbildung eines humanistischen Verständnisses von Individualität zu erkennen.[28] Wenn er vom Individualismus in der Renaissance spricht, geht es ihm in erster Linie um eine im Mittelalter nicht zu beobachtende Geisteshaltung und ein neues Lebensgefühl, wie sie dem veränderten Selbst- und Weltverständnis des modernen Menschen entspringen.[29] Vertreter dieses neuen Menschenbildes waren jedoch nicht nur im positiven, sondern auch im negativen Sinne gemeint. Hierzu gehören Genies wie Tyrannen, Persönlichkeiten wie Leonardo da Vinci ebenso wie Cesare Borgia, das Vorbild für Niccolò Macchiavellis Werk *Il Principe*.

Klar unterstützt wurde Burckhardts These über die Entdeckung und Entfaltung des Individualismus in der Renaissance zunächst von Ernst

---

[26] Vgl. Buck 1990, 6.

[27] Vgl. Rudolph 1998, 4f.

[28] Oft wurde Burckhardt von seinen Kritikern für sein statisches Bild der Renaissance und die Vernachlässigung des mittelalterlichen Hintergrundes kritisiert oder auch für das Negieren der Existenz von Individualismus im Mittelalter. Doch ist Burckhardts Haltung dazu eindeutig: „Schon in früheren Zeiten gibt sich stellenweise eine Entwicklung der auf sich selbst gestellten Persönlichkeit zu erkennen." Burckhardt 1976, 124f.

[29] Vgl. Buck 1988, 37. Ähnlich formuliert auch Hans Blumenberg in seinem Werk *Säkularisierung und Selbstbehauptung* den Übergang vom Mittelalter zur Neuzeit, indem er von der Selbstbehauptung als Daseinsprogramm spricht: „Das Mittelalter ging zu Ende, als es innerhalb seines geistigen Systems dem Menschen die Schöpfung als ‚Vorsehung' nicht mehr glaubhaft erhalten konnte und ihm damit die Last seiner Selbstbehauptung auferlegte. [...] [S]ie [die Selbstbehauptung] meint ein Daseinsprogramm, unter das der Mensch in einer geschichtlichen Situation seine Existenz stellt und in dem er sich vorzeichnet, wie er es mit der ihn umgebenden Wirklichkeit aufnehmen und wie er seine Möglichkeiten ergreifen will." Blumenberg 1983, 159.

Cassirer.[30] Die Renaissance wird seitdem oft am Beispiel einzelner Individuen erläutert. Cassirer demonstriert den Individualismus der Renaissance in *Individuum und Kosmos* am Beispiel des Werdegangs Nikolaus Cusanus' und August Buck führt, wie viele vor ihm auch, Francesco Petrarca als eine Art Prototyp des Renaissancemenschen an.[31] Sicherlich eröffnen derartige Studien einen detaillierten Blick in das Weltbild der ersten Renaissancemenschen, die die Kultur der Renaissance hervorbrachten. Die Studien verharren jedoch in der Beobachtung jener einzelnen „höher gebildeten Europäer", von denen Burckhardt spricht. Der niederländische Historiker Johan Huizinga mahnt zu Beginn des 20. Jahrhunderts diese Einseitigkeit der Renaissancebetrachtung an, schließlich sei der Individualismus nicht das einzige die Renaissance durchdringende Motiv.[32] Die jüngere Renaissanceforschung geht generell über die Betrachtung der Individuen hinaus. Sie widmet sich seit dem ausgehenden 20. Jahrhundert zunehmend der Einordnung kultureller Neuansätze in verschiedene Kontexte: der Betrachtung ihrer Rezeption, der Wechselwirkung mit anderen Kulturen und der allmählichen Einbettung in den Alltag der Menschen.[33] Peter Burke beispielsweise sieht, abgesehen von der Notwendigkeit für zeitlich-systematische Ordnungssysteme, keine Anhaltspunkte für eine klare Epochengrenze zwischen dem Mittelalter und der Renaissance; eine übergreifende europäische Kulturgeschichte der Renaissance betitelt er daher nicht als Epochendarstellung, sondern als „[...] Geschichte einer kulturellen Bewegung [...]."[34]

## IV. Raum-zeitliche Ausdehnung der Renaissance

Ideengeschichtlich betrachtet läßt sich der rote Faden, den Burckhardt allein in der italienischen Renaissance suchte, ohne Weiteres quer durch

---

[30] Cassirer 1987, 37.

[31] Buck verweist auf einschlägige Studien von Paul Oskar Kristeller, Eugenio Garin und sich selbst. Vgl. Buck 1988, 37.

[32] Huizinga 1974, 52: „Zu Unrecht gilt unter der Nachwirkung Burckhardts der Individualismus als der alles beherrschende Grundzug der Renaissance." Huizinga legte den Fokus vielmehr auf die Problematik des Begriffes, betont aber auch die historische Bedeutung der niederländischen Renaissance.

[33] Vgl. Burke 1998, 23f.

[34] A.a.O., 13.

Europa ziehen, so etwa zwischen Johannes Buridan und Erasmus von Rotterdam,[35] wodurch vollkommen neue Konzeptionen der Renaissance in Erscheinung treten. Dies ist zum einen möglich, da die Renaissance verschiedene Künste und Wissenschaften wie Dichtung, bildende Kunst und Architektur umfaßt, und zum anderen, da die Entwicklung der Renaissance in den verschiedenen Teilbereichen je nach Ort zeitlich verschoben einsetzt oder mit anderen geistigen Strömungen einhergeht. Gerade anhand der Frührenaissance – der Zeitraum vom 13. bis zum 15. Jahrhundert wird nördlich der Alpen mitunter auch dem Mittelalter zugerechnet – läßt sich die Problematik der Renaissance erkennen, denn die Renaissance löst zwar aufgrund ihres kulturgeschichtlich erneuernden Gehalts das Mittelalter ab, geht jedoch mit diesem zeitlich einher. Burke klärt diesen Widerspruch wie folgt:

Das zentrale Paradox jeder kulturellen Reform besteht darin, daß die Reformer aus der Kultur, die sie zu ändern wünschen, hervorgehen. Die Neuerer bleiben in mancher Hinsicht mittelalterliche Menschen. Von daher ist es verfehlt, eine scharfe Grenzlinie zwischen der einen Zeitphase, die man das „Mittelalter" nennt und einer anderen, die man als die „Renaissance" bezeichnet, ziehen zu wollen. Die Kultur der Frührenaissance [...] existierte gemeinsam mit derjenigen des spätmittelalterlichen Europa.[36]

Ein kurzer Blick auf diese beiden koexistenten Phasen schafft mehr Klarheit: Zu den am stärksten ausgeprägten Besonderheiten jener mittelalterlichen Kultur zählt Burke neben der scholastischen Philosophie und der gotischen Kunst das Rittertum, das als Wertesystem des Adels im späten Mittelalter galt. Diese drei Grundformen der mittelalterlichen Kultur überlebten bis ins 15., teilweise sogar bis ins 17. Jahrhundert und waren in den meisten Teilen Europas präsent; das Zentrum dieser Lebensform lag laut Burke in Frankreich. Besonders im 14. und 15. Jahrhundert war die Kultur wesentlich mittelalterlich geprägt, zudem erwiesen sich Reformation und Gegenreformation als weitaus einflußreicher auf die

---

[35] Buridans Absage an die Vereinigung der christlichen mit der aristotelischen Metaphysik stellt eine für seine Zeit neue, radikale methodische Herangehensweise an den Wissensschatz der Antike dar. Ein Jahrhundert später wahrte Erasmus von Rotterdam seine Idee des freiheitlichen Humanismus trotz der Schranken der Reformation. Vgl. Rudolph 1998, 2-5.
[36] Burke 1998, 35.

Menschenmassen als die Renaissance. Der allmähliche Rückgang mittelalterlicher Lebensformen wurde in der Tat durch verschiedene Faktoren begünstigt, welche als wesentliche Neuerungen der Renaissance gelten. Burke stimmt mit Burckhardt darin überein, daß in den italienischen Städten, die teilweise seit dem 11. Jahrhundert autonom waren, eine gänzlich andere Personengruppe – nämlich Laien und Zivilisten anstatt Kleriker und Militärs – eine alternative, dem entgegengesetzte Kultur etablierte.[37] Dieser Umstand ist jedoch einer weitläufigeren geographischen Vernetzung der Akteure zuzuschreiben: Förderlich für das Wiederaufleben der Antike war etwa der Kontakt der westlichen mit byzantinischen, jüdischen und arabischen Gelehrten. Im 15. Jahrhundert entwickelten sich parallel zwei verschiedene kulturelle Zentren, zum einen in Norditalien und zum anderen in den südlichen Niederlanden, in den seinerzeit am stärksten verstädterten Gegenden Europas. Der burgundische Hof des 15. Jahrhunderts diente dem Großteil Europas als kulturelles Vorbild.[38] In ihrem Einfluß auf das Ausland stand die flämisch-französische Bewegung ihrem italienischen Pendant in nichts nach; ihr kultureller Austausch förderte sogar die Weiterentwicklung der Renaissance in Kunst und Musik und verbreitete diese in humanistischen Kreisen bis nach Paris, Köln und Prag.

Somit koexistierte der von Jacob Burckhardt beschriebene kulturelle Geist Italiens sowohl mit den arabischen, jüdischen und byzantinischen Geschwisterkulturen, als auch mit der französisch-flämischen Welt. Bereits Huizinga riet davon ab, den Italienern hinsichtlich der Renaissance eine Vorreiterrolle zuzusprechen und sah eine große Schwäche bei Burckhardt in der scharfen Trennung der Entwicklung der italienischen Renaissance von der in Nordeuropa.[39] Die Annahme, Italien sei das Zentrum der gesamten erneuerten Kulturproduktion des 15. Jahrhunderts gewesen, um das sich das übrige Europa als „[...] bloße Peripherie [...]"[40] drehte, ist somit nicht zutreffend. Ebenso sind die beiden Strömungen in ihrer

---

[37] Vgl. a.a.O., 37.

[38] In den Niederlanden, der Heimat Jan van Eycks, Claus Sluters und Johannes Ockeghems, die in Kunst, Musik und Literatur neue Maßstäbe setzten, entstanden z.B. Neuerungen wie etwa der Einsatz von Leinwand anstatt von Holztafeln in der Malerei, die von den italienischen Künstlern übernommen wurden. Vgl. a.a.O., 75.

[39] Huizinga 1974, 25f.

[40] Burke 1998, 75.

Existenz nicht isoliert betrachtbar. Aber dennoch darf die Bedeutung der ideellen, wissenschaftlichen, ökonomischen und kulturellen Neuerungen und Errungenschaften, die sich etwa von Florenz und Venedig über den gesamten Kontinent verbreiteten, nicht geschmälert werden. Dies gilt insbesondere für die Wiederentdeckung und Ausbreitung der klassischen Ideen und Formen der Antike, die eine „[...] europäische [...] Reaktion auf die italienische Kultur (oder Kulturen) [...]"[41] hervorrief. Dies geschah zunächst unter den Gelehrten in kulturellen Zentren wie Aragon, dann Avignon, später im gesamten Europa, insbesondere in den Niederlanden, sei es in Form des persönlichen Kontaktes unter den Künstlern und Gelehrten, die sich zur Ausbildung ins Ausland begaben oder über Schriftverkehr und Studium. Aus heutiger Sicht betrachtet erreichen kulturelle Produktion und Austausch ihren Höhepunkt in der Zeit zwischen 1490 und 1530; dieser Zeitraum wird daher gemeinhin als „Hochrenaissance" bezeichnet.[42] Diese Zeit ist wesentlich vom kulturellen Austausch zwischen den Renaissancezentren geprägt. Die Unstetigkeit und Vielfalt der vorhergehenden Zeit nimmt nun klare Formen an, der programmatische Unterschied zwischen dem Mittelalterlichen und dem neubelebten Klassischen tritt deutlich zu Tage.[43] Italienische Künstler dieser Zeit wie Leonardo und Michelangelo sind selbstbewußt genug, den antiken Vorbildern Gleichwertiges, wenn nicht sogar Besseres entgegenzusetzen. Gleiches gilt für Künstler wie Dürer in Nordeuropa.

Die zunehmende Differenzierung aufkommender Strömungen in der Zeit der Spätrenaissance erschwert wiederum die klare Markierung eines Endes dieser Epoche. Anhaltspunkte wären etwa die Auseinandersetzung zwischen Erasmus und Luther oder das Konzil von Trient, durch das Schriften bedeutender Autoren der Renaissance auf den Index gelangten wie die Machiavellis oder Erasmus'. Setzt man sich zur Prämisse, daß zu jedem Zeitpunkt nur eine historische Antriebskraft herrscht, so bedeutete der Beginn der Reformation 1520 durchaus das Ende der Renaissance. Dennoch erlauben genügend Anhaltspunkte die Renaissance noch 100 Jahre weiter laufen zu lassen: Künstlerische Gegenentwicklungen wie der Manierismus können genauso als Variation der Spätrenaissance betrachtet

---

[41] Burke 1998, 75.
[42] Vgl. a.a.O., 92.
[43] Ebd.

werden. Generell ließe sich für die Spätrenaissance behaupten, daß „[...] neue Spielarten des Humanismus [...] im Verlaufe der Koexistenz und Interaktion zwischen Protestantismus und erneuertem Katholizismus [entstanden]."[44]

Es hat sich gezeigt, daß der Begriff „Renaissance" zwar sehr imposant, doch auch ambivalent und dehnbar ist. Während er für die einen ein Ereignis bezeichnet, sehen andere Historiker in ihm eine Phase und wieder andere nur eine Bewegung.[45] Burkes These, nach welcher es sich schwierig gestaltet, eine über Jahrhunderte dauernde Tendenz als bloßes Ereignis zu schildern, erscheint für die heutige Betrachtungsweise sehr plausibel. Ebenso schwierig ist es jedoch mit dem Begriff „Renaissance" eine auf ganz Europa bezogene Epoche darzustellen, die sich zur selben Zeit an einem oder an verschiedenen Orten in vielschichtige divergierende Richtungen ausprägte. Der Begriff wäre „vage und damit nutzlos",[46] wollte man mit diesem sämtliche Ausprägungen und Tendenzen vom 13. bis zum 16. Jahrhundert unter dem Epochenbegriff „Renaissance" zusammenfassen. Aufgrund der Ballung kultureller Produktivität zu bestimmten Zeiten und an bestimmten Orten, haben sich dennoch Übereinkünfte zu einem konkreten historischen und inhaltlichen Kontext entwickelt, von dem ausgehend sich die Renaissance als Epoche begründen läßt. Hierzu trägt jedoch in erster Instanz die Wahrnehmung der Antike als eine unter-gegangene, abgeschlossene kulturelle Epoche bei; erst diese Erkenntnis befähigt, von einer Wiedergeburt sprechen zu können und diese zum Kernpunkt des Selbstverständnisses der Renaissance zu erheben. Ungeachtet der Gleichzeitigkeit der Renaissance mit anderen geistigen Strömungen oder ihrer Ausprägung in verschiedenen Zentren ist Burckhardts These von der Notwendigkeit der Renaissance durchaus treffend, denn ohne sie wären wiederum sämtliche jüngere Strömungen der Neuzeit und der Moderne, die sich aus ihr heraus gebildet oder sie kritisch reflektiert haben, ebenfalls abstrahierbar.

---

[44] A.a.O., 136.
[45] Vgl. A.a.O., 216.
[46] Ebd.

# Literatur

BLUMENBERG, Hans: *Säkularisierung und Selbstbehauptung*, Frankfurt a. M. 1983.

BLUMENBERG, Hans: *Die Legitimität der Neuzeit*, Frankfurt a. M. 1988.

BUCK, August: „Zu Begriff und Problem der Renaissance", in: Ders. (Hg.), *Zu Begriff und Problem der Renaissance*, Darmstadt 1969, 1-36.

BUCK, August: *Die italienische Renaissance aus der Sicht des 20. Jahrhunderts*, Stuttgart 1988.

BUCK, August: *Burckhardt und die italienische Renaissance*, in: Ders. (Hg.), *Renaissance und Renaissancismus von Jacob Burckhardt bis Thomas Mann*, Tübingen 1990, 5-12.

BURKE, Peter: *The Italian Renaissance*, London 1972.

BURKE, Peter: *Die europäische Renaissance*. Zentren und Peripherien, übers. von K. KOCHMANN, München 1998.

BURKE, Peter: *The Renaissance,* Basingstoke 1987.

BURCKHARDT, Jacob: *Die Kultur der Renaissance in Italien*. Ein Versuch, Stuttgart 1976.

CASSIRER, Ernst: *Individuum und Kosmos in der Philosophie der Renaissance*, Darmstadt 1987.

GÜNTHER, Horst: „Renaissance", in: *Historisches Wörterbuch der Philosophie*, hrsg. von J. RITTER u.a., Bd. 8, Darmstadt 1992, 783-790.

HARDTWIG, Wolfgang: „Jacob Burckhardts »Kultur der Renaissance« und Max Webers »Protestantische Ethik«. Ein Vergleich" in: A. BUCK (Hg.), *Renaissance und Renaissancismus von Jacob Burckhardt bis Thomas Mann*, Tübingen 1990, 13-23.

HUIZINGA, Johan: *Das Problem der Renaissance / Renaissance und Realismus*, Darmstadt 1974.

JANSSEN, Evert Maarten: *Jacob Burckhardt und die Renaissance*. Assen 1970.

MICHELET, Jules: Histoire de France au seizième siècle. Renaissance, Réforme, hrsg. von R. CASANOVA, in: J. MICHELET., *Œuvres complètes*, hrsg. von P. VIALLANEIX, Bd. 7, Paris 1978.

RUDOLPH, Enno: „Wußte die Renaissance, daß es sie gab? Elemente einer vormodernen Geschichtsphilosophie in der Renaissance", in: Ders. (Hg.): *Die Renaissance und ihr Bild in der Geschichte*, Heidelberg 1998, 1-15.

# Francesco Petrarca – Wegbereiter des Humanismus

*Erduana Shala*

Francesco Petrarca ist einer der bedeutendsten italienischen Dichter und Gelehrten des 14. Jahrhunderts. Neben Dante und Boccaccio wird auch Petrarca mit der Stadt Florenz assoziiert[1] – dabei hat er in dieser nie gelebt. Was ihn dennoch mit der Stadt verbindet, ist nicht nur seine aus Florenz stammende Familie, sondern insbesondere die positive Resonanz, auf die er dort mit seinem Gedankengut stieß, so etwa bei Boccaccio und anderen Gelehrten, aber auch bei der *Signoria*, der Ratsversammlung von Florenz.

Geboren wurde Francesco Petracco, so sein bürgerlicher Name, als erster Sohn des Notars Ser Petracco und dessen Frau Eletta im toskanischen Arezzo am 20. Juli 1304.[2] Bereits zwei Jahre zuvor mußte sein Vater die Heimatstadt Florenz aufgrund seiner Verstrickung in politische Machtkämpfe für immer verlassen. Nach einigen Jahren in Arezzo und Pisa ließ sich die Familie schließlich in der Stadt Carpentras (unweit von Avignon) nieder. Hier nahm Petracco am Hofe des Papstes eine Stellung als Notar an. Den ersten Unterricht erhielt Francesco in Carpentras, bevor er im Alter von zwölf Jahren zunächst auf die Universität von Montpellier geschickt wurde und im Jahre 1320 schließlich zusammen mit seinem jüngeren Bruder auf die Universität von Bologna wechselte, an welcher sie beide Recht studierten. Große Freude bereitete ihm dieses Studium jedoch nicht, weitaus lieber widmete er sich der Lektüre der klassischen Literatur und der Werke Augustinus'. So war sein Leben bereits von Jugend an von einem breit gefächerten Interesse an der antiken Kultur und Literatur,

---

[1] Vgl. Thomson 1977, 34. Thomson bezeichnet Dante, Petrarca und Boccaccio als „florentinisches Trio". Dante Alighieri (1265–1321) war italienischer Philosoph und Dichter, der insbesondere als Verfasser der *Göttlichen Komödie* eines der bedeutendsten Werke der italienischen Literatur, bekannt wurde. Dante und Petrarcas Vater, Ser Petracco, verband nicht nur eine Freundschaft, sondern auch ihre Heimatstadt Florenz, aus der sie beide verbannt wurden. Giovanni Boccaccio (1313–1375), Verfasser des *Decamerone*, war italienischer Schriftsteller und Humanist.

[2] Ser Pietro Petracco war, wie sein Vater Parenzo und sein Großvater Garzo, ebenfalls Notar und führte Kraft seines Amtes den Titel „Ser". Einen Nachnamen hatte die Familie jedoch nicht; Pietro war als Pietro di Parenzo bekannt, wurde aber Petracco oder Petraccolo genannt. Vgl. Wilkins 1961, 1.

insbesondere der Roms, bestimmt sowie später zusätzlich von dem Sammeln und übertragen antiker Schriften und der eigenen unermüdlichen Tätigkeit als Dichter und Gelehrter.

Der Tod seines Vaters im Jahre 1326 führte ihn zunächst nach Avignon zurück. Hier lernte er ein Jahr später zwei Menschen kennen, die seine Karriere und sein Werk maßgeblich beeinflussen sollten: Kardinal Giovanni Colonna, seinen ersten Mäzen, der ihn zum Kaplan berief, und Laura,[3] die Frau, an die er auch über ihren Tod hinaus zahlreiche Gedichte und Lieder richtete. Von nun an hatte er für seine Studien und seine Dichtkunst sowohl einen Förderer als auch eine Inspirationsquelle. Durch Colonnas Unterstützung war es ihm möglich, mehrere Reisen anzutreten, etwa in die Pyrenäen sowie nach Paris, Gent, Lüttich, Aachen und Köln, später auch nach Rom.[4] Dabei war er stets auf der Suche nach antiken römischen Handschriften in lateinischer Sprache, fand viele Freunde und Befürworter seiner Arbeit, die ihn unterstützten und mit denen er einen regen Briefwechsel pflegte. Frei von materiellen Sorgen zog er sich von 1337 bis 1353 nach Vaucluse zurück, einem kleinen Ort in der Nähe von Avignon, dem damaligen Papstsitz, das seinerzeit auch als Dreh- und Angelpunkt für Kunst und Kultur galt. Inmitten dieses kulturellen Zentrums außerhalb Italiens setzte eine äußerst intensive Schaffensperiode ein, während der die meisten seiner Liebesgedichte entstanden. Daneben begann er nach antikem Vorbild *De viris illustribus,* eine Sammlung von Biographien römischer Persönlichkeiten zu schreiben, welche er zehn Jahre später um Gestalten der Mythologie und des Alten Testaments erweiterte.[5] In Vaucluse verfaßte er auch einen bedeutenden Teil des epischen Gedichtes *Africa* über den römischen Feldherrn Scipio Africanus – noch bevor der erste Entwurf hierzu fertiggestellt war, sollte dieses Epos ausschlaggebend für die Krönung Petrarcas zum *poeta laureatus* werden.[6]

---

[3] Die historische Existenz Lauras ist nicht zweifelsfrei belegt. Obschon sie von Jacques-François-Paul-Aldonce de Sade als Ehefrau des Ugo de Sade bezeichnet wurde. Vgl. Hoffmeister 1997, 2f. Interessant ist Karlheinz Stierles Hinweis (2003, 19) auf die Mehrdeutigkeit des Namens: „Der Name der Laura ist gleichfalls doppelt lesbar, als allegorische Verweisung auf den Ruhm des Dichters und als Eigenname."

[4] Vgl. Hoffmeister 1997, 3.

[5] A.a.O., 68.

[6] Die Dichterkrönung geht auf den antiken Brauch des *poeta laureatus* zurück, nach welchem man herausragende Dichter mit dem Lorbeer des Musengottes Apoll

Mit dem von ihm angestrebten Empfang des Dichterlorbeers im Jahre 1341 auf dem Kapitol in Rom hatte er die seinerzeit höchstmögliche Auszeichnung eines Dichters erlangt.[7] Daß Petrarca bereits zu diesem Zeitpunkt über die Grenzen hinweg beachtlichen Ruhm genoß, zeigt nicht zuletzt die Tatsache, daß er den Dichterlorbeer von der Pariser Universität und vom Senat in Rom gleichzeitig angeboten bekam. Nachdem er viele produktive Jahre in der Nähe Avignons verbracht und viele Kontakte zu Intellektuellen geknüpft hatte, folgte er 1353 einer Einladung der Visconti und zog an ihren fürstlichen Hof nach Mailand. Dort erwartete man von ihm lediglich das Erscheinen bei Hofe zu entsprechenden Anlässen und eine gewisse Redetätigkeit.[8]

Für einflußreiche Posten und die Rückkehr nach Florenz war er hingegen nicht zu gewinnen. Den Posten eines päpstlichen Sekretärs beispielsweise, welcher ihm fünfmal angeboten wurde, nahm er nicht an; ebenso lehnte er das Angebot der *Signoria* von Florenz ab, in seine Heimatstadt zurückzukehren sowie die Besitztümer seines Vaters und eine bedeutende Stelle an der Universität anzunehmen. Das Angebot hatte ihm Boccaccio höchstpersönlich überbracht. Stattdessen zog er von Mailand für einige Jahre nach Venedig;[9] vier Jahre vor seinem Tod ließ er sich schließlich unweit von Padua in dem kleinen Ort Arquà nieder. Dort starb er am 19. Juli 1374, wie von mehreren Autoren behauptet wird, „[...] gebeugt über seine Bücher [...].“[10]

Die letzten Jahre seines Lebens hat er insbesondere damit verbracht, die eigenen Werke zu redigieren und persönliche Briefe zu überarbeiten. Die Existenz verschiedener Versionen einzelner Werke gestaltete die Herausgabe kritischer Editionen seines Gesamtwerks lange Zeit schwierig. Mitunter ist die vielfältige Quellenlage für die verschiedenen Bilder verantwortlich, die in der Petrarca-Forschung von seinem Leben gezeichnet

---

bekränzte. Im frühen 14. Jh. wird diese Ehrung schließlich zum Literaturpreis institutionalisiert, dem Dichter wird neben dem Titel *poeta laureatus* und der Befugnis zur Lehre der Rhetorik und Poetik an Hochschulen teilweise auch eine materielle Entlohnung zuteil. Vgl. Gurst 1989, 203f.

[7] Vgl. Hoffmeister 1997, 4f., vgl. ebenso Burke 1998, 41.

[8] Thomson 1977, 24.

[9] Der Stadt Venedig hinterließ er seine kostbare Bibliothek als Zeichen seiner Dankbarkeit für das Haus, das ihm von der Stadt frei zur Verfügung gestellt wurde.

[10] Stierle 2003, 262; vgl. ebenso Thomson 1977, 26.

werden. Eppelsheimer faßte Petrarcas Charakter auf der Grundlage seiner Korrespondenzen wie folgt zusammen: „Petrarca [ist] ein undankbarer Sohn und pflichtvergeßener Vater, ein selbstischer Liebhaber und unverläßlicher Freund, ein Fürstendiener und Pfründenjäger gewesen."[11] Die intensive Forschung der unzähligen Briefe Petrarcas, insbesondere in der zweiten Hälfte des 20. Jahrhunderts, geht hingegen über derartige Vorurteile hinaus. Die Kenntnis über das Werk ist maßgeblich erweitert worden, so etwa um Petrarcas bereits früh einsetzende Bestrebung, antike Kultur und christliche Lehre zu vereinen.[12] Dabei entwickelte er eine persönliche Herangehensweise an die Wissenschaft: Er verwarf die seinerzeit paradigmatische Funktion der aristotelischen Lehren und wandte sich dem Werk Platons zu, in welchem er eine Traditionslinie über Cicero bis hin zu Augustinus suchte. Bei diesen fand Petrarca Parallelitäten in ihrer ethisch-politischen Philosophie, die ihm als Vorbild dienten. In zahlreichen fiktiven Briefwechseln setzte sich Petrarca dann mit den antiken Lehren sowie Augustinus auseinander, welche ihm im Gegensatz zum spätmittelalterlichen Schularistotelismus weitaus lebensnaher erschienen. Was er letztlich anstrebte war eine christliche Philosophie, geprägt von „sokratisch-augustinische[r] Selbsterkenntnis",[13] die sich mit den realen Herausforderungen der Lebenswelt des 14. Jahrhunderts befaßte, welche von Pest, Kriegen und Hungersnöten gezeichnet war, aber auch von einer „intellektuelle[n] Zerrissenheit".[14] Petrarcas fiktive Diskussion mit Augustinus im *De Secreto conflictu curarum mearum (Über den geheimen Konflikt meiner Sorgen)*, entstanden 1343 bis 1358, erscheint somit als Anwendungsbeispiel im Heranziehen augustinischer Philosophie bei der Auseinandersetzung mit moralphilosophischen Fragen.

Als „Moralist mit stoischen Grundüberzeugungen"[15] bewies er sich in *de viris illustribus (Über berühmte Männer)*. Vom Schreibstil her orientierte er sich dabei an Cicero. Sein Anspruch war es, als Dichter einem zweiten Vergil gleichzukommen;[16] daß er dies sowohl mit seiner Epik als auch

---

[11] Eppelsheimer 1926, 163.
[12] Vgl. Buck 1976, 10ff.
[13] Flasch 2001, 555.
[14] Ebd.
[15] Burke 1998, 41.
[16] A.a.O., 41f.

seiner Lyrik erreicht hat, bestätigte der Empfang des Dichterlorbeers. Petrarca schrieb sowohl auf Latein als auch auf Italienisch. Das epische Gedicht *Africa* über den römischen Feldherrn Scipio Africanus ist beispielsweise an den Klassikern von Vergil und Statius orientiert und dementsprechend auf Latein verfaßt, während ein Großteil seiner lyrischen Gedichte, so auch die Sammlung von Liebesgedichten, *Canzoniere*, volkssprachlich geschrieben sind. Der Dichter selbst neigte dazu, seinen lateinischen Schriften mehr Wert beizumessen als den Italienischen. Doch sollte gerade sein volkssprachliches Werk einen bedeutenden Beitrag zur Entwicklung der Nationalliteratur Italiens leisten.[17] Wurde Petrarcas Werk im Übergang zum 15. Jahrhundert insbesondere in Florenz im Lateinischen rezipiert,[18] so kam im 15. und 16. Jahrhundert der Petrarkismus auf, in welchem die lyrische und epische Technik der volkssprachlichen Dicht-kunst Petrarcas nachgeahmt wurde.[19]

Durch den Vergleich der antiken Politik, Poesie und Philosophie mit seiner eigenen Zeit avancierte er zu einem bekennenden Befürworter der Antike. Das intensive Studium der antiken Vorbilder führte ihn zu der Ansicht, „[...] Philosophie [sei] [...] Nachdenken über eine Reform der sozialen und politischen Welt [...]".[20] So suchte er Gleichgesinnte, die mit ihm den Traum von der Wiederbelebung der Kultur des antiken Rom teilten; einen Verbündeten schien er zunächst in Cola di Rienzo gefunden zu haben, einem römischen Politiker,[21] welcher von dieser Idee ebenso

---

[17] Vgl. Thomson 1977, 24; vgl. Buck 1976, 19; vgl Hoffmeister 1997, 103. Buck und Hoffmeister weisen darauf hin, daß er seine italienischen Gedichte als „Tändeleien" bezeichnete, während er sich von seinen lateinischen Schriften ewigen Ruhm erhoffte.

[18] Coluccio Salutati, Kanzler der Republik Florenz von 1375 bis 1406, war ein Bewunderer des Werkes Petrarcas und eiferte seinem Vorbild nicht nur persönlich nach, sondern etablierte in Florenz einen humanistischen Intellektuellenkreis, der sich auch mit Dante und Boccaccio auseinandersetzte und die wiederentdeckte antike Rhetorik und Literatur pflegte. Sein Nachfolger Leonardo Bruni, welcher die Arbeit Salutatis fortführte und neben Übersetzungen von Platons Werk Biographien von Dante und Petrarca anfertigte, war eine weitere bedeutende Persönlichkeit in der Entwicklung des Humanismus in Florenz. Vgl. Burke 1998, 46.

[19] Mehr über den Petrarkismus vgl. Hoffmeister 1997, 125–143; Forster 1976, 424-443.

[20] Flasch 2001, 556.

[21] Die zwei gewaltsamen Aufstände di Rienzos in Rom scheiterten; da diese gegen den Adel gerichtet waren, sollte dieser Vorfall auch die Beziehung zwischen Petrarca und den Colonna, die dem römischen Adel entstammten, dauerhaft belasten.

überzeugt war und zudem die Rückkehr der Kurie nach Rom forderte. Großen Einfluß auf die Politik vermochte Petrarca dennoch nicht auszuüben: Di Rienzos Aufstände wurden niedergeschlagen, die Briefe an Kaiser Karl IV. und der Besuch bei König Roland in Neapel zeigten ebenfalls keine Wirkung im politischem Sinne, obschon seine fürstlichen Adressaten seiner Gelehrsamkeit durchaus offen und positiv gegenüberstanden.

Weitaus mehr Beachtung erfuhr Petrarca postum für seine Wiederentdeckung der Antike, seine Vorliebe für Autoren wie Cicero, Seneca oder Vergil, aber auch der griechischen sokratisch-platonischen Philosophie.[22] Seine akribische Suche brachte längst vergessene Handschriften und Werke zu Tage, mit denen er nicht nur das Wissen über die Altvorderen bereicherte, sondern auch seine eigenen historischen Horizont erweiterte. Da seine schriftstellerische Tätigkeit von der Verarbeitung der Antike geprägt war, ist die Rezeption Petrarcas somit ohne eine Auseinandersetzung mit der griechischen Philosophie oder den römischen Autoren und Historikern nicht denkbar. Indem er diese Zeugnisse philologisch betrachtete, sah er sie in einem historischen Abstand und konnte so überhaupt erst Vergleiche zu Politik, Philosophie und Theologie seiner Zeit ziehen. Mit seiner Arbeitsweise regte er somit eine Neuerung in der Wahrnehmung der römischen Historiker an und lieferte insbesondere für seine Nachwelt einen ersten Anstoß zur Herausbildung des humanistischen Geschichtsbewußtseins und der Rezeption der Antike als einer abgeschlossenen, vergangenen Epoche.[23] Detailliert wissenschaftlich gewürdigt wurde seine Leistung für die Entstehung des Humanismus erst mit Pierre de Nolhacs einsetzender Forschung über Petrarca im 19./20. Jahrhundert.[24]

Um Petrarca geschichtlich einordnen zu können, ist es verlockend, ihn zwar als Menschen des Mittelalters zu bezeichnen, in ihm darüber hinaus aber den Beginn der italienischen Renaissance zu sehen, wie es in der

---

[22] Trotz seiner Bemühungen die griechische Sprache zu erlernen, war Petrarca ihrer nicht mächtig. Daß er mit seiner Arbeit das Bewußtsein für die antike griechische Philosophie zu schärfen vermochte, zeigt etwa die Tatsache, daß bereits die folgende Generation Übersetzungen herausbrachte.

[23] Vgl. Mommsen 1976, 151-179.

[24] Vgl. De Nolhac 1892. Erst nach Nolhacs (1859–1926) wegweisender Untersuchung folgten allmählich kritische Ausgaben der Werke Petrarcas, deren Herausgabe dadurch erschwert wurde, daß von manchen Schriften mehrere Versionen vorhanden sind.

jüngsten Kulturgeschichte getan wird.[25] Ohne ihn jedoch ambivalenten Epochenkategorien zuzuordnen, trifft am ehesten folgende Bezeichnung zu: Petrarca war ein zeitkritischer Dichter und Philosoph des 14. Jahrhunderts, der zeitlebens für die Anerkennung und Wiederbelebung der antiken Dichtkunst sowie der politischen und historischen Größe Roms arbeitete und sich um „[...] die Versöhnung der antiken Weisheit mit dem christlichen Glauben in der Synthese eines christlichen Humanismus [...]"[26] bemühte.

## Literatur

BUCK, August: „Petrarcas Humanismus. Eine Einleitung", in: Ders. (Hg.), *Petrarca*, Darmstadt 1976, 1-30.

BURKE, Peter: *Die europäische Renaissance*. Zentren und Peripherien, übers. von K. KOCHMANN, München 1998, 40-45.

EPPELSHEIMER, Hanns Wilhelm: *Petrarca*, Bonn 1926.

DE NOLHAC, Pierre: *Pétrarque et l'humanisme*, Paris 1892.

FLASCH, Kurt: *Das philosophische Denken im Mittelalter*. Von Augustin zu Machiavelli, Stuttgart 2001.

FORSTER, Leonard: „Europäischer Petrarkismus als Vorschule der Dichtung", in: A. BUCK (Hg.), *Petrarca*, Darmstadt 1976, 424-443.

GURST, Günter: „Artikel Dichterkrönung", in: Ders. (Hg.), *Lexikon der Renaissance*, Leipzig 1989, 203-204.

HOFFMEISTER, Gerhart: *Petrarca*, Stuttgart / Weimar 1997.

KESSLER, Eckhard: *Petrarca und die Geschichte*, München 2004.

MOMMSEN, Theodor E.: „Der Begriff des ‚finsteren Zeitalters' bei Petrarca", in: A. BUCK (Hg.), *Petrarca*, Darmstadt 1976, 151-179.

STIERLE, Karlheinz: *Francesco Petrarca*. Ein Intellektueller im Europa des 14. Jahrhunderts, München / Wien 2003.

THOMSON, Samuel Harrison: „Das Zeitalter der Renaissance. Von Petrarca bis Erasmus", in: F. HEER (Hg.), *Kindlers Kulturgeschichte des Abendlandes*, Bd. XI, München / Darmstadt 1977, 17-35.

WILKINS, Ernest Hatch: *Life of Petrarch*, Chicago 1961.

---

[25] Vgl. Burke 1998, 40f.
[26] Hoffmeister 1997, 17.

*Epitaph Dante Alighieris, Basilika Santa Croce, Michael Wendland 2008*

# Von der göttlichen Gnade zur körperschaftlichen Doktrin der Kirche
## Über die mittelalterliche Geburt der Staatslehre bei Ernst Kantorowicz

*Marco Casu*

Le roi est mort! Vive le roi!

Ernst Hartwig Kantorowicz ist bis heute einer der international einflußreichsten Geisteswissenschaftler.[1] Als deutscher Historiker jüdischen Glaubens emigrierte er im Jahre 1939 in die USA. Mit dem Buch *The Kings Two Bodies. A Study in Medieval Political Theology* (Princeton 1957, dt. *Die zwei Körper des Königs. Eine Studie zur politischen Theologie des Mittelalters*, München 1990) hat er der theologisch-politischen Forschung einen neuen Weg eröffnet. Die Debatte um die Säkularisierung dauerte zwar bekanntlich das ganze 20. Jahrhundert an, dennoch war noch um 1960 das Mittelalter für die genealogischen Untersuchungen der politischen Theologie in gewisser Weise ein fast unbekanntes Land, das Kantorowicz mit einem weiten und steten Rekurs auf alle Sorten von Quellen, mit besonderem Augenmerk auf die Ikonographie, erforscht hat. Das Wegfallen des Antagonismus zwischen *imperium* (Reich) und *sacerdotium* (Priestertum) läßt sich normalerweise durch die Geburt der nationalen Souveränität erklären. Es würde sich also um ein „modernes Problem" handeln. Und auch die Ursachen dafür, die am häufigsten genannt werden, stammen tatsächlich gerade aus der Zeit um 1500 (die Reformation Luthers sowie auch die Umwälzung der tausendjährigen Raumordnung der *respublica Christiana* nach der Entdeckung neuer Länder in Amerika).[2] Der

---

[1] Veranschaulicht wird dies beispielsweise durch die jüngste Forschung von Giorgio Agamben, der Kantorowicz in seinem Buch *Il Regno e la Gloria* (Turin 2009; dt. *Herrschaft und Herrlichkeit*, Berlin 2010), sehr oft zitiert. Aber auch die Hauptfrage des Textes („Warum braucht die politische Macht nicht nur die Kraft zum Regieren, sondern auch ihre eigene heilige Glorifizierung?") zeigt sofort – wie im Folgenden erläutert wird - die kantorowiczsche Herkunft dieser Forschung.

[2] Vgl. Schmitt 1974. Die aktuelle Unterscheidung zwischen spanisch- und portugisischsprachigen Gebieten in Südamerika zeigt besser als jedes andere Beispiel die päpstliche Demarkationslinie *(raya)* der Missions-Mandate der Könige von Spanien

bedeutende Beitrag von Kantorowicz besteht nun allerdings darin, daß er schon im Herzen des Mittelalters das Aufkommen der Staatssouveränitätstheorie erkennt und ihre schrittweise Entwicklung deutlich aufzeigt.

Im Folgenden versuche ich diese Momente zurückzuverfolgen – von der liturgischen zu der politischen Legitimation der Souveränität – um besser die Rolle zu verstehen, die Kantorowicz im letzten Kapitel seines Buches dem Dichter Dante zuweist. Während Dante seine *Comedia* schreibt, erlebt die Welt der *respublica Christiana* – wie wir sehen werden – tatsächlich die höchste und letzte Folge des „frühmittelalterlichen" Widerstreits zwischen geistiger und materieller Macht.

Dem andauernden Spannungsverhältnis zwischen Papst Bonifaz VIII. und Philipp IV. von Frankreich, das mit dem bekannten Attentat auf den Papst in Anagni 1303 eskaliert, entspringen im Jahre 1302 zwei bedeutende Akte, welche die Geschichte der modernen Staaten noch mehr bestimmt haben: Zunächst wurde gegen die theokratische Politik des Papstes am 10. April 1302 eine Versammlung der Ritter, Prälaten und erstmals auch bürgerlichen Vertreter der Städte in Notre-Dame einberufen. Die *Drei Stände*, also auch der französische Klerus, hatten einstimmig beschlossen, sich an der Seite des Königs aufzustellen. Danach, in den Herbsttagen desselben Jahres, fand eine Synode in Rom statt, in welcher der Papst in der Bulle *Unam Sanctam* unverhüllt den päpstlichen Weltherrschaftsanspruch formulierte und für alle weltlichen Fürsten als verbindlich erklärte. In dieser wichtigen Bulle, die in „lapidaren Sätzen" die körperschaftliche Doktrin der Kirche zusammenfaßte und zum Dogma erhob, ist einer der einflußreichsten Momente des Säkularisierungsprozesses zu erkennen. Daß der Papstgegner dieser Zeit kein deutscher Kaiser mehr war, sondern der König der Franzosen, Philippe Le Bel, zeigt zunächst, daß die Macht des Heiligen Römischen Reiches gegenüber den nationalen Staaten im Abnehmen war; und mit ihr auch die des Papstes.

---

und Portugal. Anfangs war es also noch am Papst, zu entscheiden, wer ein Anrecht auf diese Länder hatte, bzw. wer auf diese Länder Recht haben durfte. Nicht einmal fünfzig Jahre später handelten die Staaten direkt miteinander, ohne die päpstliche Vermittlung, die Begrenzung der eigenen Handlungsfelder in Amerika aus und markierten ihre eigenen Grenzen (*amity lines*). Doch die Frage „Wem gehören die neuen Länder?" muß gestellt werden. Daher ist es vonnöten, im Mittelalter nach dem Ursprung dieser Frage zu suchen.

Der „Sonnenuntergang" des christlichen Mittelalters bzw. der römischen Kirche impliziert aber nach Kantorowicz nicht, daß das moderne Europa kein neues Gestaltungsprinzip habe. Am Rand des Abgrunds findet ein Dichter eine neue Perspektive. Der Dichter ist Dante, die Basis der Mensch. Kantorowicz beginnt seine Untersuchung mit den sogenannten *Reports* von Edmund Plowden (1518–1584/5).[3] Diese Darstellung des englischen Kronjuristen im Elisabethanischen Zeitalter enthält nach dem Rechtshistoriker Frederic William Maitland schon die definitive Konfiguration der Staatssouveränitätstheorie in der Form der Zwei-Körper-Lehre.[4] Plowden beschreibt mit den folgenden Worten das zweifache Wesen der Königsmacht:

[...] der König hat in sich zwei Körper, nämlich den natürlichen (*body natural*) und den politischen (*body politic*). Sein natürlicher Körper ist für sich betrachtet ein sterblicher Körper, der allen Anfechtungen ausgesetzt ist, die sich aus der Natur oder aus Unfällen ergeben, dem Schwachsinn der frühen Kindheit oder des Alters und ähnlichen Defekten, die in den natürlichen Körpern anderer Menschen vorkommen. Dagegen ist der politische Körper ein Körper, den man nicht sehen oder anfassen kann. Er besteht aus Politik und Regierung, er ist für die Lenkung des Volks und das öffentliche Wohl da. Dieser Körper ist völlig frei von Kindheit und Alter, ebenso von den anderen Mängeln und Schwächen, denen der natürliche Körper unterliegt. Aus diesem Grunde kann nichts, was der König in seiner politischen Leiblichkeit tut, durch einen Defekt seines natürlichen Leibs ungültig gemacht oder verhindert werden.[5]

Die *Reports* von Plowden zeigen also die enge Intimität zwischen der juristischen Spekulation und dem theologischen Denken, die man auch in der mittelalterlichen Idee von dem *character angelicus* des Königs finden kann. Die Vorstellung einer Unveränderlichkeit in der Zeit, die diese Konzeption des politischen Körpers der Königswürde zeigt, erinnert an die christliche Konzeption des Heiligen Geistes und die der Engel.

Die Zweiheit des Königskörpers spricht also von einer Trennung, die es in einer paradoxen Einheit gibt, und die aus dem Hintergrund der altchristlichen Christologie stammt. Die Trennung ist die Trennung

---

[3] Er bezieht sich dabei auf folgende Ausgabe: Plowden, Edmund: *Commentaries or reports*, London 1816 (1571; 1578).

[4] Vgl. Kantorowicz 1990, 31. Er bezieht sich dabei auf folgende Ausgabe der Werke Frederic William Maitlands (1850–1906): *Selected Essays*, Cambridge 1936.

[5] Zitiert nach Kantorowicz 1990, 31.

zwischen „Leben" und „Macht": Der König lebt und stirbt als *physische* Person, aber er kann nicht als *korporative* Person sterben. Deswegen „lebt" er auch in diesem zweiten Sinne nicht: Er *beherrscht*. Er ist also nicht nur ein Mensch, sondern zugleich auch der Herr. Im England des XVI. Jahrhunderts werden also – in Beziehung auf die Geburt des monarchischen Absolutismus – die christologischen Probleme der zwei Naturen des Jesus reanimiert, welche die Geschichte der ersten Kirche charakterisiert hatten.

Das *Wesen* der Christologie liegt gerade in dem Dogma, daß die zwei *Naturen* Christi, die menschliche und die göttliche, in der einen Person, eben Jesus Christus, zusammenkommen. Aus der dogmatischen Bipolarität Jesus' als Gott / Mensch stammt die Möglichkeit, die Figur des Königs durch die des Jesus zu lesen bzw. die Unsterblichkeit des politischen Körpers und seiner Macht. Bei Christus redet man aber nicht von zwei Körpern, sondern von zwei Naturen in einer Person. Deshalb müssen wir irgendwo anders die wirklichen Präzedenzfälle der Zwei-Körper-Lehre ausfindig machen.

Zunächst erscheint es so, als ob man einen Vorläufer dieser Lehre in einer anonymen Handschrift des 12. Jahrhunderts finden könne, von einem unbekannten Kleriker (der sogenannte „Normannische Anonymus")[6] geschrieben, in der die Rede von einer zweifachen Person des Königs oder einer *persona mixta* ist, in der verschiedene Kapazitäten oder Ebenen zusammenleben. Die Mischung besteht aus geistigen und materiellen Kräften, wie beispielsweise ein Blick auf die kirchlichen Ritterorden des Mittelalters deutlich macht: Das Mitglied solcher Orden ist zugleich Ritter und Priester, und der Grund für diese Duplizität ist nur die liturgische Salbung.

Die gesalbten Könige des Alten Testament sind nach dem Normannischen Anonymus Vorläufer Jesu Christu, sie sind also die *Christi* (*„christos"* bedeutet auf griechisch wörtlich „Gesalbter"), die den einzigen echten Christus antizipiert haben; die nachfolgenden Könige des neuen Bundes sind Schatten, Nachahmer Jesu, also *christo-mimetes*. So wie der einzige Christus haben auch seine Vorläufer und seine Nachahmer zwei Naturen: eine natürliche sowie säkulare und eine übernatürliche sowie heilige. Der einzige, aber nichtsdestoweniger erhebliche Unterschied besteht darin, daß sie nur *per gratiam*, also nur dank der göttlichen Gnade –

---

[6] Vgl. Kantorowicz 1990. 64-81.

durch die heilige Salbung – das bekommen, was dem echten Christus *per naturam* gehört. Die Aufspaltung der Königsperson wird nicht vom Gesetz oder von der Verfassung bestimmt, sondern wird auf theologische Gründe gebaut. Die königliche Rolle ist also kein *officium*, also keine Würde, weil sie der *ontologischen* Duplizität Christi folgt. Der *rex* ist – ontologisch betrachtet – *imago Christi*. Der König als *gemina persona*, aus Natur menschlich und aus Gnade göttlich, war also das frühmittelalterliche Äquivalent der späteren Lehre der *Zwei Körper* des Königs, aber doch kein richtiger Vorläufer: Die politische Theologie des Früh-Mittelalters lag noch innerhalb der Grenzen der liturgischen Sprache und wird also noch von der Idee der Gnade und noch nicht von einem juristischen Begriff der Souveränität bestimmt. Durch die Weihe wird der König nicht als private Person zu einer Würde erhöht, sondern bekommt eine zweite „Natur". *Er selbst* wird die liturgische Imitation des Christus, *er selbst* wird der Retter der von Gott erschaffenen Welt, *er selbst* wird der Vermittler zwischen Himmel und Erde. Das wird anhand der Ikonographie der christozentrischen Periode der abendländischen Kultur – etwa der klösterlichen Epoche von 900 bis 1100 - klar, in der der auf Erden herrschende kaiserliche *christomimetes*, nicht einfach als *vicarius Christi* und menschliches Gegenstück des Weltherrschers in der Höhe erscheint, sondern fast als Himmelskönig selbst, wie im Fall der berühmten Miniatur im Aachener Liuthar-Evangeliar, auf der Reichenau um 973 gemalt, die Kaiser Otto II. oder Otto III. auf dem Thron zeigt (Abb. Seite 90). Das Besondere dieser Miniatur besteht darin, daß die Ähnlichkeit des Kaisers mit Christus nicht durch eine physiologische Angleichung des Herrschers an einen göttlichen Prototyp erreicht wird, sondern durch eine christologische:

Die Deutung des Bildes muß von der geheimnisvollen weißen Banderole oder Drapierung ausgehen, die dem Betrachter auffallen muß. Sie wird von den vier Evangelisten gehalten, die von den apokalyptischen Symbolen vertreten werden; dabei berühren die Enden des Bandes knapp die Kronen der *reguli*. Eine Falte des Bandes scheint den Leib des Kaisers zu teilen. Kopf, Schultern und Brust sind oberhalb, Arme, Rumpf und Füße jedoch unterhalb dieser Linie.[7]

Die weiße Drapierung ist keine Banderole und kein Ornament, sondern der Schleier des Tabernakel, der das *Sancta Sanctorum* des Tempels umschreibt. Wie der Vorhang im Tempel das Heiligtum vom Allerheiligsten trennt, so

---

[7] A.a.O., 86.

trennt auch diese Drapierung die Körperteile der Salbung mit dem heiligen Öl, sie stellt die Trennung von Himmel und Erde dar. „In der Tat: des Kaisers Haupt berührt nicht bloß den Himmel, sondern *ist* im Himmel."[8]

*Das Liuther-Evangeliar aus dem Domschatz zu Aachen (~973)*

---

[8]  Kantorowicz 1990, 86.

Erst mit der Zeit Friedrichs des Zweiten[9] kann man einen weiteren Schritt zur Zwei-Körper-Lehre bemerken. Im *Liber Augustalis*, in Melfi 1231 veröffentlicht, kann man eine starke Wiederherstellung des römischen Rechts – besonders der *lex regia* - finden, die das Christus-zentrierte Königtum in gewisser Weise zu ersetzen anfängt. Die Wiedergeburt der Rechtswissenschaft in der Universität von Bologna bestimmt tatsächlich eine Wiederholung von griechischen Lehren, die im ganzen Frühmittelalter unbekannt blieben; unter diesen auch die aristotelische Lehre des „*dikaion empsychon*"[10] oder der *lex animata*. Der König ist jetzt nicht mehr *imago Christi*, sondern wird *imago* und *servus aequitatis*.

Wir befinden uns hiermit aber immer noch in einer Zwischenzeit: Auf der einen Seite ist diese neue Metapher nicht vorherigen konträr entgegengesetzt, aber auf der anderen fängt die Vermittlungs-Funktion des Königs an, eine unterschiedliche Bedeutung anzunehmen, in der die Idee von der göttlichen Gnade allmählich an Bedeutung verliert, weil ein neuer Legitimationsgrund neben sie tritt – nämlich die Gerechtigkeit. Diese Idee kann eigentlich mit der *Christomimesis* noch einhergehen: erstens weil *Christus ipse ipsa iustitia* ist, und zweitens weil Christus selbst, obwohl göttlich, von dem Gesetz *non necessitate sed voluntate* beurteilt wurde. Das heißt, Christus selbst ist zugleich *über* und *unter* dem Gesetz. Die Vermittlungs-Funktion des Königs wird allmählich weniger als liturgische Wiederholung der Naturen Jesu und immer mehr als Vermittlung zwischen Naturrecht und menschlichem Gesetz betrachtet: Der König vermittelt also zwischen universaler Vernunft und einzelner Gesellschaft. Das, was bleibt, und eigentlich immer stärker wird, ist also die übernatürliche Legitimation der Macht, nun in der neuen Form der absoluten Macht der legalen Vernunft:

Gewiß war die Gerechtigkeit Zweck und letzter Prüfstein jedes Urteils, jedes Staates und jeder menschlichen Einrichtung. Aber die Iustitia war eigentlich nicht das Recht, obwohl sie in jedem Gesetz zugegen war und vor der Schaffung des Rechts da war. Sie war eine Idee oder Göttin. Sie war die extralegale Prämisse des Legalitätsdenkens.[11]

---

[9] Vgl. Kantorowicz 1927.
[10] Vgl. Aristoteles, *Ethica Nicomachea*, 1132a22.
[11] Kantorowicz 1990, 128.

Die Gerechtigkeit ist die extralegale Prämisse des Legalitätsdenkens genau so wie Gott die extra-theologische Prämisse des theologischen Denkens ist. Nicht mehr *imago Christi*, sondern viel öfter *imago Dei* wird nämlich der König in dieser Zwischenzeit genannt. Der theologische Begriff der Königswürde wurde also nicht einfach gelöscht, sondern durch die Rechtswissenschaft sozusagen übersetzt.

Man könnte in diesem Fall mit Schmitt sagen: *„Alle* prägnanten *Begriffe* der modernen Staatslehre sind säkularisierte *theologische Begriffe.“*[12] Dieser Satz Carl Schmitts spricht von der Unmöglichkeit, zwischen politischen und theologischen Begriffen klare Distinktionen zu setzen. Es wäre aber eine zu vereinfachende Auslegung, wenn man daraus schließen wollte, die Säkularisierung bestehe in einem allmählichen Fortschritt von der „Theologie" hin zur „Politik". Das Verhältnis zwischen geistiger und materieller Macht in der Geschichte des Abendlandes läßt sich nicht so einfach erklären. Worauf wir jetzt unser Augenmerk legen ist auch weniger die Veränderlichkeit des Begriffs der Gerechtigkeit an sich, als vielmehr die neue Einstellung der Juristen zu ihr. Die neuen Ausleger der Gerechtigkeit sind keine Priester mehr und schreiben über sie nicht auf einem theologischen oder geistigen Hintergrund, sie nutzen, beschreiben und interpretieren das Recht und die Gerechtigkeit von Berufs wegen. So wie sie selbst ihre Macht durch die Rechtswissenschaft erlangen, so bekommt der neue Typ des Königs, den sie zu beschreiben anfangen, seine Macht – und das ist der Punkt – nicht mehr nur aus der liturgischen Salbung, sondern *auch* – und bald *nur* – aus der Rechtswissenschaft. Diese neue Einstellung eröffnet den Ausweg aus der alleinigen liturgischen Legitimation des Königtums. Dieser Weg wird aber nicht nur von der materiellen Macht vollzogen: Der Säkularisierungsprozeß folgt keiner linienförmigen und eindimensionalen Laufbahn.

Wir kommen jetzt zu einer paradoxen Konvergenz: Auf der einen Seite erreicht die materielle Macht – durch die von den Juristen gebaute metaphysische Überwelt – eine immer heiligere Legitimation; auf der anderen wird die Papsttumsmacht immer materieller und politischer, bis schließlich das *sacerdotium* einen kaiserlichen Eindruck vermittelte und das *regnum* einen priesterlichen. Im Frühmittelalter gab es schon einen ständigen Austausch von Insignien, politischen Symbolen und

---

[12] Schmitt 1996, 43.

Prärogativen, aber sozusagen nur auf der Stufe der Liturgie oder des Zeremoniells: „Der Papst zierte seine Tiara mit einer goldenen Krone, legte sich den kaiserlichen Purpur um und ließ sich wie ein Bischof bei der Krönung einen Ring reichen".[13] Im Spätmittelalter, also nach und dank der Wiederherstellung des römischen Rechts, läßt sich ein weiterer Schritt dieser Art des Austauschs bemerken:

[...] das Gebiet der gegenseitigen Beeinflussung, das von einzelnen Würdenträgern zu ganzen Gruppen reichte, stand von nun an im Zeichen juristischer und konstitutioneller Probleme bei der Struktur und Interpretation politischer Körperschaften. Unter der *maiestas pontificalis* des Papstes, der sich auch »Fürst« und »wahrer Kaiser« nennen ließ, tendierte der hierarchische Apparat der Kirche dahin, der vollkommene Prototyp einer absoluten und rationalen Monarchie auf mystischer Grundlage zu werden, während der Staat gleichzeitig die Tendenz zeigte, eine Quasi-Kirche oder mystische Körperschaft auf rationaler Grundlage zu werden.[14]

Das Papsttum selbst gibt paradoxerweise der materiellen Macht ein perfektes Modell vor, und damit die Möglichkeit, sich letztmalig von der Kirche zu trennen. Diesen Schritt kann man so zusammenfassen: Die Legitimation der Macht geht jetzt vom Souverän zur Souveränität, vom König zur Krone, von der Sterblichkeit des Menschen (des Königs, sowie des Papstes), der nur dank der Gnade beherrschen durfte, zu der Unsterblichkeit des politischen und sozialen Körpers (das Königtum sowie die Kirche), der die absolute Macht des Hauptes legitimiert. Also: von der göttlichen Gnade zu der juristischen Fiktion des politischen Körpers.

Mit dem Ausdruck „politischer Körper" meint man heute normalerweise den Staat. Nach dieser Metapher wird die politische Form einer bestimmten Gesellschaft als ein biologischer Organismus analogisch betrachtet. Das Ziel dieser organischen Analogie ist auf jeden Fall, den Primat nicht des Ganzen, sondern eines Teiles auf die andere Teile zu sichern, und somit die Legitimation der hierarchischen Ordnung zu bestätigen: Der Kopf beherrscht den Körper, und es ist gut so. Wenn das nicht passiert, wenn der Kopf seine Kraft verliert, dann werden alle Glieder leicht in die Katastrophe und Zerstörung geführt. Diese Idee finden wir in der Bulle *Unam Sanctam* dogmatisch ausgedrückt:

---

[13] Kantorowicz 1990. 205.
[14] A.a.O., 205f.

»Vom Glauben gedrängt sind wir verpflichtet, an eine heilige Kirche, katholisch und auch apostolisch, zu glauben [...], ohne die es weder ein Heil noch eine Vergebung der Sünden gibt [...], die einen mystischen Leib darstellt, dessen Haupt Christus ist, und das Haupt Christi ist Gott. «[15]

Wie schon in gewisser Weise in der *Summa Theologiae* von Thomas von Aquin umfaßt die Kirche als der „mystische Leib" Christi die christliche Gesellschaft mit allen vergangenen, gegenwärtigen und zukünftigen, aktuellen und potentiellen Gläubigen, und repräsentiert für sie alle die einzige Heilsmöglichkeit. Die Definition der Kirche als *corpus mysticum*, die Bonifaz als Waffe gegen Philipp den Schönen benutzt – und die eigentlich bald ein Bumerang wird –, scheint deswegen ein sehr typischer Begriff des Mittelalters zu sein. Es scheint aber nur so, denn Kantorowicz lenkt jetzt unsere Aufmerksamkeit auf einen der wichtigsten semantischen Schritte in der Geschichte des christlichen Abendlands. Noch in der Sprache der karolingischen Theologen bezogen sich die Worte *corpus mysticum* überhaupt nicht auf die Körperschaft der Kirche oder die Einheit der christlichen Gesellschaft, sondern auf die geweihte Hostie:

Der Begriff des *corpus mysticum*, der ursprünglich dem Sakrament des Altars vorbehalten war, diente nach dem 12. Jahrhundert dazu, das *corpus politicum* oder *iuridicum* der Kirche zu bezeichnen. Das schließt eine gewisse Nachwirkung der früheren Bedeutungen nicht aus. Die klassische christologische Unterscheidung der Zwei Naturen Christi, in der politischen Theologie des Normannischen Anonymus um das Jahr 1100 noch so lebendig, ist aus den politischen Diskussionen und Theorien so gut wie ganz verschwunden. An ihre Stelle ist der korporative, nicht christologische Begriff der Zwei Körper Christi getreten, der eine ein natürlicher, individueller und persönlicher (*corpus naturale*, *verum*, *personale*), der andere ein überindividueller, politischer und kollektiver, das *corpus mysticum*, auch als *persona mystica* interpretiert. Während das *corpus verum* durch das Dogma der Transsubstantiation und die Einführung des Festes *Corpus Christi* ein eigenes Leben und eine eigene Mystik entwickelte, wurde das eigentliche *corpus mysticum* im Laufe der Zeit immer weniger mystisch und bedeutete schließlich einfach die Kirche als politische Organisation oder – auf dem Wege der Übertragung – jede politische Körperschaft der säkularen Welt.[16]

---

[15] Zitiert nach Kantorowicz 1990, 206.
[16] A.a.O., 217.

Bonifaz bezieht sich in der Bulle ausdrücklich auf die Autorität des Paulus, der im *Römerbrief* (12, 4-6) schreibt: „Denn wie wir an einem Leib viele Glieder haben, aber nicht alle Glieder dieselbe Aufgabe haben, so sind wir viele ein Leib in Christus, aber untereinander ist einer des andern Glied, und haben verschiedene Gaben nach der Gnade, die uns gegeben ist." Dies ist nicht der Platz, eine Kritik an Kantorowicz zu vollziehen. Gewiß problematisiert er nicht die dogmatische Auffassung des Apostels, die Bonifaz in der *Unam Sanctam* teilt. Es handelt sich jetzt um die Rolle der göttlichen Gnade, die in der Bulle nur noch wörtlich, aber nicht mehr wesentlich anwesend ist, und die deshalb nach und wegen der Bulle allmählich – wenn nicht überhaupt verschwindet – zumindest dezentralisiert wird[17] oder einfach als bloß instrumentaler und funktionaler

---

[17] Jedoch würde dies den Briefen Paulus' widersprechen. Man könnte zum Beispiel diesen dogmatischen Schritt auch mit der Wiedergeburt, nicht nur der römischen Welt, sondern auch der griechischen verbinden, in der die göttliche Gnade keine Rolle spielt. Schon bei Platon wird bekanntlich die Seele des einzelnen Menschen so wie die Seele des Staates in drei Teile geteilt und in Analogie zum Körper gedacht. Die Teile sind: *„logistikon"* (der Kopf, die „heilige" Vernunft), *„thymoeides"* (das Herz, der kräftige Mut) und *„epithymia"* (die Eingeweide, die irrationalen Triebe). Ein guter Mensch, so wie ein guter Staat, stellt eine harmonische und hierarchische Ordnung dar, in der das Herz dem Kopf gehorcht und die Eingeweide unterdrückt. Im Menschen steckt zugleich das Zeichen der Endlichkeit und der heilige Lichtfunke, aber auch die Möglichkeit, sich für eines der beiden zu entscheiden. Das heißt, der Mensch ist, genau wie der Staat, ein geteiltes Ganzes, in dem ein Teil aufgrund einer übernatürlichen Rechtfertigung den anderen beherrscht. Diese anthropologische Auffassung, die Gott und Mensch als Eins betrachtet, ist im weitesten Sinne voll griechisch. Ganz anders ist es in der jüdischen Tradition, aus deren Hintergrund die Christologie oder besser der Messianismus des Paulus sehr wahrscheinlicher stammt: Der Mensch wird als Ganzes in Verbindung mit dem Schöpfer betrachtet. Die Macht kommt nicht aus irgendeinem göttlichen Teil des Menschen oder im Menschen, sondern nur von Gott. Der widersprüchliche Versuch, diese zwei Perspektiven zu vereinigen, zieht sich durch die Geschichte des Abendlandes und stellt ein Paradoxon dar. Kurz gesagt: das Problem der Säkularisierung liegt bereits in der christlich-dogmatischen Auslegung des paulinischen Messianismus. Das einzige, was der Forschung Kantorowiczs fehlt, besteht daher darin, daß er die Frage nach der Inkarnation nicht genügend problematisiert und daß er deshalb die messianischen Samen des Säkularisierungsprozesses nicht deutlich anerkennt und zeigt. Aber dieses Ziel, das die heutige politisch-theologische Forschung verfolgt, kann nur dank und basierend auf den Untersuchungen Kantorowicz' erreicht werden.

Marco Casu

Grund (wenn es überhaupt jemals anders gewesen ist) benutzt wird. Die wichtigste Frage ist also: warum wird das Paradigma der „christomimesis" oder der *imitatio Christi* beseitigt? Warum schien es nötig, es zu übersetzen oder in gewisser Weise zu ersetzen? Es lohnt sich, die kantorowiczsche Antwort ganz zu lesen:

Die Antwort wird einfach, wenn wir erkennen, daß das Hauptproblem hier die Zeit ist. Das Haupt des mystischen Körpers der Kirche war ewig, da Christus Gott und Mensch war. Seine eigene Ewigkeit verlieh deshalb auch seinen mystischen Leib die Ewigkeit oder besser Zeitlosigkeit. Hingegen war der König als Staatoberhaupt ein gewöhnlicher Sterblicher. Er konnte sterben und starb; er war nicht ewig. Anders ausgedrückt: Ehe der König jenes seltsame Wesen darstellen konnte, das den Engeln gleich unsterblich, unsichtbar, allgegenwärtig, nie minderjährig, nie krank, nie senil war, hätte er entweder aufhören müssen, ein einfacher Sterblicher zu sein oder irgendwie Unsterblichkeit erwerben müssen, anders als Christus, dem die Ewigkeit in der Sprache der Theologie »von Natur« aus zukam. Ohne einen *character aeternitatis* konnte er keinen *character angelicus* haben und ohne inhärenten Ewigkeitswert konnte er nicht »zwei Körper« oder einen Überleib haben, der von seinem sterblichen Leib zu unterscheiden war.

Gewiß blieben Gnade, Gerechtigkeit und Gesetz Ewigkeitswerte, auf die man nicht leicht verzichten konnte. Sie spielten eine Rolle im Kontinuitätsdenken der neuen Monarchien. Der Gedanke der Herrschaft »von Gottes Gnade« kam in der dynastischen Ideologie zu neuem Leben. Die Kontinuität einer Gerechtigkeit, »die niemals stirbt«, spielte eine wichtige Rolle für die Kontinuität der Krone. Aber der Wert der Unsterblichkeit oder Kontinuität, auf dem das neue staatszentrierte Königtum gedieh, war an die *universitas* gebunden, »die niemals stirbt«, an die Ewigkeit eines unsterblichen Volkes, Staates oder der *patria*. Ein einzelner König konnte davon getrennt werden, nicht jedoch die Dynastie, die Krone, die Königswürde.[18]

Die Königswürde ist aber noch keine Menschenwürde. Nur ein sterblicher Dichter konnte sie erzeugen. Nach vielen Theologen, Juristen und politischen Philosophen, die auf den Ideen von *Christomimesis*, Gerechtigkeit, Gesetz, korporativen Strukturen und institutionellen Würden verschiedene, aber immer ähnliche Konzepte der Ewigkeit eines Königtums hervorgebracht, ausgebaut und verarbeitet hatten, blieb es einem Dichter vorbe-

---

[18] Kantorowicz 1990, 278.

96

halten, „ein Bild vom Königtum zu entwerfen, das rein menschlich war",[19] also „einer rein menschlichen *dignitas*, die ohne Dante fehlen würde und ganz sicher in jenem Zeitalter gefehlt hätte".[20] Auf der einen Seite - wie damals allgemein üblich war – unterschied er zwischen einer Dignität und deren menschlichem Inhaber. Dies wird beispielsweise klar, wenn man Dantes unterschiedliche Beschreibungen von Papst Bonifaz VIII. in der *Comedia* betrachtet. Aber auf der anderen Seite verklärte er – wie wir sehen werden – diese Unterscheidung durch eine neuartige anthropologische Auffassung, die auf die Gnade Gottes nicht verzichtet. Im *Paradies, 27.* Gesang der *Comedia*, läßt Dante den erzürnten Petrus über Benedetto Caetani, so der bürgerliche Name Bonifaz', sagen:

Er, der sich anmaßt meinen Thron,

Den Thron, den Thron, den meinen, heutzutage,

Der leer steht vor dem Aug von Gottes Sohn.[21]

Trotz der schlechten Meinung vom Menschen Caetani – dem „Fürst der neuen Pharisäer"[22] – erkannte Dante in Bonifaz VIII. den *Vicarius Christi* an, sah ihn sogar als Christus selbst an, als der Papst von den Dienern Philipps IV. geschlagen wurde (*Fegefeuer, 20.* Gesang):

Es wird, das bleicht, was künftig und vergangen,

Die Lilie nach Anagni einst verbracht,

In seinem Stellvertreter Christ gefangen.

Ich sehe ihn ein zweites Mal verlacht;

Ich seh erneuern Essig sich und Galle,

Ihn bei lebendigen Schächern tot gemacht.[23]

Eine solche Unterscheidung ist in den ersten Jahren des Vierzehnten Jahrhunderts, wie bereits erwähnt, zwar kein Novum, „[...] Dante schlug jedoch neue Töne an, wenn er einmal dem Amt nicht einfach den Inhaber, irgendeinen ‚Titius' oder ‚Petrus' gegenüberstellte, sondern den Menschen

---

[19] A.a.O., 444.
[20] A.a.O., 446.
[21] Dante, *Comedia*, zitiert nach Kantorowicz 1990, 447.
[22] Vgl. ebd.
[23] Ebd.

– den Menschen sowohl als Individuum als auch als Vertreter seiner Art, also den Menschen im vollen Sinne des Wortes."[24]

Die neue anthropologische Auffassung, die Dante erzeugt, besteht in der Dualität, die nach ihm nicht nur zwischen dem sterblichen Menschen und der ewigen Gottheit oder der ewigen Gerechtigkeit liegt, sondern auch im Menschen selbst steckt: Die Menschheit hat zwei höchst verschiedene Ziele – die Seligkeit dieser Welt und die des ewigen Lebens – und hat, unterwegs zu ihnen, zwei verschiedene und voneinander unabhängige Führer, deren Macht aus nichts anderem als aus Gott kommt. Dank dieser Selbständigkeit kann Dante das „Menschliche" aus dem christlichen Verband herausnehmen, und es als Wert eigenen Rechts in der Schöpfung des „irdischen Paradieses" isolieren.[25] Während das *corpus mysticum* der Bulle *Unam Sanctam* die übernatürliche Gemeinschaft der Söhne Christi darstellte und der Begriff *patria* sich auf die einzelnen Völker bezieht, umfaßte die *humana universitas* Dantes nicht nur Glieder der römischen Kirche oder irgendeines nationalen Staates, sondern die ganze Menschheit.

## Literatur

AGAMBEN, Giorgio: *Il Regno e la Gloria*. Per una geneaologia dell'economia e del governo, Turin 2009.

ARISTOTELES: Ethica Nicomachea, in: Ders., *Opera* , i.A. der Kgl.-Preuß. Akad. der Wiss. hrsg. von I. BEKKER, 4 Bde. (durchgeh. pagin.), (Berlin 1831), Nachdr. Darmstadt 1960.

KANTOROWICZ, Ernst Hartwig: *Kaiser Friedrich der Zweite*, Berlin 1927.

KANTOROWICZ, Ernst Hartwig: *Die zwei Körper des Königs*. Eine Studie zur politischen Theologie des Mittelalters, München 1990.

SCHMITT, Carl: *Der Nomos der Erde im Völkerrecht des Jus publicum Europaeum*, Berlin 1974.

SCHMITT, Carl: *Politische Theologie*. Vier Kapitel zur Lehre von der Souveränität, Berlin 1996.

---

[24] Kantorowicz 1990, 449.
[25] Vgl. a.a.O., 450.

# Renaissance-Humanismus
## Die Stellung des Menschen in der Schöpfung und gegenüber der Natur

*Wolf Rüttinger*

Es ging dem Humanismus, wie er im 14. Jahrhundert von den Stadtrepubliken Oberitaliens ausgehend als intellektuelle Strömung das Latein sprechende Europa erfaßte, auch – und vielleicht vor allem – um die Überwindung der an der scholastischen Methode empfundenen Langeweile und Enge durch selbstbewußtes und selbstdarstellerisches Elitedenken: Die vollkommenste Kunst hatte dabei unsere menschliche Natur zu sein und das außergewöhnliche Neue an ihr war die Rückkehr zu ihrer Kultivierung durch Sammlung sowie Studium ihrer vortrefflichsten Exponate.

Seit der Renaissance dürfen Menschen wieder emphatisch behaupten „Wir sind Techniker, Künstler und Wissenschaftler, weil wir Gott ähnlich sind." Allerdings ist es ein, theologisch gesehen, heikles Unterfangen, das Menschliche an Gott zu bestimmen – um das Geringste zu sagen. Die Abgründe und Fallstricke der Christologie reichen mindestens bis zum ersten Konzil von Nicäa zurück, durchwirkten in der Trinitätslehre (*homoousios*-Credo) dogmatisch gefestigt die folgenden tausend und mehr Jahre die Geschichte abendländischer Glaubenszerwürfnisse und brachten zahllose der Ketzerei bezichtigte Existenzen um eben diese.

Auf der anderen Seite konnten weder geistliche noch weltliche Herrscher je mit leichter Hand über die Tatsache hinweggehen, daß Menschen bestrebt sind, mit ihren Mitteln aus den materiellen Gegebenheiten ihrer Umwelt zweckdienliche Dinge nach ihrem Gebrauch zu formen; über die Verbesserung dieser Mittel nachzudenken; das Wesen ihres Zwecks und letztlich – denn weshalb sollte das Nachdenken hier plötzlich abbrechen? – den ursächlichen Zusammenhang zwischen menschlicher Existenz und den mannigfaltigen Erscheinungen im Ganzen der Schöpfung (Kosmos) gedanklich und produktiv zu erfassen. Um so weniger, als besonders findige Denker, der grundlegenden Arbeit antiker Autoren und ihrer Tragweite gegenwärtig geworden, versuchten, ihnen den Gedanken schmackhaft zu machen, daß ein Anknüpfen daran derartig immense Potentiale künstlerischer und handwerklicher Schaffenskraft barg, daß nur ein

Dummkopf sie aufgrund ängstlicher Bedenken, die Folgen einer solchen Wiedergeburt des Geistes könnten einem gestandenen Herrscher über den Kopf wachsen, an ihrer natürlichen Entfaltung zu Schönem und Nützlichem hindern würde. Man denke nur an all die Möglichkeiten, bei staatsrechtlich uneindeutigen Fällen und unpopulären politischen Maßnahmen stilistisch perfektionierte Mittel in propagandistischer Absicht zum Einsatz zu bringen.

Den heidnischen Kaisern früherer Tage war dazu noch der direkte Weg über die eigene Vergöttlichung offen gestanden. Besser also, vielleicht gleich die Herrschaft denen zu überlassen, die ohnehin am eifrigsten mit der Aufdeckung klassischer Rechtsgrundlagen und Erforschung der ein Gemeinwesen konstituierenden Bedingungen beschäftigt waren? Da nun aber auch für den großzügigsten und am besten beratenen Förderer der Künste, egal ob Fürst oder republikanischer Rat, schlicht zu gelten hatte, daß letztlich damit nur der Ruhm des Höchsten gemehrt werden sollte, war jede zulässige Form äußerer Selbstaufwertung offiziell in den Dienst einer Sache zu stellen, die mit der göttlichen Vorsehung gerechtfertigt werden konnte: Also nahm man dazu den Nimbus und die bestechende Qualität des historisch Greifbaren und verband es mit dem Gedanken einer Veredelung der brauchbarsten Anlagen der jetzt Lebenden. Und so liegt hier im umgekehrten Versuch, das Göttliche im Menschen – sprich seine Seele – durch das Moment der Vervollkommnung der Tugendhaftigkeit und Tüchtigkeit innerweltlicher Geltung zu versichern, ein latenter Zugang zu den antiken Quellen von Sprach-, Denk- und ästhetischem Handlungsvermögen. Getreu dem Herrenwort „So gebt dem Kaiser, was des Kaisers ist, und Gott, was Gottes ist". (Matthäus, 22, 21-22)

Moment, greifen wir da mit der „Wiedergeburt des Geistes" nicht ein wenig zu hoch? Nein, denn die in zahlreichen Bereichen dem kundigen Betrachter im 13./14. Jahrhunderts ebenso bewundernswert wie repräsentativ erscheinenden Artefakte der Alten zeugten von einem Reflexionsniveau, auf dem es scheinbar gelang, vom Selbstverständlichen zum dauerhaft Gültigen aufzusteigen. Was aber konnte garantieren, daß die in seiner Zeit anknüpfende Wissenschaft und Kunst auf einem sicheren Fundament stand? Gab es einen Weg, logische und theologische Autorität nicht in einen direkten Konflikt laufen zu lassen? Darüber mußte man sich zuallererst Klarheit verschaffen.

Der skizzierte Ansatz ist durchweg pragmatisch, d.h. er ist dem Handeln entnommen, reflektiert auf dieses Handeln und reicht in seiner „metaphysischen" Dimension anscheinend nicht über Zwecke hinaus, die der Handelnde sich in ihm setzt – wären da nicht die Ethik und die Politik! In beiden Fällen geht es um das, was an sich selbst Bewunderung und Achtung verdient – wenn es richtig verstanden und verständig gemacht wird. Erstere spiegelt den Aspekt der Tugendhaftigkeit des einzelnen Individuums im Ganzen, zweitere die Vielzahl von Aspekten gesellschaftlicher Handlungsweisen im Einzelnen wider. Die Synthese aus beiden Polen zeichnet sich durch ein neues Paradigma mittels des Beharrens auf der Statthaftigkeit des Rückgriffs auf das Ursprüngliche – sowohl in der Auslegung der Heiligen Schrift als auch in der Erschließung klassischer Lehren – ab: wissenschaftlich-literarische Interdisziplinarität, bei der sich alles auf die Erste-Personen-Perspektive bündelt, von der wiederum aus die betrachtete Weltgeschichte durchdrungen, komprimiert und kunstvoll neu entfaltet wird.

Der Kosmos wird gleichsam nach innen geholt und in meisterhafter Praxis, die in der Kontinuität einer kanonischen Formensprache steht, der Welt zum Vergleich mit dem Vorbild präsentiert. Dann gibt das gelungene Kunstwerk dem Künstler Recht, die überzeugende Rede dem Rhetoriker, die stabile Brücke dem Baumeister, der Beweis dem Theoretiker, dem Theologen sein Gott.

Das menschliche Schaugerüst erprobt an der Vermessung der Weltordnung seine Genauigkeit, aber seine Richtigkeit hat es letztlich für den Gebildeten der Renaissance noch immer in der Einheit mit dem Willen Gottes, der es dazu bestimmt hat, die Natur und seinen Platz in ihr aus sich heraus zu sehen als das, was es ist: Der menschliche Geist ist das dem göttlichen Wahrnehmen Ähnlichste in seiner Schöpfung, bedarf jedoch im Gegensatz zu dieser – wie jeder angehende Künstler – eines ausgeprägten Gespürs für eigene Fehlleistungen und selbstverschuldetes Mißlingen.

Philipp Melanchthon drückt dies zweihundert Jahre nach den Anfängen des Humanismus in seinem Werk mit dem Originaltitel *Liber de anima recognitus* (1553) in bestechender Klarheit aus:

Wenn auch die Schärfe menschlichen Denkens das Wesen der Dinge nicht durchdringen kann, so will Gott doch, daß wir Menschen es betrachten, damit wir darin wahrnehmen, was ihn bezeugt, was aufweist, daß Gott ist und wie er ist. Sehen wir zunächst einmal vom menschlichen Geist ab, so zeigt auch die Ordnung in der ganzen übrigen Natur: Diese Welt ist nicht durch Zufall entstanden, sondern ihr Schöpfer ist ein weise wirkender Künstler, der den Ort der materiellen Körper, des Himmels, der Erde, der Luft und des Wassers, die Himmelsbewegungen und die Kräfte des Werdens nach einem bewundernswerten Plan bestimmt hat.[1]

Hieraus ergibt sich unmittelbar die dialektische Problemstellung, wie der Mensch die Welt in sich erfassen und gleichzeitig – sie widerspiegelnd – mit den Produkten dieser Schau anreichern soll, ohne sie mit überflüssigen oder gar falschen Mut- bzw. Anmaßungen zu entstellen. Melanchthon fährt jedoch an oben genannter Stelle fort:

Wie der Mensch geschaffen ist, damit ihm die Erkenntnis Gottes leuchte und damit ihm Gott seine Weisheit und Güte mitteile, so sollte nach Gottes Willen der menschliche Geist ihn am klarsten bezeugen. Er trägt in sich eingepflanzt das Licht, durch das wir das Dasein Gottes erkennen, das Wissen, wonach wir Ehrenhaftes und Schädliches unterscheiden. Damit dieser Unterschied deutlich feststehe, hat er einen rächenden inneren Richter hinzugesetzt.[2]

Das Gewissen, auf diese Art als erkenntnistheoretische Instanz erster Ordnung installiert, bringt den humanistischen Bildungsanspruch letztendlich in Einklang mit der bereits erneuerten (averroistischen) Aristotelesrezeption, sofern sie sich bei aller Begeisterung für die Idee der *mimêsis* nicht zum Pantheismus oder gar Materialismus versteigt: Die Idee, daß derjenige, der Schönes und Wahres in die Welt setzt, nichts Unrechtes tut und daß derjenige, der der Wahrheit dient, dies nur vollbringen kann, indem er Ethik und Ästhetik zugleich zur Geltung bringt, da richtiges Wahrnehmen und Richtiges tun zu wollen nur in tugendhaftem Handeln ihren gemeinsamen Ausdruck finden, hat nur kraft der notwendigen Ähnlichkeit mit dem alles vereinigenden Prinzip Legitimation, die Aspekte einer wohlgeordneten Welt zu verbinden, wenn – was vorausgesetzt werden muß! – diese Einheit dem menschlichen Geist von Natur aus innewohnt. Willensfreiheit gerade als Ausdruck des Determinismus – Bußfertigkeit als Zeichen der Selbsturheberschaft und damit einer Qualität der Seele, die sie aus dem zwangsläufigen Weltgeschehen sowohl heraushebt als auch ihr den angestammten Platz sichert? Soviel verdauter

---

[1]  Melanchthon 1989, 74f.
[2]  A.a.O, 75.

Platonismus war erforderlich, um der Renaissancephilosophie teilweise das peinliche Dilemma zu ersparen, sich in bester Absicht mit jeder exakten Darstellung und jeder experimentellen Überprüfung eines mathematischen Satzes über den Schöpfer zu stellen. Der reine Wille als fortschreitendes und vergängliches Lesezeichen im Buch der Schöpfung und ihrer Geschichte darf sich als Prinzip der Aussöhnung verewigen. Es kann kaum ein schöneres Sinnbild für die Wirkungsgeschichte dieses Gedankens geben als Michelangelos *Die Erschaffung Adams* – „Und Gott sprach: Lasset uns den Menschen machen." (Genesis 1, 26)

Humanismus ist daher im eigentlichen Sinn der Anspruch, mit der Weltgeschichte in einen Dialog zu treten, d.h. sich vor allem zur Dialogfähigkeit zu bilden und die Sprache und den Denkstil derer wieder zu beherrschen, die dieses Genre vor langer Zeit schon begründet hatten. Die durch Beobachtung der menschlichen Sprach- und Lebenspraxis geschliffene natürliche Urteilsfähigkeit rückt den philosophisch-wissenschaftlich Gebildeten in die Nähe jenes höchsten Richters und Architekten und bereitet ihm gleichzeitig das gewaltige Problem, ihn ständig im eigenen Handeln und durch die Lust am selbstsicheren Denken zu verfehlen. Wer zur Gelehrtenkultur gehören und mit ihrer Welt in Dialog treten möchte, muß ihre Sprache(n) lernen.[3]

Ein besonders greifbarer Anreiz lag scheinbar seit Mussato und Petrarca den humanistischen Dichtern in der Krönung zum Fürsten der Poeten. Sie verstanden ihre Freiheit unter der Devise, der Ruhm gebühre dem, der die begabtesten und gebildetsten Laudatoren findet – und deren Freiheit wiederum sei zu verstehen als eine der Kunst und dafür auch als eine, die der Wissenschaft und Wissenschaftskommunikation zu gewähren sei. Schließlich sind vollendete Wissenschaft und Kunst das eigentliche Lob des Allerhöchsten.

---

[3] Der zur Sprachfähigkeit gelangte Mensch ist nach ciceronischem Vorbild ein Individuum, dem nichts Menschliches mehr fremd und unaussprechlich bleibt: *homo sum, humanum nihil a me alienum puto!* Der so verstandene Cicero läßt sich hier in enge Beziehung zu dem Komödiendichter Menandros stellen, der meinte, ihm sei kein tüchtiger Kopf fremd. Eine solche „Geburt des Humanismus aus der Komödie" hätte durchaus etwas für sich, nur leider übersähe man die reservierte Skepsis in Ciceros eigentlicher Feststellung, daß der Mensch, wie er nun einmal sei, g l a u b e , nichts wäre ihm fremd: *humani nihil a se alienum putat.* Lateinische Zitate, siehe Kudla 2007, 271.

Da die Bildung also die Bildungsfreiheit heiligt, gebührt dem Gebildeten einfach das Recht, alles in der Welt Gegebene zu deuten – auch in der Politik – und dafür bedarf es geeigneter Methoden. In diesem Fall bleibt gar keine andere Wahl als der Vergleich mit dem exakten historischen Beispiel. Wer aber seine Zeit nach historischem Vorbild modellierend neu, aber eben auch korrekt, ausrichten möchte, ist an die Zentralperspektive gebunden, d.h. nur der, in dem sich die richtige Sicht auf das Vorbild mit vollkommener Handlungsmacht schneidet, ist dazu in der Lage, die Welt so zu imaginieren, wie sie objektiv eingerichtet sein soll. Die neuartige allgemeine Daseinsorientierung erwächst aus einer radikal veränderten Grunderfahrung des Machenkönnens, frei nach dem Primat: „Laßt sie machen, was sie je am besten können!" Und ebenso subtil wie elegant war die Adaption und Fortentwicklung des dem Kirchenlatein überlegenen Kanzleistils im Duktus der Hofdichter. Eine andere Wurzel für derlei selbstlegitimiertes Freiheitsempfinden ist in der Autoritätskritik und den Emanzipationskämpfen der verschiedenen Armutsbewegungen zu finden, die quasi systemimmanent im Ringen der römisch-deutschen Cäsaren mit der lateinischen Kirche war.

Daß der Humanismus, der unter anderem die lange verworfene *eudaimonistische* Philosophie wieder hoffähig machte, ebenfalls auch das geistige Klima für die viel weiter in die Masse wirkenden Reformationsbewegungen des folgenden Jahrhunderts mit schuf, zeigt die Fruchtbarkeit des humanistischen Gedankenguts und die Offenheit für die ganze Bandbreite der im historischen Kontext verfolgenswerten Ideen. Trotz offen zu Tage tretender anti-intellektueller Ressentiments blieb über die Reformationsbewegung hinaus eine Haltung der „humanistischen" Toleranz wirksam.

### Literatur

KUDLA, Hubertus (Hg.): *Lexikon der lateinischen Zitate.* 3500 Originale mit deutscher Übersetzung, München (3. durchges. Aufl.) 2007.
MELANCHTHON, Philipp: *Glaube und Bildung.* Texte zum christlichen Humanismus, Lateinisch-Deutsch, ausg., übers. und hrsg. von G. R. SCHMIDT, Stuttgart 1989.

# „Gottes Chamäleon"
## Der Mensch und seine Würde bei Giovanni Pico della Mirandola

*Michael Schmidt*

Die Idee der Menschenwürde, die für uns im Spiegel der Verbrechen des letzten Jahrhunderts so zentral geworden ist, besitzt in der europäischen Kultur eine epochenübergreifende Geschichte. Möchte man ihre Spuren bis in die Antike zurückverfolgen, so ist der Name Ciceros zu nennen. Wer in der Gedankenwelt des anbrechenden Mittelalters sucht, der wird auf Augustinus und Boethius stoßen. Mit Blick auf den Humanismus der Renaissance darf jedoch sicherlich der Name von Giovanni Pico della Mirandola (1463–1494) nicht ungenannt bleiben. Er hat uns mit seinen Betrachtungen über den Menschen – einem vielzitierten Urteil Jacob Burckhardts nach – „eines der edelsten Vermächtnisse" seiner Zeit hinterlassen.[1] Tragisch sind die Umstände, unter denen uns diese Gedanken überliefert wurden.

Man hat Pico, der aus einem Adelshaus bei Modena stammt, oft zu den *Florentiner Platonikern* gezählt; seine enge Verbindung zu deren Zirkel in Florenz unter der Leitung seines Freundes Marsilio Ficino mag dies unterstreichen.[2] Gesichert ist: Der gerade einmal etwas über zwanzig Jahre alte Pico war sowohl ein Kenner und Bewunderer des scholastischen Aristotelismus, als auch mit Werken der arabischen und jüdischen Gelehrten vertraut.[3] Neben dem Griechischen beherrschte er auch Hebräisch und konnte sich auf diese Weise dem Studium des Alten Testaments, des Talmuds und der Kabbala widmen.[4] Er besaß damit ein äußerst vielfältiges Wissen, das auch unter den bestgebildeten Zeitgenossen Erstaunen hervorrufen mußte.

Pico, der sich keiner einzelnen philosophischen Schule unterordnen wollte, versuchte zu zeigen, daß die verschiedenen philosophischen Lehren

---

[1] Burckhardt 2009, 332. Vgl. Buck 1990, I; vgl. Gönna 1997, 112.
[2] Vgl. Buck, XI.
[3] Vgl. Keßler 2008, 114ff.
[4] Vgl. Buck 1990, XIV.

in einem Kern des Wahren vereinbar seien und zusammenflössen.[5] Nach dem Urteil des italienischen Ideengeschichtlers Eugenio Garin wird in Picos Philosophie die

[...] große Antithese zwischen Plato und Aristoteles, zwischen Avicenna und Averroës, zwischen Thomas und Scotus [...] überbrückt von der Einheit des menschlichen Denkens, das nach und nach einige Aspekte oder Momente oder Probleme betont, welche sich auszuschließen scheinen, doch, näher betrachtet, sich gegenseitig hervorrufen und zusammenschließen.[6]

In diesem Sinne plante Pico für das Jahr 1487 neunhundert Thesen zur Diskussion zu stellen und seinen Zuhörern in einer *Oratio,* also einer Rede zur Einführung, seine Betrachtungen über den Menschen mitzuteilen.

Der junge aber durchaus anerkannte Gelehrte war durch einen Studienaufenthalt an der Pariser Sorbonne dazu inspiriert worden, seine Thesen in einer Art Kongreß gegen die Argumentation der versammelten Zuhörerschaft verteidigen zu wollen, wodurch der Fokus weniger auf die Wirkung sprachlicher Eleganz gerichtet werden sollte als auf Logik und die Wahrheit der Aussagen: „Der Araber, der Ägypter sagen dasselbe, nicht auf [L]ateinisch, sie sagen es aber richtig."[7] Eine mögliche Widerlegung seiner Thesen durch den offenen Diskussionsprozeß wollte er als Erkenntnisgewinn betrachten.[8] Zu diesem Zweck lud er mit dem öffentlichen Anschlag seiner Thesen am 7. Dezember des Jahres 1486 Gelehrte aus ganz Europa nach Rom ein. Die Wahl dieses Ortes mit seiner herausragenden geschichtlichen und durch den Sitz des Papstes auch kirchlich-religiösen Bedeutung hatte symbolischen Charakter.

Doch das ehrgeizige Unternehmen Picos, das von sich aus Widerstände hervorrufen mußte, sollte schon im Vorhinein unterbunden werden. Denn obwohl sich Pico als gläubiger Katholik dem Urteil der Kirche unterstellte, gipfelte der schwelende Konflikt mit klerikalen Kreisen nach dem Einsatz eines Inquisitions-Gerichts in der Verdammung der gesamten Thesen, wodurch die öffentliche Disputation unmöglich wurde. Kurze Zeit später wurde Pico in Frankreich sogar auf Grund eines päpstlichen Befehls als

---

5  Vgl. Pico della Mirandola 1990, 43 ff.
6  Garin 1947, 125.
7  Pico della Mirandola, *De genere dicendi philosophorum,* nach Garin (1942) zitiert in Buck 1990, XVI. Vgl. Garin 1947, 120 ff.
8  Vgl. Pico della Mirandola 1990, 39 ff.

Ketzer inhaftiert. Seine schon von der Anzahl her Eindruck heischenden neunhundert Thesen waren in Ingolstadt trotz des kirchlichen Verbots gedruckt worden, was allerdings ohne sein Wissen geschah.[9] Doch die mächtigen und einflußreichen Fürsprecher Picos aus Italien, die Professoren der Sorbonne und der Erzbischof von Paris erreichten schließlich, daß er in Freiheit in seine Heimat zurückkehren durfte.[10] Auf Einladung seines Förderers und Freundes Lorenzo de' Medici ließ er sich in Fiesole bei Florenz nieder. Pico, der später auch Bekanntschaft mit Girolamo Savonarola pflegte, war jedoch kein langes Leben mehr beschieden. Mit einunddreißig Jahren starb er an einer plötzlich aufgetretenen fieberhaften Erkrankung. Gerüchte sprechen von einer Vergiftung.[11]

Erst postum, als der ebenso als Philosoph in Erscheinung getretene Neffe Picos, Gian Francesco,[12] die Werke seines Onkels publizierte, wurde einer breiteren Öffentlichkeit auch die geplante *Oratio* zu den neunhundert Thesen bekannt. Diese wird auch als *Rede über die Würde des Menschen* bezeichnet. Zwar taucht der Begriff der Menschenwürde in dem Entwurf an keiner Stelle direkt auf, sondern läßt sich auf eine gedruckte Marginalie in der Bologneser *Editio Princeps* (1496) zurückführen,[13] doch ist die Idee der menschlichen Würde in Picos Ausführungen deutlich zu erkennen.

„Ich las in den Werken der Araber, ehrenwerte Väter, der Sarazene Abdala habe auf die Frage, was es auf dieser irdischen Bühne, um einmal den Ausdruck zu benutzen, als das am meisten Bewunderungswürdige zu sehen gebe, geantwortet: nichts Wunderbareres als den Menschen",[14] so beginnt Picos *Oratio*, mit der er in Rom die Disputation seiner neunhundert Thesen einleiten wollte. Der Mensch sei deswegen das Wunderbarste, was Gott je geschaffen habe, weil Gott ihn, der die Gesetzmäßigkeiten seiner Schöpfung beurteilen, ihre Schönheit lieben und

---

[9] Vgl. Baker 1983, 46.

[10] Vgl. a.a.O., 47.

[11] Vgl. Flasch 2001, 622.

[12] Gian Francesco Pico della Mirandolas Wirken ist vor anderem dadurch ausgezeichnet, daß er als erster Renaissancephilosoph die Argumente der Pyrrhonischen Skeptiker aus den Schriften des spätantiken Sextus Empiricus behandelte. Diese waren während des Mittelalters nahezu verschollen, der „Grundriss der Pyrrhonischen Skepsis" wurde erst im Jahr 1562 gedruckt. Vgl Popkin 1960, 19f.; vgl. Keßler 2008, 137f.

[13] Vgl. Gönna 1997, 107f.

[14] Pico della Mirandola 1990, 3.

ihre Größe bewundern solle, selbst unbestimmt gelassen habe.[15] Pico läßt Gott zu seinem menschlichen Geschöpf sagen:

Ich habe dich in die Mitte der Welt gestellt, damit du dich von dort bequemer umsehen kannst, was es auf der Welt gibt. Weder haben wir dich himmlisch noch irdisch, weder sterblich noch unsterblich geschaffen, damit du wie dein eigener, in Ehre frei entscheidender, schöpferischer Bildhauer dich selbst zu der Gestalt ausformst, die du bevorzugst.[16]

Ein jeder Mensch habe die verschiedensten Anlagen in sich und müsse sich für die einen und gegen die anderen entscheiden. Wenn er ein rein vegetatives Leben wähle, könne man ihn mit einer Pflanze vergleichen, bei einem triebhaften Leben mit einem Tier, während er sich mit einem geistigen und vernunftgeleiteten Leben Gott engelsgleich annähern könne – wie ein Chamäleon passe sich die Gestalt seiner wandelbaren Natur an seinen Willen an.[17] Das zentrale und einzigartige Merkmal des Menschen ist nach Pico also die Freiheit, seinen Willen und sein Wesen selbst zu bestimmen; menschliche Würde gründet sich auf Autonomie.

Von Anfang an besitzt der Mensch bei Pico das Potential, sich für ein erhabenes Leben zu entscheiden, indem er den Weg zu Gott einschlägt. Dieser Weg aber – und hier tritt der Zusammenhang mit den neunhundert Thesen klar zu Tage – ist bei ihm der Weg der Philosophie. Pico teilt die Philosophie dabei in drei Teile: in die Ethik, die Physik und die Theologie,[18] die es stufenweise nacheinander zu durchlaufen gälte. Als erste Stufe führe die Moralphilosophie aus einem rein vegetativen oder triebgesteuerten pathologischen Leben hervor, während man mittels der Naturphilosophie die Gesetzmäßigkeiten der Welt erkennen könne, um schließlich durch die Theologie Ruhe und Frieden zu finden.[19] Als Endpunkt dieser Entwicklung sieht Pico die *unio mystica*:

Wenn er [der Mensch] sich nun mit keinem Los der Geschöpfe zufrieden ins Zentrum seiner Einheit zurückgezogen hat, wird er, ein Geist mit Gott

---

[15] Vgl. Pico della Mirandola 1990, 5.

[16] A.a.O., 7.

[17] Vgl. ebd. Ein Chamäleon, das vom Medici-Papst Leo X. (1475–1521) gehalten wurde, war kurze Zeit nach der Veröffentlichung der *Oratio* eine exotische Attraktion, wie uns unter anderem Giorgio Vasari überliefert. Vgl. Bedini 2006, 108.

[18] Vgl. Pico della Mirandola 1990, 27.

[19] Vgl. a.a.O., 17ff.

geworden, in der einsamen Dunkelheit des über allem stehenden Vaters alles überragen.[20]

Von unserem heutigen Blickwinkel aus stehen Picos Betrachtungen in einer gewissen Spannung zu der Idee, daß die Menschenwürde allen Menschen im gleichen Maß zukommt und unveräußerlich ist, wie wir es aus dem Zusammenhang mit den Menschenrechten kennen. Denn nach seiner Auffassung liegt es nicht nur in der Freiheit des Menschen, einen erhabenen und der Würde angemessenen philosophischen Lebensweg zu wählen, sondern er könne sich auch selbst durch den Mißbrauch der Großzügigkeit Gottes zum Tier oder gar zur Pflanze „erniedrigen". Ins Auge stechen muß demgegenüber aber die prinzipielle Gleichheit aller Menschen, die Pico impliziert: Gleich wie sich die Menschen konkret entscheiden, sie sind alle im Besitz der Anlagen, die ein rechtes Leben ermöglichen, und vor diesem Hintergrund auch Geschöpfe desselben Werts. Durch die Betonung der Freiheit des Menschen, die ihn zu einem vernunftgeleiteten Leben befähigt, fällt es nicht schwer, eine Linie von Pico zu Immanuel Kant zu ziehen, welcher in der Grundlegung zur Metaphysik der Sitten schreibt:

Die Gesetzgebung selbst aber, die allen Wert bestimmt, muss eben darum eine Würde, d.i. unbedingten, unvergleichbaren Wert haben, für welchen das Wort *Achtung* allein den geziemenden Ausdruck der Schätzung abgibt, die ein vernünftiges Wesen über sie anzustellen hat. *Autonomie* ist also der Grund der Würde der menschlichen und jeder vernünftigen Natur.[21]


## Literatur

BAKER, Dora: *Giovanni Pico della Mirandola*, Dornach 1983.
BEDINI, Sivlio A.: *Der Elefant des Papstes,* übers. von K. KOCHMANN, Stuttgart 2006.
BUCK, August: „Einleitung", in: G. PICO DELLA MIRANDOLA, *De hominis dignitate / Über die Würde des Menschen*, Lateinisch-Deutsch, übers. von N. BAUMGARTEN, hrsg. und eingel. von A. BUCK, Hamburg 1990, VII-XXVII.

---

[20] A.a.O., 7.
[21] Kant, *Grundlegung zur Metaphysik der Sitten*, 436.

Burckhardt, Jacob: *Die Kultur der Renaissance in Italien. Ein Versuch,* Frankfurt a. M. 2009.

FLASCH, Kurt: *Das philosophische Denken im Mittelalter,* Stuttgart 2001.

GARIN, Eugenio: *Der italienische Humanismus,* übers. von G. ZAMBONI, Bern 1947.

GÖNNA, Gerd von der: „Nachwort", in: *Oratio de hominis dignitate / Rede über die Würde des Menschen,* Lateinisch-Deutsch, auf der Textgrundlage der Ed. princeps hrsg. und übers. von G. v. d. GÖNNA, Stuttgart 1997, 107-121.

KANT, Immanuel: *Grundlegung zur Metaphysik der Sitten* (1785, 2. Aufl. 1786), hrsg., eingel. und erl. von J. TIMMERMANN, Göttingen 2004.

KESSLER, Eckhard: *Die Philosophie der Renaissance,* München 2008.

PICO DELLA MIRANDOLA, Giovanni: *De hominis dignitate / Über die Würde des Menschen,* Lateinisch-Deutsch, übers. von N. BAUMGARTEN, hrsg. und eingel. von A. BUCK, Hamburg 1990.

POPKIN, Richard H.: *The History of Scepticism from Erasmus to Descartes,* Assen 1960.

# Philosophus autodidactus
## oder
## Der Reiz des Selberdenkens

*Sabine Funke*

Das den Menschen auszeichnende Merkmal haben die meisten Philosophen im menschlichen Intellekt beziehungsweise Verstand gesehen. Sowohl Giovanni Pico della Mirandola, ein Vertreter der Philosophie des *rinascimento*, als auch der dreihundert Jahre ältere maurische Arzt und Philosoph Ibn Tufail[1] (~1110–1185) in seiner Erzählung *Der Philosoph als Autodidakt*[2] fügen dem noch die Möglichkeit hinzu, eben diesen Intellekt oder Verstand selbst zu formen.

Ibn Tufail entwickelt das Thema in einer fiktionalen Erzählung, philosophisch gesprochen also in einem Gedankenexperiment. Er erzählt die Geschichte eines Menschen namens Hayy, der, bar jedes kulturellen Umfelds, gleichwohl, geschickt eingeflochten durch Ibn Tufail, eine Zusammenschau philosophischer Betrachtungen anstellt, diese prüft, abwägt und sich zu Nutze macht, um schließlich in der eigenen erforschenden Tätigkeit Bekanntes zu überschreiten.

Picos Rückgriff auf die Gedankenwelt der Antike und sein Versuch darzulegen, wie scheinbar konträre Positionen in einer Symbiose zu einem Begriff der Würde führen, die in der jeweils eigenen Verantwortung und Potentialität des Menschen liegt, zeigt wiederum eine gewisse Verwandtschaft mit Spinozas Konzept einer dem Menschen prinzipiell offenstehenden Entwicklung des Denkens aus seiner eigenen Immanenz: Der vernünftige Mensch, der durch wissenschaftliche Methodik zu einem

---

[1]  Abu Bakr ibn 'Abd al-Malik ibn Muhammad Ibn Tufail al-Qaisi. [Aus technischen Gründen konnte keine Transliteration arabischer Schriftzeichen auf Basis der Umschrift der Deutschen Morgenländischen Gesellschaft erfolgen; Anm. d. Hg.]

[2]  Im Orig.: *Risalat Hayy ibn Yaqzan (Der Traktat von Hayy ibn Yaqzan)*. Vgl. Schaerer 2009, xiii. Wie ebd. (lxxviii) mitgeteilt wird, erschien 1671 in England das Werk in einer lat. Übers. von Edward Pococke *sen.* und *jun.* nebst dem arabischem Original unter dem Titel *Philosophus Autodidactus sive Epistola Abi Jaafar Ebn Tophail de Hai Ebn Yohanan – In qua ostenditur quomodo ex Inferiorum contemplatione ad Superiorum notitiam Ratio humana ascendere possit.* Pococke sen. bearbeitete den Text seit dem Jahre 1645.

Begriff über das der Welt und der Natur innewohnende Prinzip gelangt, ist der eigentlich „verständige" Mensch. Baruch de Spinoza[3] (1632–1677), Philosoph in den Vereinigten Niederlanden mit jüdisch-portugiesischen Wurzeln, wurde von seinen Zeitgenossen mehr als nur kritisch beäugt. So wurde sein 1670 veröffentlichter *Theologisch-Politischer Traktat* vier Jahre später verboten; und er selbst wurde von vielen Zeitgenossen als „Atheist" bezeichnet.[4] In seinem Freundeskreis entstand eine Art Vereinigung, *Nil volentibus arduum*,[5] deren Mitglieder sich vielfältig publizistisch betätigten;[6] so auch Johan Bouwmeester (1630–1680)[7], dem vermutlich eine niederländische Übersetzung der genannten Erzählung des Ibn Tufail zuzuschreiben ist.[8]

Es wäre Sache einer detaillierteren Analyse und weiterer Forschungen, in der persönlichen Haltung zum Leben, im Agieren, im alltäglichen Umgang mit dem eigenen Wissenserwerb und der inneren Haltung dieser drei, Ibn Tufail, Pico und Spinoza, eine Umsetzung des autodidaktischen Prinzips der Selbstbildung des eigenen Verstandes zu erkennen. Vielleicht bedarf es heutzutage gar keiner Erklärung mehr, daß der Gedanke einer autonomen Aneignung philosophischer Kompetenz und des mündigen Nach-Denkens reizvoll und anziehend ist. Die Tatsache, daß er in Pico und Spinoza einen so klaren Ausdruck gefunden hat, ist trotzdem bemerkenswert. Pico

---

[3] Bento de Espinoza oder *Baruch de Spinoza (oder Benedictus de Spinoza)*. „Baruch" ist sein Name in der jüdischen Gemeinde. Mit der Auswanderung der Familie de Espin(h)osa von der Iberischen Halbinsel in die Vereinigten Niederlande wird in den Dokumenten nun häufiger „de Spinoza" als Familienname geführt. Vgl. Walther 2006, 83f.

[4] Vgl. Walther 1998, 2, 20, 61f.

[5] Sinngemäß: „Wo ein Wille ist, ist auch ein Weg." oder „Nichts ist denen, die wollen, schwer."

[6] Vgl. Suchtelen 1987.

[7] Zu Johan Bouwmeester (1630–1680) vgl. Walther 1986, XXVII.

[8] Schaerer vermutet als Übersetzer Johan Bouwmeester (1630–1680). In Amsterdam erschien 1672 die niederländische Fassung. Adriaan Reland (1676–1718) ergänzt seine Neubearbeitung von 1701 mit „S.D.B." als ehemaligem Übersetzer. Vgl. dazu Schaerer 2009, LXXIX. Manfred Walther hält fest, die Vereinigung *Nil volentibus arduum* habe Bouwmeester mit einer Übersetzung beauftragt und 1672 sei eine holländische Übersetzung mit den Initialen „S.D.B." erschienen. Vgl. hierzu Walther 1986, XXVIII. Die Diskrepanz der Aussagen, ob 1672 oder 1701 die Erstnennung der Initialen „S.D.B" erschien, war nicht zu klären.

repräsentiert die Anfangsphase der europäischen Renaissance, mit Spinoza kann man die sogenannte Frühaufklärung beginnen lassen. Vielleicht erklärt ihre gemeinsame Affinität zum autodidaktischen Prinzip der Selbstbildung, weshalb sie schon ihren Zeitgenossen so „eigentümlich" vorkamen. Unabhängig davon, ob sich diese Affinität auf eine Rezeption des *Philosophen als Autodidakt* zurückführen läßt, ist die thematische Verwandtschaft groß genug, um die Erzählung Ibn Tufails und das Denken Picos in einer Skizze wie der folgenden gegenüberzustellen.

## I.

Im Jahr 1185, kurz nach der Veröffentlichung seiner Erzählung *Der Philosoph als Autodidakt*, stirbt Ibn Tufail, bis 1182 Leibarzt von Abu Ya'qub Yusuf, der von 1163–1184 als Kalif der Almohaden herrschte. Das Reich der Almohaden mit der Hauptstadt Marrakesch umfaßte auch al-Ándalus[9], wo Ibn Tufail um das Jahr 1110 unweit von Granada das Licht der Welt erblickt hatte.[10] Über Ibn Tufail selbst existieren nur vereinzelte Quellen. Überliefert ist unter anderem eine Begebenheit durch seinen Nachfolger Ibn Rušd (1126–1198), im lateinischen Westen besser als Averroës bekannt. Danach soll es Ibn Tufail gewesen sein, der ihn, den jüngeren Kollegen, dem Kalifen Abu Ya'qub Yusuf für die Aufgabe empfahl, die Werke des Aristoteles zu kommentieren, und zwar an seiner, Ibn Tufails Stelle. So kam es, daß Ibn Rušd als d e r Aristoteles-Kommentator in die Philosophiegeschichte eingehen sollte.[11] Hier gibt es einen weiteren Bezug zur Renaissance. Denn sie sollte der Kommentierungsleistung des Averroës ein neues Ansehen verschaffen und einen Platz in der Auseinandersetzung zwischen einem averroëistisch erneuerten Aristotelismus und dem ebenfalls wiederentdeckten vor-christlichen Platonismus.

Daß der lateinische Westen den (ibero-arabisch-jüdischen) Gelehrten aus al-Ándalus nicht allein die Kommentare des Averroës und auch Teile des Werkes von Aristoteles zu verdanken hat, kann hier nur erwähnt werden. Die Blüte der Wissenschaften – der antiken wie der damals zeitgenös-

---

[9] Bezeichnung für das von moslemischen Herrschern verwaltete Gebiet der Iberischen Halbinsel.
[10] Vgl. Schaerer 2009, XII-XIII.
[11] Vgl. a.a.O., XI-XII.

sischen – hatte in den einheitlichen Großreichen, die teils noch eng mit den Zentren Damaskus und Bagdad verknüpft waren, teils aber auch selbstbewußt auf souveräne Distanz gingen, einen förderlichen Nährboden. In den nachfolgenden Zeiten der islamischen Kleinkönigreiche auf iberischem Gebiet waren Gelehrte am eigenen Hof ein rühmlicher Faktor, was diesen Gelehrten wiederum eine relative Freiheit in der Forschung und beachtliche Förderung verschaffte.

Zwar bescheinigt Patric Schaerer[12] Ibn Tufail eine leicht tendenziöse Darstellung der Beiträge seiner großen Vorgänger wie al-Kindi (gest. ca. 870), al-Farabi (870–950), Ibn Sina 'Avicenna' (980–1037), al-Ghazali (1058–1111) und Ibn Badjdja 'Avempace' (gest. 1139); aber zugleich findet man bei Ibn Tufail auch eine detailreiche Auseinandersetzung mit ihren Systemen. Galens Ideen sowie aktuelle Diskussionen werden in seine fiktive Erzählung über den sich autodidaktisch bildenden Hayy ibn Yaqzan eingewoben und kritisch gegeneinander abgewogen.[13]

Der Inhalt des *philosophus autodidactus*, niedergeschrieben um die Jahre 1177–1182, wird im Untertitel einer in England erschienenen Ausgabe von 1671 wie folgt ankündigt: „In qua ostenditur quomodo ex Inferiorum contemplatione ad Superiorum notitiam Ratio humana ascendere possit."[14] Sinngemäß erwartet den Leser eine Beschreibung, auf welche Weise der Mensch in der schlichten inneren Einkehr durch das Vermögen der menschlichen Vernunft zum höchsten Erkennbaren gelangen kann.

Der Protagonist der Erzählung Hayy ibn Yaqzan wächst auf einer ansonsten von Menschen unbewohnten Insel auf. Zwei „Geburtsgeschichten" werden von Ibn Tufail präsentiert: Nach der einen entsteht Hayy aus günstigen klimatisch-stofflichen Bedingungen – die weitere embryonale Entwicklung, die Organgenese und vieles mehr wird sodann detailreich beschrieben –, die andere ist eine Variation der Moses-Geschichte. Das Leben des Jungen, der von einer Gazelle aufgezogen wird, teilt sich in fünf Lebensabschnitte mit einem Zyklus von sieben Jahren (von der Geburt bis zum 7. Jahr, zum 21. Jahr, zum 28. Jahr, zum 35. Jahr, zum 49. Jahr). Während dieser Jahre lernt er, sich selbst zu versorgen, entwickelt ein Selbst-Bewußtsein, welches auch darin besteht zu erkennen, daß er

---

[12] Vgl. Schaerer 2009, XIII-XIV.
[13] A.a.O., XIVff.
[14] Vgl. Fußnote 2.

keine spezifischen Gaben hat außer der Fähigkeit, sich Hilfsmittel zu kon-
struieren. Durch diese Fähigkeit, die sich in der Tätigkeit seines Verstandes
oder Intellekts manifestiert, erkennt er seine Überlegenheit und wird zum
forschenden Analytiker der ihn umgebenden Welt.

Im Alter von fünfzig Jahren begegnet Hayy einem Fremden, Absal.
Dieser ist von einer benachbarten Insel auf Hayys Insel gekommen, die er
für menschenleer hielt, um sein Leben in innerer Einkehr zu beschließen.
Das Pendant zu Absal „[...], der sich mehr in den inneren Sinn vertiefte,
[...]"[15] ist Salaman. Er blieb auf der bewohnten Insel, wurde dort König und
„hielt sich mehr an den äußeren Sinn [gemeint ist damit: ein Handlungs-
kanon], war zurückhaltender gegenüber der allegorischen Auslegung und
lehnte die freie Urteilsbildung nach dem eigenen Ermessen und die
Meditation ab."[16] Hayy erfährt durch Absal, daß alles, was er bis jetzt in
seinem Leben an Erkenntnissen bis zu den höchsten Wahrheiten und der
höchsten Wesenheit selbst geschaut hat, inhaltlich in keinem Widerspruch
zu dem steht, was ihm Absal über seine Offenbarungsreligion berichtet,
sondern daß dies „nur Gleichnisse waren für das, was [H]ayy ibn Yaq[za]n
geschaut hatte. [...] Die Überlieferung und die Erkenntnisse des Intellekt
stimmten nun für ihn [Absal] überein."[17] Und „[H]ayy ibn Yaq[za]n
verstand alles und erkannte darin keinen Widerspruch zu dem, was er an
seinem erhabenen Standort geschaut hatte."[18] Als Hayy aber gemeinsam
mit Absal versucht, den anderen Menschen seine unverhüllte Wahrheit, die
sich nicht in der Erfüllung äußerer Riten der Religion erschöpft, näherzu-
bringen, indem er sie auf eine „Ebene der spekulativen Erkenntnis"[19] zu
führen sucht, scheitert er mit der Einsicht, daß „ihm mit uneingeschränkter
Gewißheit klar [wurde], daß es nicht möglich war, mit ihnen auf
unverhüllte Weise zu sprechen. Ihnen mehr als eben dieses Maß der

---

[15] Ibn Tufail 2009, 99 [136-137]. Die Seitenzahlen in eckigen Klammern beziehen sich
auf die textkritische Ausgabe von Léon Gauthier (1936), die Schaerer für seine neue
Übersetzung als Grundlage nahm.

[16] A.a.O., 100 [137].

[17] A.a.O., 106 [144]. – Das Wort „geschaut" ist hier von mir gesperrt gesetzt, weil es
ein spezieller Ausdruck des sufischen Vokabulars ist. Der Text enthält noch eine
Reihe anderer sufischer Fachtermini, auf die ich hier indes nicht näher eingehen kann,
vgl. aber Schaerer 2009, XI-LXX, v.a. LVI-LVII.

[18] Ibn Tufail 2009, 107 [145].

[19] A.a.O., 112 [154].

Verrichtungen zuzumuten, konnte nicht gelingen. Der Nutzen, den der größte Teil der Masse aus der Satzung [religiöser Kanon, Anm. d. Verf.] ziehen konnte, betraf das diesseitige Leben und bestand einzig darin, den Alltag zu regeln, damit niemand einen anderen in dessen persönlichen Angelegenheiten ungerecht behandelte."[20] Ein Anklang an diese Empfehlung läßt sich später, unter anderem, bei Spinoza finden: Die Buch-Religionen hätten für die breite Masse ihren erzieherischen Nutzen in der Befolgung der äußeren Riten – Erkenntnisgewinn für den Vernünftigen böten sie allerdings nicht.[21]

Hayys Weg zur Schau der höchsten Wahrheit ist ein unermüdlicher Selbstbildungsprozeß über die gesamten vorangegangenen fünfzig Jahre seines Lebens, an dessen Ende er sein eigenes Wesen als eins mit dem Wesen Gottes begreift. Das *Eins*-Sein mit Seinem Wesen bzw. *Entwerden* gipfelt bei al-Halladj (857–922), einem Vertreter einer ekstatischen Richtung im Sufismus, im *Weiterbestehen*.[22] In dieser sufischen Richtung wird das Motiv des Liebenden, der nach seinem Zielpunkt – Gott – strebt, zur Metapher. Bei Pico wird auf ein ähnliches Motiv als Struktur zurückzukommen sein.

Hayy gelangt über mehrere Stufen zur Erkenntnis eines Notwendig-Seienden, wobei er sich bei der Erarbeitung dieser Stufen am Verhalten der ihn umgebenden Natur zu orientieren versucht. Die daraus gewonnenen Verhaltensweisen erfaßt er, nachdem er durch Beobachtung, Abwägung und Analyse der ihn umgebenden Welt und der Himmelskörper „Klassen von Merkmalen"[23] erkennt. Die Erkenntnis über diese Abstufungen festigt er, indem er sein Verhalten nach ihnen richtet um dann, nachdem er sich von „den sinnlich wahrnehmbaren Dingen"[24] abkehrt, sein Denken nur noch auf das Notwendig-Seiende zu richten.

„Da begann er mit dem Streben nach der dritten Angleichung und trachtete danach, sie zu erlangen. Er nahm sich also die Attribute des Notwendig-Seienden vor, wobei ihm, bevor er zur Tat schritt, aus seinen

---

[20] Ibn Tufail 2009, 111 [152].
[21] Bartuschat bezieht sich an dieser Stelle auf den *Theologisch-Politischen Traktat*. Vgl. Bartuschat 1994, XII.
[22] Vgl. Schaerer 2009, LIV.
[23] Ibn Tufail 2009, 84 [116].
[24] Ebd.

wissenschaftlichen Betrachtungen bereits klar war, daß es zwei Gruppen von Attributen gab: Einerseits positive Attribute wie Wissen, Macht, Weisheit und andererseits negative Attribute wie Sein Enthobensein von Körperlichkeit, von allen körperlichen Attributen und Begleitbestimmungen und was mit diesen – sei es auch nur entfernt – zusammenhing."[25] Seine unermüdliche Selbstschulung führt ihn unter anderem über die Stufe der mystischen Versenkung in eine Drehbewegung, bei welcher er sich an den Himmelskörpern orientiert. „Nach der reinen Versenkung, dem vollkommenen Entwerden und dem wahren Erreichen schaute er nämlich eine immaterielle Wesenheit."[26] Es folgt die Schau weiterer (Himmels-) Sphären und Wesenheiten, die aber letztlich nicht als Anzahl (was nach Ibn Tufail nur Körpern zukommt) begriffen werden können. Tufail leitet diese Sequenz mit den Worten ein: „So horche nun mit dem Gehör deines Herzens und schaue mit dem Blick deines Intellekts [...]."[27] Das Ende der Erzählung über Hayy ibn Yaqzan bilden Andeutungen, die dem Leser die Beschreibung der letzten Erkenntnisse der eigenen Interpretation anheimstellen.

Das Motiv des Schauens auf das Vorhandene – die Zusammenhänge der umgebenden Welt – und deren Transformation in etwas Eigenes im entwickelten Bewußtsein der individuellen Fähigkeiten, scheint sich bei Ibn Tufails Protagonisten als grundlegende Überzeugung zu zeigen, die seinen Geist und sein praktisches Tun antreibt.

## II.

Eine Verwendung von Ibn Tufails Ideen läßt sich für das 13. Jahrhundert an einer hebräischen Übersetzung festmachen.[28] Der aus Perpignan stammende Moses Narboni (1300–1362) nutzt diese für einen Kommentar (1349), der zusammen mit dem Originaltext Ibn Tufails häufig kopiert wird und als Lektüre unter den jüdischen Bildungsbürgern der damaligen Zeit weitere Verbreitung findet. Norbonis Kommentar wurde schließlich von

---

[25] Ibn Tufail 2009, 85 [117-118].
[26] A.a.O. 91 [127].
[27] A.a.O. 88 [122]. Zum Begriff des „Herzens" vgl. Schaerer 2009, 135, Anm. 125. Zum Begriff des „Wahren Wesens" des Menschen als „Intellekt" der das Mittel ist um das Notwendig-Seiende zu erfassen vgl. Schaerer 2009, 131, Anm. 102.
[28] Vgl. Schaerer 2009, LXXVff.

Yohanan Alemanno (1434–1504) wiederum kommentiert. Alemanno kommt im Jahre 1488 nach Florenz, wo er, *quasi* ein Handelsreisender der Philosophie, einige Werke iberischer Gelehrter in die mitteleuropäische Renaissancelandschaft einführt. Seine Bekanntschaft mit Pico bringt vermutlich diesen Metakommentar zu Tufails Erzählung hervor.[29]

Pico kann in der Hinsicht als Renaissance-Denker[30] *avant la lettre* bezeichnet werden, wenn man das Bemühen ansieht, welches er darein gelegt hat, auf Klassiker zurückzugreifen, sie neu und möglichst im Original selbst zu lesen und gegensätzliche Interpretationen als eben nur Interpretationen zu beschreiben. Die darin liegende Konsequenz ist, den Versuch zu wagen, die nur interpretatorisch gegensätzlichen Lehren[31] kohärent zu vereinen. Pico bedient sich in der Einleitung der *Oratio*[32] bei der Begründung, worin die Würde des Menschen liege, eines breitgefächerten Rückgriffes auf antike, kanonische, jüdische und christliche Textgrundlagen, mit dem Anspruch, das einigende Band unter ihnen herauszustellen. Getreu dem Menschenbild seiner *Oratio* schöpft er seine Gaben (die Eigenschaftslosigkeit als ein Moment des freien Willens[33]) aus und läßt sie nicht vor den Auslegungen der Autoritäten haltmachen. Dennoch liegt in der Zeit noch ein scholastischer Aristotelismus der Universitäten, der aber ein neues Interesse an Platons Werken nicht von vornherein ausschließt. Masilio Ficino, ein früher Förderer Picos, der ihn vermutlich an die Texte Platons heranführte, versuchte in Platons *Symposion*, das er übersetzte, den christlichen Gedanken der Liebe zu Gott, die dem Menschen ein Antrieb sei, zu sehen.

Pico, der des Menschen Würde in seiner Stellung im Kosmos begründet sieht, zieht die *Genesis* ebenso wie Platons *Protagoras* zur Entstehungsgeschichte des Menschen heran. Nachdem Epimetheus in der Erzählung alle Geschöpfe mit Vorzügen bedacht hatte, blieb ihm für den Menschen

---

[29] Vgl. Schaerer 2009, LXXVI, und Anm. 123. Über die mögliche Urheberschaft einer lateinischen Übersetzung aus dem Hebräischen vermutet Schaerer ebenfalls Pico als Auftraggeber. Vgl. ebd. und Anm. 124.

[30] Vgl. Rüttinger, *Renaissance-Humanismus,* in diesem Band.

[31] Aristotelisches vs. Platonisches System, um nur die bekannteste Kontroverse zu nennen. Vgl. ebd.

[32] Der Originaltitel lautet: *Oratio de hominis dignitate* (1486/87).

[33] Daraus folgert Gerd von der Gönna die Freiheit zu Entwicklungsmöglichkeiten. Vgl. Gönna 1997, 114f.

keine Eigenschaft übrig – Prometheus half mit der Eigenschaftslosigkeit als Basis und Movens eines Entwicklungspotentials aus.[34] „Die zum Leben nötige Wissenschaft also erhielt der Mensch auf diese Weise [...].“[35]

Für Pico besteht die Möglichkeit, die gleichermaßen kardinale Aufgabe ist, darin, sich als Mensch in seiner Würde zu vervollkommnen und dabei verschiedene Stufenschritte und diesen zugeschriebene Handlungsweisen zu verfolgen. Die himmlische Rangordnung der Throni (gerechte Richter), der Cherubim (Geist und Betrachter) und der Seraphim (Liebe) soll ihm dabei Vorbild sein, mit dem Ziele, nach der Schulung und Aneignung dieser Eigenschaften als Handlungsweisen fortzufahren bis er „im Glücke der Erkenntnis Gottes Vollendung finde[t].“[36] Durch die Schulung und den richtigen Gebrauch der Vernunft wird der Mensch zum himmlischen Lebewesen. Lebt und agiert er nur noch mit bzw. in seinem eigenen Geist, kommt er auf eine Stufe mit den Engeln und Gottes Sohn. Die höchste Stufe ist die innere Einkehr in seinen eigenen Geist in Kontemplation. Erlangt der Mensch diese Stufe, ist „er mit Gott zu einem Geist vereint.“[37]

Pico bietet damit – in der nur dem Menschen zugänglichen Schulung der Vernunft und der eigenen Erkenntnisfähigkeit – einen im Diesseits liegenden Weg zu Gott. Dennoch schreibt er, als beinahe Zwangsläufigkeit in diesem Prozeß: „Laßt uns das Irdische verschmähen, laßt uns, was unterhalb des Himmels ist, für unbedeutend halten, und laßt uns, indem wir alles, was zur Welt gehört, endlich hinter uns lassen, in den überweltlichen Palast eilen, der sich in der nächsten Nähe der hocherhabenen Gottheit findet.“[38] Dem Menschen, der sich seiner bewußt ist – bei sich ist – und sein kognitives Tun stetig verfeinert, steht jener Weg offen.

## III.

Kehren wir am Ende nochmals zu Ibn Tufail zurück. Seine Losung vom verständigen Menschen der befähigt ist, das zu seinem Überleben Notwendige zu lernen, darüber hinaus aber auch seine Handlungen zu reflektieren, alleine zu forschen und Beobachtungen anzustellen, kurz

[34] Platon, *Protagoras*, 321 b-d.
[35] A.a.O., 321 d.
[36] Pico della Mirandola 1997, 21.
[37] A.a.O., 11.
[38] A.a.O., 15.

Wissenschaft zu betreiben, und sich zudem über „die höheren Dinge" Gedanken zu machen (Metaphysik und Religion), wobei es ihm möglich sein wird, zu denselben Erkenntnissen zu kommen wie die Wissenschafts-Gemeinschaft, darin eingeschlossen die Theologen. — Dieser Idee hätten sowohl Giovanni Pico della Mirandola als auch Baruch de Spinoza vermutlich allenfalls in Einzelheiten widersprochen.

Des für das eigene Überleben notwendigen Erkennens gewahr zu werden, das ist nicht nur ein die Zeiten überdauernder Gedanke, sondern auch ein kultureller Prozeß. Diesen in sich selbst zu suchen und zu vollziehen, ist ein weiterer Schritt. In verschiedenen Systemen etwas überzeitlich Verbindendes herauszuarbeiten und für sich nutzbar zu machen, bildet die Basis für weitere eigene Forschung.

Die Entfaltung des Selbst durch vernünftige Überzeugungen in Einklang und in Kenntnis der umgebenden Welt und gerichtet auf das in ihr innewohnende Prinzip, bleibt ein Gedanke, dessen Attraktivität kaum nachgelassen hat.

## Literatur

BARTUSCHAT, Wolfgang: „Einleitung", in: B. d. SPINOZA, *Politischer Traktat*, neu übers., hrsg., mit Einl. und Anm. vers. von W. BARTUSCHAT, Hamburg 1994, VII-XLIII.

GÖNNA, Gerd von der: „Nachwort", in: G. PICO DELLA MIRANDOLA, *Über die Würde des Menschen*, auf der Textgrundlage der Ed. princeps übers. und hrsg. von G. v. d. GÖNNA, Stuttgart 1997, 107-121.

IBN TUFAIL, Abu Bakr: *Der Philosoph als Autodidakt*. Ein philosophischer Inselroman, übers., mit einer Einl. und Anm. hrsg. von P. SCHAERER, Hamburg 2009.

PICO DELLA MIRANDOLA, Giovanni: *Oratio de hominis dignitate / Rede über die Würde des Menschen*, Lateinisch-Deutsch, auf der Textgrundlage der Ed. princeps hrsg. und übers. von G. v. d. GÖNNA, Stuttgart 1997.

PLATON: Protagoras, in: Ders., *Sämtliche Werke in zehn Bänden*, Griechisch-Deutsch, übers. von F. SCHLEIERMACHER, erg. durch Übers. von F. SUSEMIHL u. a., hrsg. von K. HÜLSER, Bd. 1, Frankfurt a. M. / Leipzig 1991, 61-195.

SCHAERER, Patric O.: „Einleitung", in: Ibn Tufail, *Der Philosoph als Autodidakt*. Ein philosophischer Inselroman, übers., mit einer Einl. und Anm. hrsg. von P. O. SCHAERER, Hamburg 2009, XI-LXXXVI.

SUCHTELEN, Guido van: „Nil volentibus arduum: Les amis de Spinoza au travail", in: *Studia Spinozana*, Vol. 3, 1987, 391-404.

WALTHER, Manfred: Lebensbeschreibungen und Dokumente, in: Ders. (Hg.), *Die Lebensgeschichte Spinozas*, unter Mitarbeit von M. CZELINSKI Stuttgart-Bad Cannstatt (*specula*, Bd.1) (2., stark erw. und vollst. neu komm. Aufl. der Ausg. von Jakob Freudenthal 1899) 2006.

WALTHER, Manfred: „Einleitung", in: B. d. SPINOZA, Briefwechsel, übers. und mit Anm. vers. von. C. GEBHARD, hrsg., mit Einl. und Anh. und erw. Bibliographie von M. WALTHER, in: B. d. SPINOZA, *Sämtliche Werke*, früher hrsg. von C. GEBHARDT, Bd. 6, Hamburg (3. Aufl.) 1986, XII-LXVII.

Walther, Manfred (Hg.): Spinoza – Lebensbeschreibungen und Dokumente, mit Erläuterungen hrsg. von M. WALTHER, Übersicht der Lebensbeschreibungen von C. GEBHARDT, in: B. d. SPINOZA, *Sämtliche Werke*, früher hrsg. von C. GEBHARDT, Bd. 7, Hamburg (verm. Neuausgabe) 1998.

*Piazza della Signoria, Johannes Munk 2008*

# Die Philosophie der Renaissance
## Erweiterung des Theoriepotentials und Antworten auf Probleme der unmittelbaren Lebenserfahrung

*Ulrich Arnswald*

Das Buch *Philosophie der Renaissance* von Eckhard Keßler stellt sich nicht zur Aufgabe, eine umfassende Übersicht über die Entwicklung der Philosophie der Renaissance vom endenden 14. Jahrhundert bis zum Auftakt des 17. Jahrhunderts zu bieten. Vielmehr konzentriert sich die Schrift auf die Darstellung der Philosophie des 15. Jahrhunderts – wie aus dem Untertitel erläuternd hervorgeht. Diese willkürlich gesetzte zeitliche Begrenzung bezieht als Hinführung zwar noch die vornehmlich humanistische Entwicklungsgeschichte ab der Mitte des 14. Jahrhunderts mit ein, sie bleibt aber dermaßen künstlich gesetzt, daß der Autor zwar das Entstehen und die Blüte des Aristotelismus und Neuplatonismus der Renaissance aufzeigt, doch diese Entwicklungen im zeitlich umrissenen Rahmen der Publikation nicht zu Ende führt. Mit Machiavelli und Pomponazzi schließt er seine Renaissancephilosophie. Daher ergibt sich für die Leser leider kein adäquates Gesamtbild der Philosophie der Renaissance, auch wenn der Obertitel des Buches dem Leser vielversprechend anderes suggeriert.

Diese Problematik macht das Buch als Einführung in die Philosophie der Renaissance wenig geeignet. Erschwerend kommt hinzu, daß der Text von Eckhard Keßler, seines Zeichens emeritierter Professor für Geistesgeschichte und Philosophie der Renaissance der Ludwig-Maximilians-Universität München, zwar von einem ausgewiesenen Kenner der Materie stammt, aber weder in seiner sprachlichen Verschachteltheit noch in seiner Betonung von Details einem breiten Leserkreis gerecht wird.

Das Buch ist vom Umfang her gleichmäßig in die drei Hauptströmungen der italienischen Philosophie der Renaissance unterteilt: Den Humanismus, den Neuplatonismus und den Aristotelismus. Den italienischen Humanismus macht der Autor in erster Linie an den beiden Gründungsfiguren Francesco Petrarca und Coluccio Salutati, sowie den Nachfolgenden Leon Battista Alberti, Leonardo Bruni, Angelo Poliziano und Niccolò Macchiavelli fest. Dennoch betrachtet Keßler nicht ausschließlich den

Florentiner Sonderfall des „Bürgerhumanismus", sondern ebenso die höfischen Humanisten in Norditalien und in Neapel. Während als Bürgerhumanismus der Einsatz humanistischer Schriften im Kampf für eine republikanische Verfassung sowie gegen die „tyrannische" Alleinherrschaft der Fürsten verstanden wird, der einerseits von der Eigenverantwortung eines jeden Bürgers als auch andererseits von einer auf Konsens beruhenden Handlungsethik ausgeht, setzt der höfische Humanismus auf die Tugenden des Gehorsams gegenüber dem Herrscher sowie auf deren Wohlwollen und Großzügigkeit gegenüber den Beherrschten. Für den Neuplatonismus führt der Autor vor allem Marsilio Ficino sowie Giovanni Pico della Mirandola ins Feld und läßt ihn dann mit dem Skeptizismus des Neffen des Letzteren, Gianfrancesco Pico, enden. Der Aristotelismus wiederum, dessen Zentrum Padua war, wird primär von Paolo Veneto und Agostino Nifo sowie der alexandrinisch-naturalistischen Schule des Pietro Pomponazzi präsentiert. Trotz der Nähe des Renaissance-Aristotelismus zur Theologie – dieser knüpft am deutlichsten an den mittelalterlichen scholastischen Gedankengebäuden an – stellen alle drei Strömungen, die zugleich miteinander im Wettbewerb standen, eine gemeinsame Reaktion auf den spätmittelalterlichen Macht- und Ordnungszerfall insoweit dar, daß sie das gemeinsame Ziel einte, Antworten auf Probleme zu geben, die ihrer unmittelbaren Lebenserfahrung entsprangen.

Und wie erfolgreich dies gelang, läßt sich leicht an den hervorstechenden Ereignissen dieser Epoche erkennen: Von der Umgestaltung des ptolemäischen Weltbildes, der Wiederentdeckung des platonischen Gedankenguts, des Aufbruchs in Gesellschaft und Kirche sowie den vielfältigen Strömungen im Bereich der Literatur, Kunst und Philosophie durch die humanistische Bewegung bis hin zum Aufkommen der kirchlichen Reformation. Die Renaissance stellt unbestreitbar gegenüber dem Mittelalter den Beginn einer neuen Epoche dar, auch wenn die Übergänge fließend sind. Der Autor definiert in diesem Zusammenhang Humanismus als die grundlegende und initiierende Bewegung, die die geistige Haltung der Epoche betont, während der Begriff Renaissance für ihn nur den zeitlichen und kulturellen Rahmen benennt (7)[1].[2]

---

[1] Die Seitenzahlen in Klammern beziehen sich immer auf das am Ende des Artikels genannte Hauptwerk: Keßler, *Die Philosophie der Renaissance*, München 2008.

Vom Umfang her ist das Buch knapp gehalten. Der reine Text umfaßt nur 187 Seiten (ohne Anmerkungen und Register), aber dennoch bietet sich kein gut verständlicher geistesgeschichtlicher Überblick über diese Epoche. Keßler versucht erst gar nicht, die jeweiligen Philosophen und ihre Werke dem Leser zunächst übersichtsartig vorzustellen. Er verliert sich hingegen oft unmittelbar in speziellen Einzelaspekten des jeweiligen Werkes. Durch diese Vorgehensweise, indem er bei jedem Autor ohne Umschweife *in medias res* geht, kann der geneigte Leser die Bedeutung des jeweiligen Werkes und dessen Inhalt nicht hinreichend erfassen. Letztlich profitiert von dem Buch nur derjenige, der bereits mit den Werken intensiv vertraut ist. Aufgrund der Vielzahl an Autoren, die Keßler aufführt, kann dies allerdings nur ein kleiner, recht überschaubarer Kreis von Renaissance-Spezialisten sein.

Diese Unübersichtlichkeit ist mehr als bedauerlich, denn es wird durchaus deutlich, daß hier ein Experte schreibt, der die Materie sehr gut überblickt. Der Autor hätte besser getan, zuerst für das interessierte Laienpublikum eine Art Lexikon der Philosophen der Renaissance und ihrer Werke zu schreiben. Nur so könnten sich nämlich Keßlers nun vorliegende Werkkommentare für ein breites Publikum überhaupt erschließen. Positiv festhalten kann man, daß der Autor das einst geprägte Bild der Renaissance als das plötzliche Ende des Zeitalters der Finsternis korrigiert, denn die Übergänge von einem noch tief vom Mittelalter geprägten Francesco Petrarca (1304–1374), den der Autor als den „Vater des Humanismus" bezeichnet, zu einem Galileo Galilei (1564–1642) waren wesentlich weniger abrupt als einst angenommen. Ebenso gehört es zu den gelungenen analytischen Momenten des Buches, mit dem landläufigen Vorurteil aufzuräumen, die Renaissance hätte nur das Gedankengut der Antike wieder aufbereitet und keine nennenswerten eigenen Beiträge zur Philosophie geliefert (66; 184f.). Es wird in dem Buch sehr wohl deutlich, welch originelle als auch zukunftsweisende Ansätze wir der Philosophie der Renaissance verdanken. Der Autor hält zutreffend fest, daß der Humanismus neben dem allgemeinbildenden Programm der beruflichen

---

2  Zu dieser Problematik der Abgrenzung der Begriffe Renaissance und Humanismus lohnt sich der Vergleich mit B.L. Ullman. Ullman, „Renaissance – das Wort und der Begriff", 1969, 263-279. Vgl. ebenso Buck, „Zu Begriff und Problem der Renaissance", 1969, 1-36.

Ausbildung in Form der *studia humanitatis* – so wurde das Studium der Fächer Grammatik, Rhetorik, Poetik, Geschichte und Moralphilosophie bezeichnet – und der Wiedergewinnung der Kenntnis des Griechischen sowie der Wiederentdeckung verloren geglaubter antiker Texte auch das Theoriepotential durch eigene Werke gegenüber den vorhergehenden Jahrzehnten nennenswert erweitert hat (94). Im Mittelpunkt der Philosophie der Humanisten steht dabei unzweifelhaft die Moralphilosophie (18).

Keßler beschreibt die Philosophie des 15. Jahrhunderts vor allem als eine Auseinandersetzung zwischen Erkenntnis- und Existenzunsicherheit mittels Fokussierung auf den Menschen, als Wiederherstellung der Einheit von menschlicher Existenz und Gotteserkenntnis sowie als Elaboration der Natur- und Erkenntnistheorie. Die vorliegende Schrift ist sicherlich keine erste Einführung für diejenigen, die sich vornehmen, sich die Philosophie der Renaissance mit weniger vertrauten Quellen zu erschließen. Diese sind besser beraten, mit dem Klassiker *Der italienische Humanismus* von Eugenio Garin vorliebzunehmen.[3] Dennoch werden die vielen kritischen Bemerkungen über einzelne Werksaspekte das Buch zu einer anregenden Lektüre für Kenner machen.

**Eckhard Keßler, *Die Philosophie der Renaissance*. Das 15. Jahrhundert,** München: C.H. Beck 2008. 270 S.

## Literatur

BUCK, August: „Zu Begriff und Problem der Renaissance", in: Ders. (Hg.), *Zu Begriff und Problem der Renaissance*, Darmstadt 1969, 1-36.

GARIN, Eugenio: *Der italienische Humanismus*, übers. von G. ZAMBONI, Bern 1947.

ULLMAN, B.L.: „Renaissance – das Wort und der Begriff", in: A. BUCK (Hg.), *Zu Begriff und Problem der Renaissance*, Darmstadt 1969, 263-279.

---

[3]   Garin 1947.

# UNESCO-Weltkulturerbe Florenz
## Kulturdenkmäler und ihre Authentizität im Spannungsfeld von Konservierung, Restaurierung und Rekonstruktion

*Michael Wendland*

Es ist schier unmöglich, die Augen vor der Schönheit Florenz' zu verschließen. Sie hängt durchaus mit der kulturellen Größe dieser Stadt und ihrem geistigen Einfluß auf die Weltgeschichte zusammen. Für vieles von dem, was heute als selbstverständlicher Teil der abendländischen Kultur angesehen wird, wie das Verständnis vom Menschen als Individuum und die Rationalisierung der modernen Naturwissenschaften, war die florentinische Renaissance eine Phase bedeutender Entwicklung.

Aus dem kreativen Wirken von Philosophen, Architekten, Ingenieuren, Malern und Bildhauern, um nur einige Bereiche zu nennen, die sich im Florenz dieser Zeit wandelten, sind Zeugnisse entstanden, die wir bewundern und die uns auch heute noch mit der damaligen Epoche verbinden. Man wird anerkennen, daß Florenz sowohl in Teilen wie den mannigfaltigen Kunstwerken, aber auch in der Verschränkung verschiedener Geistesströmungen und geschichtlicher Fakten, als auch in seiner Gesamtheit ein Ort einzigartigen Wertes für die Menschheit ist.

Florenz ist hierdurch ein hervorragendes Untersuchungsobjekt für eine Analyse der Begriffe „Kultur", „Denkmal", „Kulturerbe" und „Authentizität". Diese Analyse muß sich damit auseinandersetzen, warum wir ein Objekt als ein Zeugnis, als ein Denkmal und als ein bewahrenswertes (Weltkultur-)Erbe begreifen können.

Eine fundierte und für die Praxis überaus bedeutende Antwort, an welcher man sich orientieren kann, bietet die UNESCO[1] im Rahmen ihres Welterbeprogramms, dessen Ziel es ist, neben der Bewahrung schützenswerter Naturdenkmäler einzigartige Zeugnisse menschlichen Denkens und Schaffens wie die Stadt Florenz und ihre Kulturgüter zu bewahren und der Menschheit als gemeinsames Erbe zugänglich zu machen.[2]

---

[1] UNESCO = United Nations Educational, Scientific and Cultural Organization.

[2] Dem Wortlaut nach entstand das Übereinkommen aus „[...] der Erwägung, daß Teile des Kultur- oder Naturerbes von außergewöhnlicher Bedeutung sind und daher als Bestandteil des Welterbes der ganzen Menschheit erhalten werden müssen." Aus der

Im Jahr 1972 verabschiedete die UNESCO das heute als Welterbekonvention bekannte *Übereinkommen zum Schutz des Kultur- und
Naturerbes der Welt.* Diese Konvention trat 1975 in Kraft und wurde bis
heute von 186 der 193 Mitgliedsstaaten der UNESCO unterzeichnet.[3]
Auslöser für die Gründung des UNESCO-Welterbeprogramms war die
drohende Zerstörung der nubischen Denkmäler von Abu Simbel bis Philae
durch die Erweiterung des Assuan-Staudamms:

The event that aroused particular international concern was the decision to build
the Aswan High Dam in Egypt, which would have flooded the valley containing
the Abu Simbel temples [...], a treasure of ancient Egyptian civilization. In 1959,
after an appeal from the governments of Egypt and Sudan, UNESCO launched
an international safeguarding campaign. Archaeological research in the areas to
be flooded was accelerated. Above all, the Abu Simbel and Philae temples were
dismantled, moved to dry ground and reassembled.[4]

Im Jahr 1979 konnte die Aufnahme Abu Simbels in das UNESCO-
Weltkulturerbe erfolgen.

Das Welterbe umfaßt bis dato 725 Kulturdenkmäler und 183 Naturdenkmäler.[5] Darunter finden sich 28 Welterbestätten, die sowohl zum
Kultur- als auch zum Naturerbe zählen. Weiter befinden sich 31
Welterbestätten auf der Liste „des gefährdeten Erbes der Welt", der
sogenannten *Roten Liste.* Die historische Altstadt Florenz' wurde 1982 in
die Liste des UNESCO-Weltkulturerbes aufgenommen.

## Richtlinien zur Aufnahme eines Kulturdenkmales in das UNESCO-Welterbe

Es besteht ein breites Interesse regionaler und nationaler Institutionen,
Natur- und Kulturdenkmäler in den Stand einer Welterbestätte zu erheben.
Hierfür reichen nationale Komitees eine Liste und Begründungen beim
internationalen Komitee des Welterbeprogramms ein. Folgende Auswahl-
kriterien müssen beachtet werden:

---

Präambel der Welterbekonvention, zitiert in der deutschen Übersetzung nach
http://www.unesco.de/welterbekonvention.html; Stand Juni 2011.

[3] http://www.unesco.de/die-unesco.html; Stand Juni 2011.

[4] http://whc.unesco.org/en/convention#Brief-History; Stand 12. Juli 2011.

[5] Ebd.; Stand Juni 2011.

The Committee considers a property as having outstanding universal value (see paragraphs 49-53) if the property meets one or more of the following criteria. Nominated properties shall therefore:

(i) represent a masterpiece of human creative genius;

(ii) exhibit an important interchange of human values, over a span of time or within a cultural area of the world, on developments in architecture or technology, monumental arts, town-planning or landscape design;

(iii) bear a unique or at least exceptional testimony to a cultural tradition or to a civilization which is living or which has disappeared;

(iv) be an outstanding example of a type of building, architectural or technological ensemble or landscape which illustrates (a) significant stage(s) in human history;

(v) be an outstanding example of a traditional human settlement, land-use, or sea-use which is representative of a culture (or cultures), or human interaction with the environment especially when it has become vulnerable under the impact of irreversible change;

(vi) be directly or tangibly associated with events or living traditions, with ideas, or with beliefs, with artistic and literary works of outstanding universal significance. (The Committee considers that this criterion should preferably be used in conjunction with other criteria).[6]

## Der Antrag der Stadt Florenz zur Aufnahme ins UNESCO-Weltkulturerbe

Die Begründung im Antrag der Stadt Florenz zur Aufnahme in die Liste des Weltkulturerbes geht auf fünf der sechs oben genannten Kriterien ein. Die Begründung lautet wie folgt:

This unique cultural property should, with every good reason, have figured among the first lists of the World Heritage List and any justification would be both impertinent and derisory.

ICOMOS[7] would underscore the fact that [...] the historic centre of Florence responds to nearly all the criteria defined by the Convention.

---

[6] *Operational Guidelines for the Implementation of the World Heritage Convention*, 20; http://whc.unesco.org/archive/opguide08-en.pdf; Stand: 11. Juli 2011.

[7] ICOMOS = International Council on Monuments and Sites.

1) Criterion 1- the urban complex of Florence is in itself a unique artistic realization, chef-d'oeuvre absolute, the fruit of a continuous creation over more than six centuries, leaving aside its museums (the Archaeological Museum, Uffizi Bargello, Pitti, Galleria dell' Acadmia, etc.), the greatest concentration of universally renowned works of art in the world' is found here – the Cathedral of Santa Maria del Fiore, the Baptistery and the Campanile of Giotto, Piazza de la Signoria dominated by the Palàzzo Vecchio and the Palazzo Uffizi, San Lorenzo, Santa Maria Novella, Santa Croce and the Pazzi chapel, the Convent of San Marco which houses paintings of Fra Angelico, Santo Spirito, San Miniato, etc...

2) Criterion 2 – Since the Quattrocento, Florence has exerted a predominate influence on the development of architecture and the monumental arts – first in Italy, and then throughout Europe: the artistic principles of the Renaissance were defined there from the beginning of the 15th century by Brunelleschi, Donatello and Masaccio. It was in the Florentin milieu that two universal geniuses of the arts – Leonardo da Vinci and Michelangelo – were formed and asserted.

3) Criterion 3 – the historic centre of Florence attests in an exceptional manner, and by its unique coherence, to its power as a merchant-city of the Middle Ages and of the Renaissance. From its past, Florence has preserved entire streets, fortified palaces (Palazzo Spini, Palazzo del Podesta, Palazzo della Signoria), loggie (Loggia del Bigallo, Loggia dei Lanzi, the Loggie degli Innocenti and del Mercato Nuovo), fountains, a marvellous bridge of the 14th century lined with shops, the Ponte Vecchio. Various trades, organized into prosperous arte have left several monuments such as the Or San Michele.

4) Criterion 4 – Florence, a first rate economic and political power in Europe from the 14th to the 17th century was covered during that period with prestigious buildings which translated the munificence of the bankers and the princes: Palazzo Rucellai, Palazzo Strozzi, Palazzo Gondi, Palazzo Riccardi-Medici, Palazzo Pandolfini, Palazzo Pitti and the Boboli Gardens – as well as the sacristy of San Lorenzo, the funerary chapel of the Medicis, and the Biblioteca Laurenziana, etc.

5) Criterion 6 – Florence is materially associated with events of a universal importance. It was in the milieu of the Neo-platonic Academia that the concept of the Renaissance was forged. Florence is the birthplace of modern humanism inspired by Landino, Marsilio Ficino, Pico de la Mirandola, etc...

ICOMOS, Paris, Mai 1982[8]

---

[8] http://whc.unesco.org/archive/advisory_body_evaluation/174.pdf.

## Bestimmung des Begriffes Kulturerbe

Güter des Kultur- und Naturerbes werden in den Artikeln 1 und 2, Abschnitt I, des Welterbe-Übereinkommens definiert. Im Sinne dieses Übereinkommens gelten nach Absatz I Artikel 1 als „Kulturerbe":

Denkmäler:

Werke der Architektur, Großplastik und Monumentalmalerei, Objekte oder Überreste archäologischer Art, Inschriften, Höhlen und Verbindungen solcher Erscheinungsformen, die aus geschichtlichen, künstlerischen oder wissenschaftlichen Gründen von außergewöhnlichem universellem Wert sind;

Ensembles:

Gruppen einzelner oder miteinander verbundener Gebäude, die wegen ihrer Architektur, ihrer Geschlossenheit oder ihrer Stellung in der Landschaft aus geschichtlichen, künstlerischen oder wissenschaftlichen Gründen von außergewöhnlichem universellem Wert sind;

Stätten:

Werke von Menschenhand oder gemeinsame Werke von Natur und Mensch sowie Gebiete einschließlich archäologischer Stätten, die aus geschichtlichen, ästhetischen, ethnologischen oder anthropologischen Gründen von außergewöhnlichem universellem Wert sind.[9]

Die Auffassung über das, was zufolge der UNESCO als Kulturerbe gelten kann oder muß, hat sich in den vergangenen Jahren gewandelt. Auf die spöttische Kritik jener, die sagen, man könne alles unter Schutz stellen, antwortete die UNESCO mit einem erweiterten Kulturbegriff, der Riten und weitere immaterielle Kulturgüter einschließt.

Der Begriff „Kultur" verweist nicht zwingend auf einen Ort. Ebensowenig verhalten sich die Begriffe „Kultur" und „Geschichte" in opaken Kontexten extensionsgleich. Etymologisch leitet sich der Begriff „Kultur" vom lateinischen *colere* ab. Er bedeutet anbauen, pflegen, entwickeln. Somit kann der Begriff Kultur eine Fähigkeit bezeichnen. Die UNESCO wird der erweiterten Auffassung des Kulturbegriffs gerecht, indem sie neben Denkmälern, Ensembles und Stätten, auch Zeugnisse einmaliger Kulturgüter wie Liedgut, Tanz und Riten unter Schutz stellt; so zum Beispiel

---

[9]  http://www.unesco.de/welterbekonvention.html, für die weitere Differenzierung von Kulturdenkmalen siehe auch Gebeßler; Eberl 1980.

Flamenco und die Peking-Oper.[10] Im Fall dieses immateriellen Erbes geschieht dies durch Dokumentation.

## Was ist authentisch?

Unter der Grundannahme, daß ein (Kultur-)Denkmal materielle und ideelle Qualitäten besitzt, die auch als Substanz und Bedeutung verstanden werden können, soll im Folgenden auf die Begriffe „Konservierung", „Restaurierung", „Rekonstruktion" eingegangen werden, die eben jene Substanz — mithin auch die Bedeutung — bewahren oder wiederherstellen. Da durch die Restaurierung und Rekonstruktion eine Änderung an der aktuellen Substanz vorgenommen wird, stellt sich das Problem der Authentizität eines Denkmals oder Kulturguts: Welcher Zustand vermittelt einen authentischen Eindruck?

Was ist mit Authentizität gemeint? Das überlieferte Bauwerk, das originale Material, die geschichtliche Dimension, das äußere Erscheinungsbild oder der ursprüngliche Plan? Ist das Ziel Bewahrung von Authentizität, muß exakt definiert werden, was als authentisch gilt, da nicht erhalten werden kann, was nicht existiert.[11]

Dieses Zitat ist geradezu archetypisch für die Diskussion zur Auffassung über den Authentizitätsbegriff in der Denkmalpflege. Authentizität ist im Sinne der UNESCO identisch mit der historischen Echtheit. Hier wird ein vager Begriff durch einen ebenso vagen erklärt.[12] Der Kulturanthropologe Wolfgang Seidenspinner führt an, daß historische Echtheit in der Denkmalpflege an die Originalsubstanz gebunden sei. Danach sind Identität, und wohl auch die Authentizität, an den Grad noch vorhandener Originalsubstanz gebunden. Im Anschluß relativiert er diese Ansicht aber wieder: Entscheidend für das Denkmal sei jedoch nicht die materielle, sondern die kulturelle Dimension:[13] „Authentizität im Sinne historischer Echtheit existiert von daher nicht von vornherein im Objekt, sondern entsteht erst dann, wenn die Gesellschaft über Geschichte reflektiert

---

[10] Vgl. http://www.unesco.de/5106.html,
http://www.unesco.org/culture/ich/index.php?lg=en&pg=00011
[11] Linstrum zitiert nach Seidenspinner 2007, 5.
[12] A.a.O., 20.
[13] Vgl. ebd.

[...]."[14] Diese Prämisse vertritt auch Mörsch: „[Ein] Denkmal ohne menschliches Gegenüber [ist] nicht vorhanden."[15] Es ist nur folgerichtig, daß ein Denkmal keine intrinsischen Werte besitzt, sondern eine Semantik von außen auf das Denkmal zielt und umgekehrt, unter der Voraussetzung, daß die kulturellen Fähigkeiten und Umstände gegeben sind, das Denkmal „lesbar" wird:

[So] steht der Begriff des kulturellen Erbes [...] für die Artefakte kultureller Vergangenheit (‚Kulturgüter'), vor allem aber für die historischen Kulturmuster – Lebensformen, Gefüge, soziale Organisation, Weltbilder – die auch in der Gegenwart einer spezifischen Kultur noch Erfahren, Verhalten, Fühlen, Denken und Handeln der Menschen wesentlich, wenn auch mit sozialen und regionalen Differenzierungen, mitbestimmen.[16]

Wenn aber der essentielle Part des Denkmals in der kulturellen Dimension besteht, so stellt sich die Frage, wie unverzichtbar die Originalsubstanz wirklich ist und ob eine – ohnehin oft unumgängliche – Substitution durch historisch und ästhetisch korrekte Materialien als Trägersubstanz bedeutsamer Informationen nicht ebenfalls die Funktion des Denkmals erhalten kann.[17]

**Welterbestätte Florenz**

Was bedeutet dies mit Blick auf das Weltkulturerbe Florenz? Um die Frage nach Authentizität am konkreten Beispiel beantworten zu können und dem engen Zusammenhang von Substanz und Bedeutung gerecht zu werden, ist es wichtig auf kultur-, sozial- und ideengeschichtliche Fakten einzugehen, die durch Denkmäler in Florenz zum Ausdruck kommen.

Die Geschichte Florenz' beginnt um das Jahr 59 v. Christus als römische *colonia Florentina*. Seit dem war Florenz Handelsmetropole, politischer Dreh- und Angelpunkt Europas, eine Stadt der Wissenschaften, der Religion, der Literatur und der bildenden Künste.

Florenz wird häufig auch als Wiege der Renaissance bezeichnet. Treffender ist zunächst die Bezeichnung florentinische Renaissance, da

---

[14] Ebd.
[15] Mörsch 1987.
[16] Thum 1986, 7.
[17] Vgl. Rüsch 2003, 2f.

anders lokalisierte Renaissancezentren wie Avignon und Rom zwar ähnliche geistes- und ideengeschichtliche Züge tragen, jedoch nicht identisch mit der Charakteristik Florenz' sind. Ein Beispiel ist hier die Ausdifferenzierung der Renaissancemalerei in Florenz und Venedig.

Florenz mag als guelfische Stadt kaiserlich geprägten Städten gegenüber eine stärkere römisch-antike Prägung erhalten haben. Einer „Entdeckung des Menschen" (Burckhardt) freilich stand in Florenz genauso viel oder wenig entgegen wie in Rom oder Avignon. Man muß sich nun davor hüten, die kunsthistorische Epoche mit der geistesgeschichtlichen Epoche zu identifizieren. Vielmehr kann die Kunst als Indikator dienen, also auf Veränderungen hindeuten, sie beschreiben und überliefern. Die inhaltliche Dimension eines Kunstwerkes / Denkmals, wird so wiederum auch erst dann deutlich, wenn man den geschichtlichen Kontext in Beziehung setzt.

Ein Beispiel bietet hier die Architektur der Protorenaissance (Vorrenaissance), jener kunsthistorische Abschnitt, der den Übergang vom 11. zum 12 Jahrhundert bezeichnet, in dem eine neue Tendenz in Architektur, Malerei und Plastik zum Vorschein kommt. Florenz gilt als Ausgangspunkt der Protorenaissance und ist eine der wenigen Stätten, welche von dieser „Zwischenepoche" zeugen. Kunst- und Bauwerke der Protorenaissance werden oft zugleich der Romanik zugeordnet, sind jedoch, für die Romanik untypisch, stärker auf antike Vorbilder bezogen. Beispiele hierfür finden sich in der Raumkonzeption oder Inkrustationen (Marmorverkleidungen) von Gebäuden. Beispiele sind die Kirche San Miniato al Monte[18] (ab 1013), das Baptisterium San Giovanni (Weihe 1059) und die Kirche Santi Apostoli (erste Erwähnung 1075).

Es waren die bereits in der Protorenaissance angelegten Ideen, die 400 Jahre später mit der Renaissance zum zentralen Gestaltungsthema wurden. Es waren unter anderem die florentinischen Gebäude im Stil der Protorenaissance, die Filippo Brunelleschi, den maßgeblichen Architekten der Domkuppel, inspirierten.

Eine weitere Verbindung von künstlerischem Ausdruck und gesellschaftlichen Ambitionen stellt der David des Michelangelo dar. Die Skulptur, angelehnt an antike Vorbilder, wurde „[...]im Jahre 1504 von der erneuerten Republik als Sinnbild ihres Selbstbehauptungswillens [neben

---

[18] Hier sind sowohl eine Raumkonzeption nach römisch-antikem Vorbild als auch eine Inkrustation zu finden.

der Eingangstür des trutzigen Palazzo Vecchio, selbst ein Ausdruck des Selbstvertrauens der Republik] aufgestellt."[19]

Einer der wichtigsten Züge, der sich – scheinbar – vom Mittelalter absetzenden Epoche der Renaissance ist die von Herfried Münkler und Jacob Burckhardt beschriebene Bewußtwerdung der menschlichen Individualität. Nach Münkler vollzog sich der Individualisierungsprozeß zunächst langsam, vor allem in den unteren Bürgerschichten. Annähernd parallel mit dem Rationalisierungsprozeß des aufkeimenden Humanismus und der Naturwissenschaften habe sich dieser Prozeß aber beschleunigt, vor allem im frühkapitalistischen Bürgertum.[20]

Diese Ansicht geht einher mit der Vorstellung einer Abgrenzung der Renaissance gegen das Mittelalter und einer starken Rückbesinnung auf die Antike. Bei dieser Rückbesinnung kann es sich aber auch um ein kontingentes Faktum handeln, nämlich dann, wenn die Rückbesinnung nicht als bewußte Abgrenzung gegen das Mittelalter, sondern als politische Stellungnahme in der künstlerischen Alternative antiker Manier verstanden wird. Auch Flasch kritisiert eine zu leichtfertige Rede von der Wiedergeburt der Antike. Die Abgrenzung gegenüber dem Mittelalter ist eine Emphase auf das neue Selbstverständnis – die Individualität; die aber nicht eine wieder gewonnene antike Errungenschaft ist, sondern eine Weiterentwicklung oder Aktualisierung der Antike, die als Folge des Mittelalters anzusehen ist. Flasch gibt richtig zu bedenken, daß diese Prozesse kein genuines Merkmal der Renaissance darstellen. Vorläufer sind bereits im *Trecento*[21] erkennbar. [22]

Flaschs Position läßt sich auch an Giottos Werk verdeutlichen. Giottos Einfluß auf die Nachwelt ist ungeheuer vielschichtig: in der Malerei, Architektur und den Ingenieursdisziplinen.

---

[19] Münkler 2007, 155. Vgl. auch Wundram 2004, 129.

[20] Vgl. Münkler 2007, 36; Burckhardt 1988, 97ff., insb. 99f.

[21] Das *Trecento* bezeichnet nach heutiger Sprechweise das 14. Jahrhundert.

[22] Flasch 2000, 628f. Vgl. auch Münkler 2007, 36. Münkler sieht diese „Vorläufer" der Individualisierung und Aktualisierung als „Schübe an Subjektivierung". Der Gedanke menschlicher Individualität sei der mittelalterlichen Kultur allerdings „zutiefst fremd" gewesen. Mit Blick auf Flasch muß man aber wohl bereits der Romanik individualisierende Züge zusprechen. Dies zeigt sich noch stärker mit Blick auf das Werk Giottos, welcher Motive der Romanik, bzw. der Protorenaissance, als Vorwegnahme späterer „modernerer" Menschenbilder, in Einklang bringt.

Giottos Einführung der Perspektive wurde zum „allgemein akzeptierten Satz von Konventionen zur Abbildung *al naturale*, ‚gemäß der Natur'."[23] An die Stelle einer künstlichen Darstellung des Menschen tritt ein neues, natürlicheres Menschenbild. Die Welt wird in gewissem Sinne greifbarer in der Kunst. Sie führt zu einer wahrheitsgetreueren Anschauung.[24] Petrarca spricht von einer neuen Lebendigkeit, die seine Phantasie aufwühle.[25] Diese wahrheitsgetreuere Anschauung nützte aber auch den Naturwissenschaften und technischen Disziplinen. Durch die Geometrisierung des irdischen Raumes in der Kunst wird es erstmals möglich, sich – abseits reiner Mathematik – systematisch einer Vermessung der Welt zu nähern und Vorstellungen, von dem, was in der Welt sein könnte – gemeint sind künstliche Gebilde wie in der Architektur –, perspektivisch bereits in der Theorie nachzugehen.

Trotz eines neuen Menschenbildes in der Kunst ist Giotto aber noch in der Romanik verhaftet. So sind seine räumlichen Konzeptionen, etwa die Architektur und szenische Aufteilung in seinen Bildern, von der Romanik beeinflußt.[26] Die wirkliche Bedeutung der Perspektive, so Edgerton, liege aber nicht in der Bedeutung für die Kunst im allgemeinen,[27] „sondern wie sie das geistige Auge darauf konditionierte, a prioro dreidimensionale Bilder zu ‚sehen'."[28]

Die Trennung von Mittelalter und Renaissance scheint also keineswegs als harte Zäsur gedacht werden zu müssen. Ebensowenig läßt die Betrachtung den Schluß zu, daß die Renaissance eine Reproduktion der Antike wäre – in der sich eine Abkehr vom Mittelalter vollziehe. Die Kunst und Architektur der (Früh-)Renaissance kommt nicht gänzlich ohne Merkmale der Romanik und Gotik aus. Dies zeigt sich sowohl in der Architektur – belegbar etwa an Santa Maria del Fiore, deren Struktur gotisch ist, sich aber aus der Romanik die Dreifarbigkeit der Inkrustation bewahrt hat[29] – als auch in der Malerei und zuletzt, auch in der Literatur –

---

[23] Edgerton 2003, 78. Erst circa einhundert Jahre später, sollte das Mittel der Perspektive in der Malerei durch Brunelleschi perfektioniert werden.
[24] A.a.O., 81.
[25] Ebd.
[26] Vgl. Schmersahl 1970.
[27] Vgl Edgerton 2003, 103.
[28] A.a.O., 104.
[29] Vgl. Kauffmann 1975, 36.

beispielhaft sind hier die Werke Machiavellis –, welche hier nicht behandelt wurde.

## Konservierung, Restaurierung und Rekonstruktion

Die Konservierung soll ein „Objekt in seinem gegenwärtigen Bestand sichern und seinen weiteren Verfall aufhalten oder ihn verlangsamen. Seine Erscheinung soll möglichst unverändert bleiben und fallweise auch seine Funktionstüchtigkeit erhalten werden."[30] Die Funktionstüchtigkeit betrifft zum Beispiel Kirchenorgeln, kinetische Plastiken oder Zweckbauten, wie etwa Kirchen, Moscheen und Synagogen, die in ihrem ursprünglichen Kontext erhalten werden können. Koldehoff schreibt:

[Die Konservierung] umfaßt das Herstellen und Gewährleisten aller äußeren Bedingungen, unter denen Kunst- und Kulturgut vor Schaden und Verfall bewahrt werden kann.[31]

Ziel einer präventiven Konservierung ist es, „[...]Risiken bereits im Vorfeld zu verringern und damit später notwendige, direkte und kostenintensive Eingriffe am Objekt [...] zu vermeiden."[32] Solche „Eingriffe" einer konservierenden Tätigkeit stellen meist den ersten Arbeitsschritt einer Restaurierung dar. Erstes Ziel aller denkmalschützenden Bemühungen ist daher der Erhalt der Originalsubstanz, des „materiell authentischen Bestand[es]"[33], an welchem, so Eberhard Grunsky, die Glaubhaftigkeit des Geschichtszeugnisses hängt. Der Begriff „Restaurierung" bezeichnet eine professionelle Wiederherstellung eines ursprünglichen Zustandes eines Kulturguts. Bei Grunsky heißt es:

Während das [...] Konservieren rein erhaltende Maßnahmen umfaßt, bezeichnet Restaurieren unmittelbare Tätigkeit am Objekt unter der Maßgabe, mit einem Minimum an wiederherstellenden Eingriffen ein Maximum an originaler Substanz zu erhalten und die Verwendung des Objekts als kulturgeschichtliches

---

[30] Koldehoff 2009, 39.
[31] Ebd.
[32] Ebd. Ein Beispiel hierfür ist die Klimatisierung von Museumsräumen, die zu einem optimalen Milieu für die zu schützende Substanz beiträgt.
[33] Grunsky zitiert nach Seidenspinner 2007, 1.

Zeugnis zu ermöglichen. [...] Die Erhaltung des altersgemäßen Erscheinungsbildes steht im Vordergrund der Restaurierung.[34]

Diese Auffassung der Restaurierung ist „[e]igentlich ein Ding der Unmöglichkeit, denn Alterung, Schäden und Verluste können nicht rückgängig gemacht werden."[35] Selbst die Rekonstruktion eines früheren Zustandes bringt keine wahre Wiedergewinnung. Die hohe Qualität restauratorischer Arbeiten erzeugt zuweilen die Illusion, daß uns Denkmäler in ihrem einstmaligen Zustand erscheinen. Es muß aber klar sein, daß diese sich mit fortschreitender Zeit der Verfügbarkeit originaler Baustoffe und handwerklicher Arbeitstechniken entziehen. Auch bei weitreichender materieller Homogenität und Akribie ist nicht sicher gestellt, daß absolute Genuinität erzielt wird.[36]

Weiter ist eine Historizität als eine kontextuelle Authentizität, also eine Echtheit des Denkmals in seiner ursprünglichen Funktion oder Umgebung, nicht zu haben. Denn die Denkmäler stehen nicht mehr in ihrem historischen Kontext zur Verfügung.[37] Ein Beispiel hierfür sind die Uffizien.

Vielleicht ist es aber auch gar nicht wünschenswert, ein Denkmal im Stil einer Epoche seiner Geschichte zu erhalten; nämlich dann, wenn man den Wandel eines Denkmals als Teil seiner Identität, seiner Einzigartigkeit begreift, in der die Chance liegt, geschichtliche Verläufe in ihrer Dynamik nachzuvollziehen. Die Identität eines Kunstwerkes, Denkmals oder Kulturgutes ist daher nicht zwingend synonym mit einer zeitgeschichtlichen Epoche. Eine der größten Herausforderungen ist es, eine Entscheidung darüber zu treffen was erhaltenswert ist; zudem stellt sich die Frage, ob in diesem Zuge die Rekonstruktion im Stil einer Epoche oder die

---

[34] Zitiert nach Seidenspinner 2007, 1.

[35] Ebd.

[36] Natürlich ist es ein wichtiges Ziel der Restaurierung, einen ansprechenden ästhetischen Eindruck zu wahren. Und die Wahl der Materialien und Techniken muß zur Gestalt des Denkmals passen. Dennoch ist es möglich und durchaus sinnvoll, durch subtile Mittel einen authentischen Eindruck zu vermitteln und dem Betrachter zu verdeutlichen, welche Teile des Denkmals im Original erhalten werden konnten. Möglich wird dies etwa durch feine Linien, die dem Betrachter erst bei näherer Betrachtung auffallen können. Solche Linien grenzen die Originalsubstanz von der Rekonstruktion ab, stören aber bei einer „normalen" Distanz zum Denkmal nicht den ästhetischen Eindruck.

[37] Vgl. Mörsch 1987, 157ff.

Restaurierung der Facetten, die der geschichtliche Wandel hinterlassen hat, vorzuziehen ist. Soll ein aktueller Zustand stilistischer Homogenität aufgegeben werden, um durch restauratorische Arbeit eine tieferliegende Substanz sichtbar zu machen?

In Bezug auf die Authentizität eines Denkmals stellt sich beim Florentiner Dom Santa Maria del Fiore die Frage, welche Form und vor allem welches äußere Erscheinungsbild als (historisch-)authentisch angesehen werden kann.

Um das Jahr 1296 begann der Bau des Doms San Maria del Fiore an Stelle der bisherigen Bischofskirche Santa Reparata, die erstmals 987 erwähnt wurde.[38] Der Bau vollzog sich systematisch, jedoch mit vielen

Bild 1: Modell der unvollendeten Inkrustation, im Besitz des Dommuseums

Bild 2: Arbeiten an der Westfassade zwischen 1865–1870 nach Plänen Emilio de Fabris

Unterbrechungen und unter diversen Bauherren. Der erste Baumeister des Doms war der aus Rom berufene Arnolfo di Cambio, der die Breite des Mittelschiffs festlegte, aber ein kürzeres Langhaus geplant hatte. Nach seinem Tod 1311 ruhten die Arbeiten bis Giotto (1334–1337) die Bauleitung übernahm. Von ihm stammt der Entwurf des Campaniles, des freistehenden Glockenturmes, der im Stil der Proto-Renaissance die

---

[38] Vgl. Kauffmann 1975, 34.

Marmorinkrustation nach di Cambio fortführt. Die noch unfertige Fassade – am Fuße des Bauwerks bestand eine Marmorverkleidung bis zur Giebelhöhe über dem Hauptportal,[39] darüberstehend befand sich eine Holzfassade – wurde 1588 im Auftrag des Großherzogs Ferdinando I. abgerissen und so wie sie sich heute präsentiert erst im 19. Jahrhundert im gotisierenden Stil nach einem Entwurf von de Fabris fertiggestellt.

Santi Apostoli ist eines der wenigen genuin romanischen Bauwerke. Hier findet sich also ein Beispiel der Kontinuität, das dank akribischer Restaurierungsarbeiten einen authentischen Blick auf eine einzelne Epoche ermöglicht. Man datiert den Baubeginn heute auf 1075, was vornehmlich aus den stilistischen Ähnlichkeiten zum Baptisterium San Giovanni und der Kirche San Miniato al Monte abgeleitet wurde. Santi Apostoli kann im Zuge dieser Untersuchung als Beispiel für restauratorische, vor allem aber auch konservatorische Maßnahmen dienen.

Bild 3: Die Ponte Vecchio während der Flut 1966

---

[39] Vgl. Kauffmann 1975, 34.

Bild 4: Die Ponte Vecchio im rekonstruierten Zustand 2008

Ein Beispiel für die Rekonstruktion eines Denkmals bietet die Ponte Vecchio, welche im Jahr 1333 durch ein Hochwasser zerstört und im Jahr 1966 ebenfalls durch ein Hochwasser stark beschädigt wurde.

Wie Bild 4 zeigt, ist lediglich der neue Verputz über die Rekonstruktion des Zustandes vor der Flut 1966 hinausgegangen. Ansonsten wurde absolute Materialhomogenität angestrebt. Da die Ponte Vecchio im Verlauf der Geschichte allerdings viele bauliche Veränderungen erfahren hat, galt es bei der Rekonstruktion auch der Vielfalt der bestehenden Elemente aus verschiedenen Abschnitten der Baugeschichte Rechnung zu tragen.

Die Veränderung eines Kulturdenkmals durch nachfolgende Generationen verrät uns womöglich mehr über die originären Schöpfer als das ursprüngliche Kulturgut im Erscheinungsbild seiner frühesten Geschichte.

Die These wird deutlicher, wenn man bedenkt, daß uns zeitlich nähere Generationen leichter verständlich sind, sei es durch Zeitzeugen, sei es durch materielle oder dokumentarische Überlieferungen. Doch es bleibt zu bedenken, daß (i) keine Weitergabe von Informationen völlig verlustfrei geschieht und (ii) daß Fehler und ideologische Färbung den Eindruck beeinträchtigen können.

*Der Florentiner Dom Santa Maria del Fiore, Johannes Munk 2008*

## Denkmäler im Wandel

Dem Akt der Verwandlung wohnt zwar immer die bedrohliche Möglichkeit des Verlustes inne, aber er ist gleichzeitig auch ausschlaggebend für neues Wachstum. Wandel ist normal, er ist interessant für uns Menschen und in Bezug auf Denkmäler bringt der Wandel ein vielschichtigeres Zeugnis hervor, das Einblicke in multipler kultur- und ideengeschichtlicher Art zuläßt.

Doch vielleicht ist auch das nicht völlig richtig: Ist ein vielschichtiges Denkmal, das einen längeren Zeitraum durch die Melange mehrerer Epochenmerkmale abbildet, interessanter als ein Denkmal, welches ganz klar und eindeutig die Merkmale einer Epoche zeigt wie Santi Apostoli? Und welches der beiden Denkmäler sollte wichtiger, erhaltenswerter sein? Beide Denkmaltypen sind gleichermaßen erhaltenswert:

Der erste Denkmaltypus weist eine dynamische Denkmalstruktur auf. In ihr zeigen sich deutlich Zeugnisse eines kulturgeschichtlichen Prozesses (Wandels), was Einblicke in die Auffassung früherer Generationen gegenüber Bestehendem und neu zu Schaffendem sowie der sich darin zeigenden Reaktion auf äußere oder innere Zustände ermöglicht. Der Betrachter eines solchen Denkmals rezipiert Auffassung und Umgang früherer Generationen gegenüber dem Denkmal. Er wird der Einstellung früherer Generationen zu deren näherer Geschichte gewahr. In Gadamers Worten:

Der zeitliche Abstand [...] läßt den wahren Sinn, der in einer Sache liegt, erst voll herauskommen. Die Ausschöpfung des wahren Sinnes aber, der in einem Text oder einer künstlerischen Schöpfung gelegen ist, kommt nicht irgendwo zum Abschluß, sondern ist in Wahrheit ein unendlicher Prozeß.[40]

Der zweite Denkmaltypus weist eine Denkmalstruktur auf, welche durch Kontinuität bestimmt ist und ein deutliches Zeugnis *einer* kulturgeschichtlichen Epoche oder eines singulären Ereignisses darstellt und somit einen weitgehend unverstellten Blick auf *einen* Zeitabschnitt der Kulturgeschichte und der diesem Zeitabschnitt eigenen Auffassungen ermöglicht. Der Erhalt eines solchen Denkmales setzt den Betrachter in die

---

[40] Gadamer 1986, 303.

Position eines Rezipienten,[41] der eben nicht – wie im Fall einer dynamischen Denkmalstruktur – Rezipient einer Rezeption wird.[42] Festzuhalten bleibt: Wandel ist ein fester kultureller Fakt. Wandel ist entweder durch äußere, natürliche Umstände bedingt oder folgt einem kulturellen Prozeß, der politisch, soziologisch, religiös, ökonomisch oder anders bedingt ist.

Der Erhalt eines Denkmals in festgefügter stilistischer Einheitlichkeit ist trivial, wo das Denkmal stets in diesem Stil erhalten wurde. Genauso trivial ist der Erhalt eines Denkmals in kunsthistorischer Vielfalt dort, wo es unmöglich ist, das Denkmal eindeutig *einer* Epoche zuzuordnen. Ebenso unsinnig erscheint in letzterem Fall der Rückbau, respektive die Rekonstruktion eines früheren Zustandes.

## Ausblick

In der öffentlichen Diskussion um das UNESCO-Welterbeprogramm treten zwei Problemstellungen verstärkt hervor, die auch im Bezug auf den Authentizitätsbegriff beachtet werden müssen:

i.) Inwiefern bedroht Veränderung die Authentizität (historische Integrität) des Denkmals?

Das Problem, das ein Weltkulturerbe aufwirft, ist dies: Der Titel eines Weltkulturerbes zieht enge Grenzen für den Umgang mit dem Objekt. Der natürliche Wandel einer Stadt wie Florenz wird dadurch unterbunden. Das altertümliche oder schützenswerte Gut wird in einen „Schlaf" versetzt, um den herum alles fortschreitet. Die Modernisierung, vor allem als Reaktion auf neue Bedürfnisse, wird schwierig. Auf der einen Seite möchte man den authentischen Eindruck von Welterbestätten nicht durch moderne Eingriffe verändert wissen, so sie denn überhaupt möglich wären. Dagegen

---

[41] Unter der Prämisse, daß die Konzeption und aktuelle Gestalt des Denkmals nicht manipulativ ist oder die Intention einzelner, etwa Auftraggeber oder Künstler, mit der Intention einer Gesellschaft identifiziert wird bzw. eine mangelhafte Dokumentation wichtige Fakten nicht aufzeigt.

[42] Beispielhaft ist hier die Ausführung der Fassade San Maria del Fiores nach Plänen de Fabris, in der sich die kunstgeschichtliche Rezeption beziehungsweise die ästhetische Auffassung über den Dom im 19. Jahrhundert niederschlägt.

stehen Bedürfnisse, technische Möglichkeiten und soziale Gegebenheiten, welche die Zeit mit sich bringt.

ii.) Kann bei einer scheinbar inflationären Aufnahme von Kulturdenkmälern der Anspruch auf die authentische Einzigartigkeit eines Zeugnisses aufrecht erhalten werden?

Die Möglichkeit einer Stagnation der Aufnahme von Denkmälern ins Weltkulturerbe erscheint ebenso absurd wie unmöglich. Denn die Kulturen dieser Welt schaffen fortwährend Zeugnisse, die mit der Zeit die Stellung eines Denkmals einnehmen können. Weiter können Anschauungen wohl nur durch Objekte verdeutlicht werden, die in zeitlicher Nähe zur Anschauung entstehen.

Es gibt ferner keinen Grund, warum ein Artefakt oder Kulturgut, daß noch nicht Teil des Welterbes ist, nicht in Zukunft an Bedeutung gewinnt; sei es durch gesellschaftliche Ereignisse, wie politische oder technische Revolutionen, oder die Bedrohung und Zerstörung ähnlicher Kulturgüter. In Bezug auf die Einzigartigkeit, welche in einem – wenn auch schwachen – Zusammenhang mit der Authentizität[43] eines Denkmals steht, mag die zahlreiche Aufnahme ähnlicher Kulturdenkmäler den Eindruck von Einzigartigkeit – und damit der Bedeutung – schwächen. Diese Schwächung der Einzigartigkeit aus globaler Perspektive schwächt aber noch nicht die Einzigartigkeit eines Kulturdenkmals für eine Region, die durch kein anderes Kulturdenkmal in gleicher Weise verdeutlicht werden könnte. Die Frage, die sich nun wieder anschließt, ist die, welche Relevanz die lokale Bedeutung eines Kulturgutes für das Welterbe haben kann. Dies wird durch den Begriff des Verstehens beantwortet. Und genau das ist der eigentliche Punkt, der das Weltkulturerbeprogramm mit Sinn erfüllt. Das Welterbe soll Kulturdenkmäler erhalten. Aber doch nur zu dem Zweck, die Kulturdenkmäler den Menschen auf der ganzen Welt auf Dauer zugänglich zu machen und so das Verstehen anderer Kulturen durch die Zeiten zu sichern.

---

[43] Gemeint ist authentische Einzigartigkeit als Teil der Authentizität eines Denkmals im Rahmen des Welterbeprogramms.

## Literatur

BURCKHARDT, Jacob: *Die Kultur der Renaissance in Italien*. Ein Versuch, Stuttgart 1988.

EDGERTON, Samuel Y.: *Giotto und die Erfindung der dritten Dimension*. Malerei und Geometrie am Vorabend der wissenschaftlichen Revolution, übers. von F. BÖHLER, J. REUSS und R. HÖLTSCH, (Bild und Text; hrsg. von G. BOEHM / K. STIERLE), München 2003.

FLASCH, Kurt: *Das philosophische Denken im Mittelalter*, Stuttgart 2000.

GADAMER, Hans-Georg: Wahrheit und Methode. Grundzüge einer philosophischen Hermeneutik, in: Ders., *Gesammelte Werke*, Bd. 1, Tübingen (5. Aufl. durchges. und erw.) 1986.

GEBESSLER, August / EBERL, Wolfgang: *Schutz und Pflege von Baudenkmälern in der Bundesrepublik Deutschland*, Köln 1980.

KAUFFMANN, Georg: *Florenz und Fiesole*. Baudenkmäler und Museen, Stuttgart 1975

KOLDEHOFF, Stefan: „Erhalt oder Verfall – Erinnerung im Zeitalter Technischer Restaurierbarkeit", in: *Das Magazin der Kulturstiftung des Bundes*, Nr. 14, Halle 2009, 39.

MÖRSCH, Georg: „Vom Gebrauch und Verbrauch der Denkmäler", in: *Deutsche Kunst und Denkmalpflege*, 45 (1987), 157-162.

MÜNKLER, Herfried: *Machiavelli*. Die Begründung des politischen Denkens der Neuzeit aus der Krise der Republik Florenz, Frankfurt a. M. 2007.

RÜSCH, Eckart: *Das Denkmal zwischen Original-Substanz und immateriellen Werten*. Auf der Suche nach einer anderen Denkmalpflege, (als ePaper unter www.kunsttexte.de verfügbar), Berlin 2003.

SCHMERSAHL, Friedrich: „Die Architektur in Giottos Bildern. Betrachtet von einem Architekten", in: *Giotto di Bondone* (Persönlichkeit und Werk, Bd.3), Konstanz 1970, 253-269.

SEIDENSPINNER, Wolfgang: *Authentizität*. Kulturanthropologisch-erinnerungskundliche Annäherungen an ein zentrales Wissenschaftskonzept im Blick auf das Weltkulturerbe (als ePaper unter www.kunsttexte.de verfügbar), Berlin 2007.

SEIDENSPINNER, Wolfgang: *Woran ist Authentizität gebunden?* Von der Authentizität zu den Authentizitäten des Denkmals (als ePaper unter www.kunsttexte.de verfügbar), Berlin 2007.

THUM, Bernhard: „Einleitung", in: W. HAUBRICHS / B. THUM (Hg.), *Gegenwartskultur und kulturelles Erbe*, (Zeitschrift für Literaturwissenschaft und Linguistik, H. 61), Göttingen 1986, 7-15.

WUNDRAM, Manfred: *Frührenaissance*, (Kunst der Welt – Die Kulturen des Abendlandes; Bd. 43) Baden Baden 1970.

## Internetquellen

(zuletzt eingesehen 12. Juli 2011)
www.kunsttexte.de
www.unesco.de
www.unesco.de/welterbekonvention.html
www.unesco.de/die-unesco.html; Stand Juni 2011.
whc.unesco.org/en/convention#Brief-History
whc.unesco.org/archive/advisory_body_evaluation/174.pdf
www.unesco.de/5106.html
www.unesco.org/culture/ich/index.php?lg=en&pg=00011
whc.unesco.org/archive/opguide08-en.pdf
whc.unesco.org/archive/advisory_body_evaluation/174.pdf

## Bildnachweise

*„The true artist helps the world by revealing mystic truths" (Bruce Nauman)*
*In der nach den Landsknechten benannten Loggia dei Lanzi, Ulrich Arnswald 2008*

# Giorgio Vasari – Der schreibende Maler

*Julia S. Knifka*

Giorgio Vasari avancierte zwar erst nach seinem Tod zum „Vater der Kunstgeschichte" (Julius von Schlosser), doch war er bereits zu Lebzeiten eine angesehene Persönlichkeit und Günstling der de' Medici. Geboren wurde Giorgio Vasari 1511 in Arezzo.[1] Dort wurde er zum Glasmaler in der Werkstatt des Franzosen Guillaume de Marcillat ausgebildet und eignete sich Grundlagen humanistischer Bildung an. Vasari erwarb sich schon früh die Gunst ihm wohl gesonnener Mäzene. Bereits 1524 im Alter von 13 Jahren kam er durch Silvio Passerini, dem Kardinal von Cortona und Auftraggeber seines Meisters, nach Florenz. Zusammen mit Ippolito und Alessandro de'Medici wurde Vasari von dem Humanisten Piero Valeriano unterrichtet. In Florenz verkehrte er zudem im Künstlerkreis um Andrea del Sarto und war mit dem Florentiner Maler Francesco Salviati befreundet. Die Karriere Vasaris war eng an die Macht der de'Medici geknüpft, so kehrte er 1527 zunächst in seine Heimat zurück, als die de'Medici erneut aus Florenz vertrieben wurden. Ins selbe Jahr fiel der Tod seines Vaters. Gemäß der damaligen Kaufmannstradition begann er als ältester Sohn der Familie mit der *ricordanze*, der Weiterführung der väterlichen Geschäftsbücher.

Im Jahre 1529 ging er wieder nach Florenz, verließ die Stadt aber kurze Zeit später erneut aufgrund einer einsetzenden Belagerung. Angeblich erlernte Vasari in Florenz die Goldschmiedekunst, übte jedoch diese Profession nie aus. 1530 endete die Belagerung von Florenz und die de'Medici konnten in ihr Herrschaftsgebiet zurückkehren. Im Jahr 1531 reiste Vasari im Gefolge Kardinal Ippolito de'Medici erstmalig nach Rom, wo er mit Francesco Salviati zusammenarbeitete. Für seine Biographie tiefgreifende Ereignisse waren der gewaltsame Tod seiner Mäzene Kardinal Ippolito de'Medici (geb. 1535) und Herzog Alessandro de'Medici (geb. 1537). Bevor er erneut in die Dienste der mächtigen Familie eintrat war Vasari an verschiedenen Orten in Italien tätig: Neben Florenz verweilte er in Città di Castello, Rom, Bologna und reiste dann nach Venedig, wo er

---

[1] Die biographischen Angaben wurden folgender Publikation entnommen: Vasari 2005.

von Arention gefördert wurde und im Palazzo Cornaro Deckenmalereien verrichtete. Zurück in Arezzo begann er 1542 mit der Freskierung seines Künstlerhauses. Er war abwechselnd in Florenz und Rom tätig, wo er mit Michaelangelo zusammenarbeitete. In den 1540er Jahren begann er mit der Lebens- und Werkbeschreibung der italienischen Künstler der Renaissance, welche 1550 erstmalig verlegt wurde und 1568 in erweiterter Fassung erschien – es ist jenes Werk, welches ihm die Bezeichnung „Vater der Kunstgeschichte" einbrachte.

Im Jahre 1554/55 ließ er sich in Florenz nieder und widmete sich der Architektur und Malerei; der Bau der Uffizien wurde im März 1560 nach einem Entwurf Vasaris begonnen. Jedoch führte ihn die Arbeit immer wieder in seine Heimatstadt Arezzo und nach Rom, wo er 1570 drei Kapellen im Vatikan mit Fresken ausmalte. 1571 wurde Vasari durch Papst Pius V. zum Ritter vom Orden des Goldenen Sporns ernannt. Am 24. Juni 1574 stirbt Vasari in Florenz. Beigesetzt wird er in der von ihm ausgestalteten Familienkapelle in Arezzo.

## Giorgio Vasari als Künstler und Architekt

In ganz Italien hat der Arentiner Glasmaler seine Spuren hinterlassen. Wie die Gemälde vieler anderer berühmter Renaissancekünstler werden auch Bilder Vasaris in den Uffizien beherbergt. Sein künstlerisches Schaffen ist jedoch am Besten durch den Freskozyklus im Palazzo Vecchio in Florenz und den sogenannten „Saal der Hundert Tage" in der *Cancelleria* im Vatikan repräsentiert. Jedoch stellen diese beiden Fresken nur einen Bruchteil seiner Arbeit dar. Nach dem Tod Alessandros sah Vasari sich zunächst seinen Pflichten im Dienste der de'Medici entbunden und verbrachte die folgenden Jahre mit der Arbeit an verschiedenen Projekten. In dieser Zeit beschäftigte er sich besonders intensiv mit der Malerei. Auf seinen unzähligen Reisen lernte er Künstler, andere Schulen und neue Techniken kennen, die ihn als Maler reifen ließen. Eine Station war beispielsweise seine Reise nach Rom, wo er von Februar bis Juni 1538 verweilte und etwa 300 Zeichnungen anfertigte.[2]

Vasari war zwar geschätzt wegen seiner Bilder, aber besondere Bedeutung erlangte sein Wirken als Architekt des im 16. Jahrhundert von dem

---

[2] Le Mollé 1998, 78.

toskanischen Herzog Cosimo I. de'Medici in Auftrag gegebenen *Palazzo degli Uffizi*. Neben den Uffizien, welche sein architektonisches Hauptwerk darstellen, beendet er unter anderem auch die von Michelangelo begonnene *Biblioteca Laurenzia*.

Trotz seiner architektonischen Vermächtnisse ist Vasari vor allem auf Grund seines literarischen Werks, welches als Geburtsstunde der Kunstgeschichte zu europäischer Bedeutung gelangte, im Gedächtnis geblieben. Auch wenn sein eigenes Kunstschaffen dahinter zurückgetreten ist, war er zu Lebzeiten eine Autorität in allen Kunstfragen und verteilte die Aufträge, die Cosimo I. vergab.[3] Zusammen mit Cosimo I. ist Vasari, der Verfasser der Viten, der Begründer der berühmten florentiner *Accademia et Compagnia dell'Arte del Disegno*,[4] welche die Trennung zwischen Künstler und Kunsthandwerk einleitete.

Was aber war das Vermächtnis Vasaris? Und woraus konstituiert sich die Bedeutung seiner schriftstellerischen Leistung?

## Der schreibende Maler

Vasaris Bedeutung liegt primär nicht in seiner Kunst begründet, sondern vielmehr in seinen schriftstellerischen Leistungen. Er sah sich selbst stets als einen schreibenden Maler, dem es nicht um schriftstellerische Wortmalereien ging, sondern der als Künstler über Kunst schrieb. Einleitend in den Viten heißt es:

[...] ich [habe] stets mehr darauf geachtet [...], die für die Künste spezifischen und eigenen Begriffe und Vokabeln zu verwenden als die liebreizenden, gewählten Worte der feinen Sprache der Schriftsteller.[5]

Entstanden ist die Idee für die Verfassung von Künstlerviten laut Vasari in dem intellektuellen Kreis um Kardinal Alessandro Farnese Mitte der 40er Jahre des 16. Jahrhundert in Rom. Die erste Ausgabe des Werkes,[6] dessen voller Titel *Le Vite de' piu eccellenti architetti, pittori, et sculptori italiani* lautet, kurz die Viten, wurde im Jahr 1550 publiziert. Die Edition endete

---

3   Vgl. Schillmann 1948, 11.
4   Über die Bedeutung der Akademie siehe auch Burioni 2004, 101-120.
5   Vasari 2004, 42.
6   Die Frage nach der Autorenschaft geht auf eine lange, kontrovers geführte Diskussion innerhalb der kunstliterarischen Forschung zurück. Vgl. Burioni 2008, 35.

mit Michelangelo, der von Vasari als der Höhepunkt der Kunstentwicklung angesehen wurde. Die zweite, revidierte Version erschien 18 Jahre später. Die Neuauflage wurde um 160 Lebensbeschreibungen erweitert und reichte zeitlich bis zu Vasaris Autobiographie. Die Viten umfassen die größte biographische Sammlung der Nach-Antike über einen Zeitraum von etwa 300 Jahren, beginnend mit der Geburt Cimabues im Jahr 1240. Die Viten sind weit mehr als nur eine biographische Darstellung der Künstler, ihrer Taten und Charaktere, sie stellen auch den individuellen künstlerischen Ansatz sowie den Fortschritt in den Künsten dar.

Formal bedient sich Vasari anschaulichen Bildbeschreibungen, sogenannten Ekphrasen, welchen Einleitungen vorausgeschickt werden, in denen er seine theoretischen Anschauungen hinsichtlich der Fortschreitung der Kunst seit Giotto bis hin zur Vollkommenheit der Kunst Michelangelos unterbreitet.[7] Es ist bekannt, daß sich Vasari eher selektiven Beschreibungstechniken bediente, in seinen detaillierten Beschreibungen Kunstlob integrierte und historische Fakten anekdotisch unterlegte.[8]

Auf den ersten Blick orientiert sich Vasari bei der formalen Struktur seiner Viten stark an Vorbildern aus der Antike, so erinnern die Lebensbeschreibungen an die Biographien Plutarchs. Auch die Nutzung von Ekphrasen stellt seit der Antike ein beliebtes rhetorisches Verfahren dar, Personen, Bau- und Kunstwerke zu beschreiben.[9] So bei Homer, später bei Philosostrat, Lukian u.a. Die Einleitungen als technische Erörterungen stehen in der Tradition Vitruvs.[10]

Vor dem Hintergrund der Rezeption und Orientierung an der Antike stellt sich die Frage, was das Neue war, das Vasari zum „Vater der Kunstgeschichte" werden ließ. Vasaris primäres Interesse galt nicht der bloßen Darstellung der Vergangenheit anhand der Verknüpfung verschiedener rhetorischer Mittel aus der Antike, sondern bedeutend war das Verhältnis zueinander, d.h. das Innovative an den Viten war die vorgenommene Einbettung in einen historischen aber vor allem

---

7 Vgl. Alpers 1995, 218.
8 Arnulf 2004, 587f.
9 Vgl. Alpers 1995, 227.
10 Vgl. a.a.O, 220; Vitruv wurde in der ersten Hälfte des 16. Jahrhunderts wiederentdeckt und ebenso von Vasari studiert. Vgl. Burioni 2008, 56.

ästhetischen Kontext.[11] Auch wenn mittlerweile nachgewiesen werden konnte, daß die historiographische Komposition und die Darstellung der Kunstentwicklung in drei Epochen nicht Vasaris alleinige Idee war, sondern im Kreise der *Academia Fiorentina* entstanden, wurde sie in den Viten erstmals dargelegt und hatten von dort aus weitgehenden Einfluß auf die neuzeitliche Auffassung von Werk, Kunst und Künstler.[12]

Vasari teilt die Viten in drei Epochen auf. Anhand dieser Epocheneinteilung beschreibt er die Stufen künstlerischer Vervollkommnung: Während die Kunst im Mittelalter einen Niedergang erlebte, erblühte diese in der Renaissance erneut. Dabei diente die Kunst der klassischen Antike der Renaissance als wiederentdecktes Vorbild.[13]

Somit glaubte Vasari, daß zu seiner eigenen Zeit die Vollendung der Kunst bereits erreicht war und daß die Fortschritte der Kunst, welche zyklisch ablaufen, sich in der Renaissance auf drei Stufen der Vollkommenheit vollzogen, welche in der Antike bereits alle einmal durchlaufen wurden. Die künstlerische Vollkommenheit wird nach der *„perfetta regola dell'arte"* bestimmt, also der „ästhetischen Normierung der Kunst" durch die fünf Qualitäten – Regel, Ordnung, Maß, Designo und Stil:[14]

Die Regel (*regola*), ein aus der Architekturtheorie stammende Begriff, bezeichnet die Richtlinien, an die sich der Künstler halten sollte. In der Renaissance orientierte sich diese künstlerische Norm an dem antiken Formenrepertoire.

Die Ordnung (*ordine*) bezeichnet das ästhetische Ideal, welches an Vorstellungen von Proportion, Ordnungsprinzipien und Harmonie geknüpft ist. In diesem Kontext schafft es der Maler trotz künstlerischer Freiheit die herrschenden Ordnungsprinzipien nicht zu beeinträchtigen.

Bei dem Maß (*misura*) oder auch der Proportion geht es um das Verhältnis von Körpern, Farben und Bildebenen.

In der Übersetzung heißt das Wort *designo* soviel wie Zeichnung oder Entwurf, jedoch ist dies unzureichend für die verschiedenen Bedeutungsebenen bei Vasari.

---

[11] Vgl. Alpers 1995, 233.

[12] Der Hinweis zum wissenschaftlichen Diskurs ist zu finden bei Burioni 2008, 38. Burioni weist des weiteren darauf hin, daß die Implikationen für die neuzeitlichen Auffassungen bisher nur am Rande erarbeitet und beachtet wurden. Vgl. a.a.O., 24.

[13] Vgl. Buck 1988, 41.

[14] Vgl. Burioni / Feser 2004, 257f. Nachfolgende Ausführungen sind dem Glossar folgender Publikation entnommen: Burioni / Feser 2004.

*designo* umfaßt alles, was an die technischen Fähigkeiten des Künstlers gebunden ist: der Entwurf des Darzustellenden als auch die angemessene Visualisierung im Bild.

Der Begriff „maniera" dient Vasari zur Bestimmung und Bewertung des künstlerischen Stils. Zunächst versehen mit einem ergänzenden Adjektiv, wird der Begriff für kritische Urteile verwendet. Die Bezeichnung Manierismus entwickelt sich aus diesem Begriff gegen Ende des 18. Jahrhundert.

Für die *„perfetta regola dell'arte"* ist das Konzept der künstlerischen Freiheit grundlegend. Die künstlerische Freiheit bezieht sich auf die freie Umsetzung des Themas und ist diejenige Komponente, welche nicht nur den Unterschied zur *maniera vecchia* ausmacht, sondern auch das fortschrittliche Moment der *maniera moderna* ist.[15]

Essentiell für die Kunstauffassung Vasaris ist, daß sich die Geschichte der Kunst aus den Beiträgen von Individuen konstituiert, anhand derer sich der Künstler in den kontinuierlichen Prozeß der Kunst einordnet.[16] Vasari spricht den Künstlern selbst die Fähigkeit und das Bewußtsein zu, die Notwendigkeit des Fortschreitens und die künstlerischen Probleme zu erkennen, die dabei zu überwinden sind. Insbesondere die Florentiner Künstler trugen zum kulturellen Aufschwung der Renaissance bei, was nicht zuletzt am Standort Florenz selbst liegt. Der Glasmaler aus Arezzo maß der Stadt Florenz einen besonderen Stellenwert hinsichtlich der Förderung des künstlerischen Prozesses bei, so arbeitete er drei Motivationsfaktoren heraus, die in besonderer Weise von der historischen Handelsstadt ausgingen:

[Z]uerst vom Tadel, der in vielfacher Weise von einer großen Zahl Menschen vorgebracht wird, weil die Luft hier freie Geister von Natur aus erzeugt, die sich im allgemeinen nicht mit mittelmäßigen Werken begnügen [...] Das zweite ist, daß man, um hier zu leben, fleißig sein muß, aber das heißt nichts anderes, als seinen Verstand und sein Urteil anzuwenden, in seinem Tun schlau und schnell zu sein und endlich zu wissen, wie man Geld gewinne. Denn diese Stadt hat kein weites und reiches Gebiet, daher kann sie denen, welche dort leben, nicht für geringen Preis ihren Unterhalt bieten, wie es überall der Fall ist, wo viel Reichtum sich vorfindet. Das dritte, [...] ist die Begierde nach Ruhm und Ehre,

---

[15] Burioni / Feser 2004, 217.
[16] Alpers 1995, 247.

die jene Luft in höchstem Maße bei allen Berufen erzeugt. Ja, oftmals pflegt dies ein [...] Streben nach eigener Größe zu erwecken [...].[17]

Tatsächlich beruht diese Bewertung der Florentiner Kultur auf ökonomischen und sozialpsychologischen Tatsachen und entspricht somit den Charakteristiken der Gesellschaft in Florenz in der Zeit der Renaissance.[18] Der „Toskozentrismus" der Viten wird abermals mit der an Cosimo de'Medici gerichteten Widmung unterstrichen. Derart versuchte Vasari, die Geschichte der Kunst mit Florenz und seinen Mäzenen den Medici zu verknüpfen.

Vasari erkannte die sich verändernden Verhältnisse seiner Zeit in der Abgrenzung zum Mittelalter. Die Viten sind Ausdruck dieser Erfassung des Zeitgeists, denn als geistige Bewegung sprach die Renaissance dem Individuum einen eigenen Wert zu. Diese Aufwertung fand ihren Spiegel in den Künstlerbiographien Vasaris. Es ging um die Schaffung eines künstlerischen Kanons. In der Renaissance stellte sich vermehrt die Frage nach der Vergangenheit, die dokumentiert werden wollte, sowie nach der Aufbewahrung der Vermächtnisse der eigenen Zeit. Über seine eigene Zeit und sein Urteil über die Künstler in dieser schrieb er:

Oft wenn die Natur einen vorzüglichen Geist in irgendeinem Beruf erweckt, läßt sie ihn nicht einsam, sondern bringt gleichzeitig und in seiner Nähe einen zweiten hervor, damit sie gegenseitig sich fördern und durch Wetteifer Nutzen schaffen.[19]

Dieser Gedanke spiegelt sich in Vasaris literarischem Werk wider.

## Literatur

ALPERS, Svetlana: „Ekphrasis und Kunstanschauung in Vasaris Viten", in: G. BOEHM / H. PFOTENHAUER (Hg.), *Beschreibungskunst – Kunstbeschreibung*, München 1995, 217-258.

ARNULF, Arwed: *Architektur- und Kunstbeschreibungen von der Antike bis zum 16. Jahrhundert*, Berlin 2004.

---

[17] Vasari 1948, 161.
[18] Vgl. Burke 1972, 10.
[19] Zitiert nach Burke 1984, 9.

Julia S. Knifka

BUCK, August: *Die italienische Renaissance aus Sicht des 20. Jahrhunderts*, Stuttgart 1988.

BURIONI, Matteo: *Die Renaissance der Architekten*. Profession und Souveränität in Giorgio Vasaris Viten, Berlin 2008.

BURIONI, Matteo: „Die Architektur: Kunst, Handwerk oder Technik? Giorgio Vasari, Vincenzo Borghini und die Ordnung der Künste an der Accademia del Disegno im frühabsolutistischen Herzogtum Florenz", in: *Zeitsprünge* 8 (2004), H. 3/4, 101-120.

BURKE, Peter: *Die Renaissance in Italien*. Sozialgeschichte einer Kultur zwischen Tradition und Erfindung, Berlin 1984.

BURKE, Peter: *The Italian Renaissance*, London 1972.

FESER, Sabine / BURIONI, Matteo: „Glossar", in: G. VASARI, *Kunstgeschichte und Kunsttheorie*. Eine Einführung in die Lebensbeschreibungen berühmter Künstler anhand der Proemien, neu übers. von V. LORINI, hrsg. von A. NOVA, eingel. und komment. von M. BURIONI und S. FESER, Berlin 2004, 183-285.

LE MOLLÉ, Roland: *Giorgio Vasari*. Im Dienste der Medici, übers. von S. HÖFER und T. ÜBELHÖR, Stuttgart 1998.

VASARI, Giorgio: *Künstler der Renaissance*. Lebensbeschreibungen der ausgezeichnetsten Maler, Bildhauer und Architekten der Renaissance, hrsg. von F. SCHILLMANN, Berlin 1948.

VASARI, Giorgio: „Vorrede des Gesamtwerks. Proemio di tutta l'opera (1568)", in: Ders., *Kunstgeschichte und Kunsttheorie*. Eine Einführung in die Lebensbeschreibungen berühmter Künstler anhand der Proemien, neu übers. von V. LORINI, hrsg. von A. NOVA, eingel. und komment. von M. BURIONI und S. FESER, Berlin 2004, 27-42.

VASARI, Giorgio: *Mein Lebe,*. neu übers. von V. LORINI, komment. und hrsg. von S. FESER, Berlin 2005.

SCHILLMANN, Fritz: „Einleitung", in: Vasari, Giorgio, *Künstler der Renaissance*. Lebensbeschreibungen der ausgezeichnetsten Maler, Bildhauer und Architekten der Renaissance, hrsg. von F. SCHILLMANN, Berlin 1948, 7-13.

# Giotto und die Erfindung der Perspektive – Ein „medienphilosophisches" Phänomen

*Michael Wendland*

In der Renaissance ist die Erfindung der Perspektive ein Meilenstein auf dem Weg der künstlerischen und später der naturwissenschaftlichen Erfassung der räumlichen Welt mittels einer Systematisierung von Größen zueinander.

Die Anfänge der perspektivischen Darstellung liegen bereits in der Antike begründet. Wenn auch „entsprechend der Tiefendistanz [...] [und] Konvergenz paralleler Linien [...] [eine] gewisse Vorstellung von Raumtiefe"[1] erzeugt werden konnte, blieb den antiken Künstlern eine „gesetzmäßige Konstruktion der Perspektive"[2] jedoch unbekannt. Die mittelalterliche Kunst zeigt diese Merkmale antiker Malerei kaum noch auf. Ganz im Gegenteil wird hier die perspektivische Ordnung zeitweilig umgekehrt: Personen im Mittelgrund des Bildes werden teils größer dargestellt als Personen im Vordergrund, um deren Bedeutung zu veranschaulichen. Damit wird der flächigen Darstellung von Vorder- und Mittelgrund der Vorrang vor der Bildtiefe gegeben.[3]

Die Malerei erhält über die Einführung der Perspektive durch Giotto di Bondone (1266–1337) ein neues Instrumentarium, mittels dessen der reale materielle Raum medial (be-)greifbar wird. Aber auch die Vorstellungswelt des Menschen kann so realistisch wie nie zuvor dargestellt werden. So bemerkt Petrarca über eine Darstellung des Jüngsten Gerichts von Giotto:

Ich kann mir diesen Tag des Jüngsten Gerichts hier nicht nur mit meinem geistigen Auge, sondern mit den sinnlich wahrnehmenden Augen in meinem Kopf so wahrheitsgetreu anschauen, als ob ich bereits im nächsten Leben wäre.[4]

---

[1] Jahn / Haubenreisser 1989, 641.
[2] Ebd.
[3] Vgl. ebd.
[4] Zitiert nach Edgerton 2003, 81.

Giottos Vorbereitung der modernen Perspektive[5] erfolgte durch die Konfiguration des Bildraumes zu einem „geschlossenen, gleichmäßig tiefen Raumvolumen".[6] In dieser Art von geschlossenem Bildraum und gleichmäßiger Tiefe wird das Bild räumlich, es erhält beinahe architektonische Züge. Erst mit Beginn des *Quattrocento* festigten sich die Prinzipien der Perspektive in der Malerei vollends. Diese Entwicklung führt, so legt es die Kunstgeschichte nahe, durch Brunelleschi zur mathematischen Konstruktion der Perspektive,[7] indem er die „empirische Perspektive" in den Werken der Maler des *Trecento* in Einklang mit dem „Naturgesetz" der euklidischen Geometrie bringt.[8]

Die Perspektive in der Malerei ist aus mehreren Gründen ein für die Medienphilosophie interessantes Phänomen:

Das erste Interesse gilt der Wirkung auf die Rezipienten. Die perspektivische Malerei förderte neue „Seh-Kompetenzen" und neue Vorstellungsmöglichkeiten.[9] Edgerton formuliert es wie folgt: „[...] [D]ie wirkliche Bedeutung der Perspektive in der Renaissance [lag] nicht darin, was sie für die Kunst per se leistete, sondern wie sie das geistige Auge darauf konditionierte, a priori dreidimensionale Bilder zu ‚sehen'."[10] Dieser Punkt gewinnt in Bezug auf die Errungenschaften der Ingenieurskunst der Renaissance als die Fähigkeit an Bedeutung, das Konstrukt in der Planungsphase bereits in seiner Räumlichkeit zu erfassen. Wiederum in den Worten Edgertons:

Kein Historiker [...] würde bestreiten, daß die Geometrisierung des gleichförmigen Raumes eine fundamentale Entwicklungsbedingung für den Aufstieg der modernen Wissenschaften war."[11]

Das zweite Interesse gilt der Beschaffenheit und Funktion der Perspektive selbst – als Teil des ikonischen Codes. Einen Zeichencharakter hat die

---

[5] Der Primat der Perspektive in der Malerei ist sozusagen die Zentralperspektive. Sie setzt einen festen Gesichtspunkt im Bildzentrum. Der Fluchtpunkt wird – zumindest in der Vertikalen – zentriert, um eine Vogel- oder Froschperspektive zu vermeiden.
[6] Jahn / Haubenreisser 1989, 641. Der Bildraum strebt nicht in alle Richtungen fort sondern ist geschlossen. Außerdem wird er „vertieft."
[7] Jahn / Haubenreisser 1989, 641.
[8] Vgl. Edgerton 2003, 85.
[9] Vgl. Eco 1988, 265.
[10] Edgerton 2003, 103.
[11] A.a.O., 27.

Perspektive keineswegs, da sie nicht denotiert, das heißt, sie trägt keine Grundbedeutung.[12] Eine Bezeichnung der Perspektive als Erweiterung des Vokabulars der Bildsprache verbietet sich so. Man könnte stattdessen fragen, ob die Perspektive als Teil einer Bildsyntax auftritt.[13]

Die plausibelste Definition der Perspektive bezieht sich auf ihre Funktion innerhalb des ikonischen Codes als eine Wahrnehmungsbedingung. Eco spricht diesbezüglich von einer Figur.[14] Figuren sind nämlich Bedingungen wie beispielsweise die des Kontrastes in einem Bild oder das Verhältnis von Objekt und Hintergrund. Eine solche Funktion kann als strukturierend, aber vielleicht auch schon als konnotativ gelten, wenn man wahrnehmungs- und gestaltpsychologische Ansätze hinzuzieht, die Größe und Form mit Funktion und Bedeutung assoziieren. Unter diesem Aspekt muß man die Begriffe Wahrnehmungs-, Erkennungs- und Übertragungscode sicherlich einbeziehen, die von der Kommunikationswissenschaft und Psychologie untersucht werden und Wahrnehmungsschwelle, Bedingungen des Erkennens und der Übertragung untersuchen.[15] Unbenommen bleibt, daß die Konnotation kulturrelativ stattfindet.

Der Mensch sieht sich als Resultat der perspektivischen Darstellung in der Renaissancemalerei einer „neuen Sachlichkeit" oder Verhältnismäßigkeit gegenüber. Hierin zeigt sich die erkenntnistheoretische Gewalt der Perspektive in der Malerei. Der Mensch, das „Maß aller Dinge", nimmt sich nun vielleicht kleiner aus, da seine Stellung in der Natur nachvollziehbarer wird. Gleichzeitig wächst aber auch die Schöpferkraft, denn die menschliche Phantasie sieht sich einem „erweiterten" Medium gegenüber, das den menschlichen Geist zu inspirieren und wie nie zuvor darzustellen weiß.

---

[12] Im Unterschied zur Denotation ist die Konnotation das Hinzufügen von „Nebenbedeutungen", die sich kulturrelativ ergeben. Eine „halbnackte Frau mit einem Männerkopf auf einem silbernen Teller" (Eco 1988, 243) konnotiert so zum Beispiel Salome, in dem sich die Signifikate Teller, Kopf usw. zu einer Bedeutung fügen.

[13] Eco widmet sich diesem Punkt und wirft die Frage auf, ob geometrische Bilder – in seinem Beispiel allerdings abstrakte Bilder – auf strengen mathematischen Codes basieren, die als „mögliche syntaktische Beziehungen auf der Ebene der Signifikanten betrachtet werden [können]." A.a.O., 262.

[14] Vgl. a.a.O., 246.

[15] Vgl. ebd.

## Literatur

Eco, Umberto: *Einführung in die Semiotik*, München 1988.

Edgerton, Samuel Y.: *Giotto und die Erfindung der dritten Dimension.* Malerei und Geometrie am Vorabend der wissenschaftlichen Revolution, übers. von F. Böhler, J. Reuss und R. Höltsch, (Bild und Text; hrsg. von G. Boehm / K. Stierle), München 2003.

Jahn, Johannes / Haubenreisser, Wolfgang: „Perspektive", in: Dies., *Wörterbuch der Kunst*, Stuttgart 1989, 640-641.

# Doppelbildnis des Federico da Montefeltro mit seiner Gattin Battista Sforza von Piero della Francesca (1472)

*Johanna Wendland*

*Diptychon, geschaffen von Piero della Francesca – Uffizien, Florenz*

Es handelt sich um zwei Profilportraits, das des Herzogs von Urbino, Federico da Montefeltro und das seiner zweiten Frau Battista Sforza. Während Battista dem Schönheitsideal entsprechend eine überhöht ausrasierte Stirn, wimpernlose Augen, ausgezupft Brauen und porzellanglatte weißgepuderte Haut hat, ist der Herzog schmallippig, mit leicht verkniffenen Zügen, einigen Hautunreinheiten und seiner markanten Hakennase geradezu realistisch dargestellt. Beinahe wirkt das Bild wie eine Karikatur. Allerdings hat er für seine 50 Jahre erstaunlich dunkles Haar. Ganz ohne kleine Verbesserungen ist Piero della Francesca, der Hofmaler, wohl doch nicht ausgekommen. Daß Federico doppelt so alt ist wie seine Frau, ist dem Bild nicht anzusehen. Die Profile sind sehr streng. Keinesfalls durfte della Francesca die rechte Gesichtshälfte des Herzogs zeigen, denn bei einem

Ritterturnier hatte Federico durch eine Lanze ein Auge eingebüßt und sein Gesicht war entstellt. Auch der Nasenbruch, der ihm seine Hakennase verpaßte und ihn bis heute unverwechselbar macht, wurde durch diese Lanze verursacht. Für ein würdevolles Fürstenportrait war seine rechte Gesichtshälfte denkbar ungeeignet, und Federico war wohl zu stolz, seinem Maler ein derart makelhaftes Portrait seiner Person zu erlauben. Durch die ungewöhnliche Anordnung des Doppelportraits (normalerweise ist der Mann links positioniert, also in Leserichtung zuerst) konnte della Francesca die entstellte Gesichtshälfte Federicos verbergen.

Die Portraitierten sehen einander an. Beider Augen sind halbgeschlossen. Sie betrachten sich wie zwei, die sich gut kannten, sich jedoch fremd geworden sind: nicht ohne Neugier, aber mit großer Distanz und Abgeklärtheit. Battista wirkt gebrechlich und wächsern, gerade so als wäre sie bereits tot. Tatsächlich ist sie im gleichen Jahr im Alter von 26 Jahren verstorben, vermutlich schon bevor della Francesca die beiden Portraits in Angriff nahm.

Die Blicke sind seltsam starr, als wären sie mit den Gedanken anderswo, bei ihren Ländereien etwa, die der Herzog zeit seines Lebens zu erobern, zu schützen und zu befrieden verstand. Machiavelli stellt ihn als einen fähigen Strategen dar und modelliert seinen idealen Fürsten unter anderem nach ihm. Der Herzog strahlt eine gewisse Ruhe aus, die er sich 1472, auf dem Höhepunkt seiner Macht, durchaus leisten konnte. Nicht ohne Stolz ließ er seinen Hofmaler seinen großen Landbesitz in den Hintergrund und einen Triumphzug auf die Leinwandrückseite pinseln. Die Landschaft ist hügelig, grün, von einigen kleinen Wäldchen durchbrochen, friedlich, fruchtbar und daher von großem Wert. Ein idyllischer See, wohl ein Stausee, der von einem Zufluß aus dem Hintergrund des Bildes gespeist wird, wird von zwei Fischerbooten befahren.

Die Selbstdarstellungswut Federicos ist legendär, er ist der meist-portraitierte Mensch seiner Zeit. Ob er wohl Angst hatte, vergessen zu werden? Die Selbstdarstellung über den Tod hinaus hat Tradition in Italien. Mächtige Prunkgräber an den Ausfallstraßen von Rom zeugen davon, daß Herrscher schon Jahrhunderte vor Federico über ihren Tod hinaus für alle Ewigkeit berühmt, berüchtigt oder zumindest in Erinnerung bleiben wollten. Wichtig ist für die Selbstdarstellung vor allem, daß der Dargestellte in Erinnerung gerufen wird, und mit ihm gemeinsam seine Würde, seine hohe gesellschaftliche Stellung und nach Möglichkeit auch sein Ruhm.

Wie also wollte da Montefeltro in Erinnerung bleiben? Ein individuelles Gesicht wollte er haben, kein ideal geschöntes Allerweltsgesicht. Aber entstellt wollte er dennoch nicht sein, das hätte seinem Ansehen offenbar geschadet. Seine Ländereien weisen auf seine enormen Fähigkeiten als Führungspersönlichkeit hin, der Triumphzug auf der Rückseite unterstreicht seinen Ruhm als Eroberer. Als Adliger wollte er in die Geschichte eingehen, als würdiger, stolzer und vor allem rechtmäßiger Herrscher, nicht als verkrüppelter Usurpator. Man geht davon aus, daß Federico ein unehelicher Enkel des Herzogs Guidantonio war, ein Bastard, den Guidantonio als eigenen Sohn ausgab, da seine Ehe kinderlos geblieben war. Zwar wurde Guidantonio später doch noch Vater eines legitimen Sohns, der jedoch ermordet wurde. Federicos Rolle dabei blieb ungeklärt. Auf dem Portrait trägt er die übliche Kleidung der Adligen, zwar ganz bescheiden ohne eindeutige Insignien, Schmuck oder Rangabzeichen, jedoch einen purpurroten Mantel und das Barett in passender Farbe. Er scheint das Kinn gegen den Widerstand des engen Kragens ein wenig nach vorn zu recken. Im Portrait der Battista Sforza dagegen wird auf keinen Prunk verzichtet. Ihre Frisur ist aufwendig, sie ist mit allerlei Perlenketten, Haarbroschen und Bändern geschmückt, der Ärmel ihres Kleides ist am Oberarm reich bestickt. Es sollte wohl nicht so aussehen, als könne er sich keinen Schmuck leisten oder sei Battista gegenüber gar geizig, sondern vielmehr so, als habe er selbst keinen Schmuck nötig. Er muß nicht darauf hinweisen, daß er der legitime Herzog ist; er ist *selbstverständlich* Herzog von Urbino. Federicos sonnengebräunte Haut steht im Gegensatz zur noblen Blässe seiner Frau, die, unterstrichen durch das dünne goldblonde Haar, einer zarten, zerbrechlichen Prinzessin gleicht. Ob die gebräunte Haut eine von della Francesca versteckte Anspielung auf Federicos zweifelhafte Herkunft sein soll, oder Federico da Montefeltro mit voller Absicht als Mann der Tat und frischen Luft gesehen werden wollte, läßt sich heute wohl nicht mehr feststellen.

## Literatur

LAUTS, Jan / HERZNER, Irmlind L.: *Federico da Montefeltro – Herzog von Urbino*. Kriegsherr, Friedensfürst und Förderer der Künste, München 2001.
ROECK, Bernd: *Die Nase Italiens*. Federico da Montefeltro – Herzog von Urbino, Berlin 2005.

*„Guerriero con scudiero" (Krieger mit Schildknappe) von Giorgione. Das Bild*
*(~1505-10) wird mit dem Condottiere Gattamelata verbunden – Uffizien, Florenz*

# Die Condottieri

*Michael Schmidt*

Als *Condottieri* werden die Söldnerführer im Italien des *Rinascimento* bezeichnet, welche durch ihre professionalisierten Truppen im Auftrag eines republikanischen Stadtstaats oder eines Fürsten den Großteil der militärischen Macht ausübten. Dem einzelnen *Condottiere* kam durch seine Funktion eine herausgehobene gesellschaftliche Stellung zu, die ihm teilweise auch die Möglichkeit dazu gab, selbst die Rolle des bestimmenden politischen Akteurs zu übernehmen. Er stand in keiner festen Lehensbeziehung zu seinem Auftraggeber und besaß daher die Freiheit, sich mit Ablauf des Vertrags auch in den Dienst derjenigen Macht zu stellen, die er zuvor bekämpft hatte. Das Phänomen der *Condottieri*, deren Name von der Bezeichnung ihres Soldvertrags, der sogenannten *condotta*, abgeleitet werden kann, läßt sich etwa von der Mitte des *Trecento* (14. Jahrhundert) bis Ende des *Quattrocento* (15. Jahrhundert) verfolgen.

Bei der Beantwortung der Frage, weshalb im Italien jener Zeit eine stabile und hochentwickelte Kultur des Söldnerwesens entstehen konnte, müssen mehrere Aspekte und ihre Wechselwirkungen betrachtet werden: Auf wirtschaftlicher Ebene hielten die italienischen Kommunen eine Schlüsselrolle inne. Sie beherrschten nicht nur den europäischen Orienthandel und besaßen erfolgreiche Gewerbe wie die Florentiner Tuchproduktion, sie entwickelten auch die Grundzüge des modernen Bank- und Finanzwesens und kultivierten ein spezialisiertes Rechtswesen, wie es in der Universität von Bologna gelehrt wurde. Die Stadtrepubliken Florenz und Venedig waren um die Mitte des *Trecento*, kurz vor der großen Pestepidemie, mit einer geschätzten Anzahl von je 120 000 Einwohnern etwa doppelt so groß wie das wohlhabende Gent in Flandern, während die Bevölkerungszahl im aufstrebenden Hamburg gerade einmal die Marke von 10 000 erreichte.[1] Gleichwohl war Italien politisch zersplittert in eine Vielzahl von einander feindlich gesonnenen kleineren und mittleren Mächten. Aus dieser Gesamtsituation ergab es sich, daß erfahrene Krieger für die zahllosen

---

[1] Vgl. Ploetz 1998, 410.

Auseinandersetzungen nicht nur gebraucht, sondern auch gut bezahlt werden konnten.[2]

So verwundert es nicht, daß sich im Jahr 1313, nach dem Tod Kaiser Heinrichs VII. während dessen Italienzugs, ein Teil der kaiserlichen Begleiter von der Stadt Pisa als Söldner unter Vertrag nehmen ließ.[3] Die schwere Reiterei der Deutschen, die eine wichtige Rolle in dem multiethnisch aufgestellten italienischen Söldnermarkt zu spielen begann,[4] siegte in einer Reihe von Schlachten gegen die Bürgeraufgebote toskanischer Stadtrepubliken – 1313 gegen Lucca, 1315 gegen Florenz.[5] In der Folge verlagerte sich die militärische Gewichtung in Italien weiter von der traditionellen Miliz der Bürger hin zu den professionellen Söldnertruppen, die nun zunehmend den Ausgang einer Schlacht bestimmten.[6]

Für die Fürsten und die Herrschenden der Stadtrepubliken bestand ein weiterer Vorteil der *Condottieri* und ihrer Kompanien darin, daß sie durch die Söldner in militärischer Hinsicht weniger auf ihre Mitbürger oder Untergebenen angewiesen waren, vor deren Bewaffnung sie sich zudem immer auch fürchten mußten.[7] Dies gilt vor allem vor dem Hintergrund, daß sich die städtische Oberschicht, *popolo grasso* genannt, in zunehmendem Maße in verfeindete Fraktionen spaltete.[8] Bei den großen städtischen Revolten, die durch die Machtkämpfe der Eliten im Verbund mit sozialen Verwerfungen und politischer Unterdrückung immer wieder ausbrachen, konnten den potentiellen Rivalen sowie dem *popolo minuto*, der unterorganisierten und unterprivilegierten Mehrheit der städtischen Bevölkerung, starke neutrale Kräfte entgegengesetzt werden.[9]

Der generelle Nachteil mächtiger Söldnervereinigungen wurde jedoch auch sehr bald deutlich: Aus gut bezahlten Aufträgen entlassen, konnten sie sich verselbstständigen und dadurch Schutzgeld erpressend und plündernd umherziehen. Wie beispielsweise die sogenannte *Gran Compagnia* ab 1342 unter ihrem Anführer, dem schwäbischen Ritter Werner von Urslingen, der

---

2  Vgl. Mallett 1974, 9, 16ff.; vgl. Mallett 1990, 52; vgl. Selzer 2001, 24; vgl. Trease 1974, 11ff.
3  Vgl. Selzer 2001, 13.
4  Vgl. Mallett 1990, 49, 52; vgl. Selzer 2001, 39ff.
5  Vgl. Selzer 2001, 12.
6  Vgl. Blastenbrei 1987, 93ff.; vgl. Mallett 1974, 10ff.; vgl. Selzer 2001, 27.
7  Vgl. Mallett 1990, 50; vgl. Selzer 2001, 23; vgl. Trease 1974, 12ff.
8  Vgl. Mallett 1974, 17f.
9  Vgl. Trease 1974, 73.

sich selbst eindrucksvoll als „Feind Gottes, des Mitleids und der Gnade" bezeichnet haben soll.[10] Vielen *Condottieri* gelang es jedoch in besserer Erinnerung gehalten zu werden, wie dem aus Essex stammenden John Hawkwood, der mit seinen Kriegsgenossen 1360 durch den Frieden von Brétigny zwischen England und Frankreich arbeitslos geworden war und mit der von den britischen Kriegsveteranen gebildeten *Compagnia Bianca* schließlich in Italien neue Auftraggeber fand.[11] Er erwarb sich einen Ruf als zuverlässiger Vertragspartner und hatte zum Zeitpunkt seines alters-bedingten Tods 1394 über ein Jahrzehnt in den Diensten von Florenz gestanden.[12] Paolo Ucellos im *Trompe-l'Œil*-Stil gemaltes Reiterstandbild von „Giovanni Acuto", wie der *Condottiere* in Italien auch genannt wurde, ziert heute noch als Fresko den Florentiner Dom Santa Maria del Fiore.

Zu Beginn des *Quattrocento* verdrängten die aus Italien stammenden *Condottieri* dann zusehends die *oltramontanes*, ihre Kollegen mit Heimat jenseits der Alpen, aus dem Geschäft.[13] Die italienischen *Condottieri* besaßen teils sehr unterschiedliche familiäre Hintergründe:[14] In ihren Reihen gab es die jüngeren, nicht erbberechtigten Söhne mächtiger Adelsfamilien, die Herren von kleineren Fürstentümern, wie Federigo Montefeltro, den man von dem berühmten Diptychon von Piero della Francesca kennt; es gab die aus ihrer Heimatstadt verbannten Patrizier, aber auch Glücksritter, die aus Handwerkerfamilien entstammten, wie Erasmo da Narni, ein Bäckerssohn, der als *Condottiere* unter dem Namen „Gattamelata" („honigsüße Katze")[15] bekannt ist und von Donatello nach antikem Vorbild durch ein bronzenes Reiterdenkmal verewigt wurde.

---

[10] Vgl. Selzer 2001, 367; vgl. Mallett 1974, 31ff.; vgl. Trease 1974, 22 ff.

[11] Der Name leitet sich von dem innovativen und blank polierten Brustplattenharnisch der britischen Söldner ab. Vgl. Selzer 2001, 61; vgl. Trease 1974, 31ff, 36ff.

[12] Vgl. Trease 1974, 70ff.

[13] Vgl. Mallett 1990, 53f.

[14] Vgl. Mallett 1974, 46ff.; vgl. Mallett 1990, 59ff.; vgl. Trease 1974, 14f.

[15] Falsch scheint hier die geläufige deutsche Übersetzung mit „gescheckte Katze" (Brockhaus-Enzyklopädie, in 30 Bdn., Mannheim (21. Aufl.) 2006; Die Zeit – das Le-xikon, in 20 Bdn., Hamburg 2005; Bertelsmann Lexikon, 15 Bde., Gütersloh 1990) ausgehend wahrscheinlich von Gosebruch 1958, 5, 21 f. („gefleckte Katze"), sowie Graevenitz 1908, 8 („gestreifte Katze"). Vgl. Eroli 1879, 8f.: „[...] il nostro guerriero, appellato Stefano e più comunemente Erasmo, soprannomato in seguito Gattamelata per la dolcezza de'suoi modi conguinta a grande astuzia e furberia, di cui giovossi molto in guerra a uccellare e côrre in agguato i mal cauti nemici, e pel suo parlare

Michael Schmidt

Durch die außergewöhnliche Geschichte der Familie Attendolo läßt sich anschaulich zeigen, in welche Machtsphären die aus Italien stammenden *Condottieri* im Verlauf ihres Werdegangs vorstoßen konnten. Muzio Attendolo, der sich und seiner Familie den Beinamen „Sforza" („Bezwinger") gab, entstammte zwar einer grundbesitzenden aber dennoch bestenfalls regional einflußreichen Familie aus Cotignola in der Romagna.[16] Er riß von zu Hause aus und erarbeitete sich während seines Dienstes in verschiedenen Söldnerkompanien den Rang eines *Condottiere* mit großer Gefolgschaft. Sein Sohn Francesco, der mit anderen Verwandten nach dem Tod seines Vaters die Leitung der Kompanie übernahm, gewann derart an Einfluß, daß er Bianca Maria Visconti, die erbberechtigte einzige Tochter des Herrschers von Mailand, zur Frau nehmen konnte. Derart legitimiert konnte er sich nach dem Tod ihres Vaters gegen enorme Widerstände den Titel des Herzogs von Mailand erkämpfen und wurde damit zu einem der politisch bedeutendsten Männer Italiens.

Konstituierend für das *Condottieri*-System war der Soldvertrag über Schutz- und Kriegsdienstleistungen, die *condotta*.[17] Dieser Vertrag war in der Regel ein sehr gründlich ausgearbeitetes Dokument, in dem alle wichtigen Vertragspunkte und die jeweiligen Sonderwünsche festgehalten werden mußten. Üblicherweise wurde in einer *condotta* neben der Vertragsdauer und der Höhe des Solds, des *stipendio*, festgehalten, wie viele Krieger der *Condottiere* zu stellen hatte und über welche Ausrüstung seine Männer verfügen mußten.[18] Vorgeschriebene Musterungen und Inspektionen sowie festgelegte Schiedsverfahren bei Streitigkeiten waren Vertragspunkte, die durch ein gesundes Mißtrauen gegen die Söldnertruppen begründet waren.[19]

---

accorto e come miele dolce e soave." Vgl. ebenso Garzanti 1977; vgl. Menniti Ippolito 1999, 46; vgl. Trease 1974, 7. Möglich ist auch eine Herleitung mit Bezug auf den Namen seiner Mutter „Melania Gattelli di Todi", vgl. Menniti Ippolito 1999, 46; vgl. Gosebruch 1958, 21; vgl hierzu auch Eroli 1879, 9.

[16] Blastenbrei 1987, 291ff.

[17] Abgeleitet von lat. „conducere" und ital. „condurre" („führen", „leiten", „verpachten"). Vgl. Trease 1974, 10. Als *condotte* wurden auch Verträge im zivilen Bereich bezeichnet. Vgl. Mallett 1974, 78ff.

[18] Vgl. Blastenbrei 1987, 203ff.; vgl. Mallett 1974, 81ff.; vgl. Mallett 1990, 58ff.; vgl. Selzer 2001, 47ff.

[19] Vgl. Blastenbrei 1987, 205; vgl. Mallett 1974, 86; vgl. Selzer 2001, 58f.

168

Während die Dauer einer *condotta* bis zur Mitte des *Trecento* sechs Monate selten überschritt, entwickelte sich zum Ende des Jahrhunderts hin der Brauch, die *Condottieri* längerfristig an sich zu binden.[20] Die Anzahl der Vertragspartner nahm im Zuge dieser Entwicklung kontinuierlich ab. Wo in der Mitte des *Trecento* noch Hunderte von Hauptleuten eine *condotta* mitunterzeichneten, genügte später der Name eines einzigen berühmten *Condottiere*.[21]

Vor dem Hintergrund der Komplexität der Söldnerwerbung und der anschließenden Verwaltungsaufgaben wurden Sonderbehörden gegründet, die sich auf diesem Gebiet spezialisierten, in Florenz zum Beispiel die *ufficiali della condotta* und die *ufficiali de difetti*.[22] Auch innerhalb der Söldnerkompanien hatten sich ausgeklügelte Verfahrensformen entwickelt, mit Hilfe derer ein Stab von Schreibern und Sekretären die organisatorischen Herausforderungen bewältigte.[23] Angesichts der Tatsache, daß die *Condottieri* den Großteil der militärischen Gewalt unter ihrer Kontrolle hatten, stellt sich die interessante Frage, wie die Auftraggeber die Vertragsbedingungen gegenüber ihren Vertragspartnern durchsetzen konnten. Das einzige wirksame Mittel, um Verrat sanktionieren zu können, bestand letztendlich darin, mit Hilfe von Spionen und weiteren Truppen den *Condottiere* persönlich zu bedrohen. Ein außergewöhnliches Beispiel für eine solches Vorgehen stellt die öffentliche Hinrichtung des *Condottiere* Carmagnola im Namen der Republik Venedig dar, die ihn unter falschen Angaben in die Stadt gelockt hatte und dann des Verrats bezichtigte.

Die Kampfweise der *Condottieri* war bis auf wenige Ausnahmen, die von der *Compagnia Bianca* initiiert wurden, von der schweren Reiterei geprägt, während die Infanterie immer eine untergeordnete Rolle beibehielt und erst im späten *Quattrocento* leicht an Bedeutung gewann.[24] In Übereinstimmung mit ritterlichen Gepflogenheiten als auch mit den finanziellen Interessen der Söldner wurden gefangen genommene Feinde normalerweise

---

[20] Vgl. Mallett 1990, 58.

[21] Vgl. a.a.O. 53; vgl. Selzer 2001, 71.

[22] Vgl. Lang 2006, 226; vgl. Mallett 1974, 81, 131; vgl. Mallett 1990, 65ff.; vgl. Selzer 2001, 50.

[23] Vgl. Blastenbrei 1987, 73ff.; vgl. Delbrück 1964 583ff.; vgl. Mallett 1974, 146ff.; vgl. Mallett 1990, 64.

[24] Vgl. Blastenbrei 1987, 100ff.; vgl. Delbrück 1962 22ff.; vgl. Mallett 1990, 72f.; vgl. Selzer 2001, 96ff.

gegen Lösegeldzahlungen wieder frei gelassen.[25] Der berühmten und oft adaptierten Kritik Machiavellis an den *Condottieri*, daß diese den Krieg künstlich in die Länge zögen und unblutige Theaterschlachten schlügen,[26] sollte skeptisch begegnet werden. Willibald Block kommt unter Rückgriff auf zeitgenössische Quellen in seinem 1913 erschienenen Werk *Die Condottieri. Studien über die sogenannten »unblutigen Schlachten«* zu dem eindeutigen Schluß, daß die Kämpfe zwischen den Truppen der *Condottieri* in der Regel erbittert ausgefochten wurden und erhebliche Todesopfer forderten, vor allem unter dem einfachen Fußvolk, den *fanti*, aber auch unter der schweren Reiterei. Kriegstechnisch waren die *Condottieri* bis tief ins *Quattrocento* auf der Höhe ihrer Zeit und wußten Neuerungen wie moderne Handfeuerwaffen und Geschütze durchaus effektiv einzusetzen.[27]

Es macht Sinn die republikanisch geprägte Kritik Machiavellis vor allem als rhetorisch-strategischen Zug zu betrachten, um seiner Forderung nach militärischer Innovation Gewicht zu verleihen. Machiavellis militärisch-politischen Standpunkt stärkte, daß die Kompanien der *Condottieri* mit Ende des *Quattrocento* zusehends an Kraft verloren gegenüber den moderneren Infanterie-Konzepten der Schweizer Reisläufer, der deutschen Landsknechte oder der spanischen Pikeniere.[28] Die von ihm als Florentiner Staatssekretär ins Leben gerufene Bürgermiliz siegte zwar bei der Belagerung Pisas, versagte allerdings 1512 im Kampf gegen moderne spanische Verbände kläglich, was den vertriebenen Medici ermöglichte, in Florenz wieder die Macht zu ergreifen.[29] Ein Bürgerheer aus Wehrpflichtigen, wie es Machiavelli präferierte, hätte unter militärtechnischen Gesichtspunkten als stehendes und damit als ausreichend diszipliniertes Heer eine größere Erfolgsaussicht gehabt.[30] Allerdings hätte das Konzept des modernen stehenden Heers, das erstmals gegen Ende des 16. Jahrhunderts von den Vereinigten Niederlanden im Unabhängigkeitskampf gegen Spanien erfolgreich umgesetzt wurde, mit seinen laufenden Kosten eine enorme finanzielle Belastung für die meisten der italienischen Staaten

---

[25] Vgl. Blastenbrei 1987, 223ff.; vgl. Delbrück 1962, 21f.; vgl. Selzer 2001, 114ff., 135 ff.
[26] Vgl. Machiavelli 1955, 49ff.; vgl. Machiavelli 1925, 218, 270, 333.
[27] Vgl. Mallett 1974, 156ff.
[28] Vgl. Delbrück 1962, 3ff., 118.
[29] Vgl. A.a.O., 23, 118ff.; vgl. Mittermaier 2005, 222.
[30] Vgl. auch Delbrück 1962, 124ff., 179ff.; vgl. auch Mallett, 1990, 78.

dargestellt und wäre von Machiavelli auch deswegen abgelehnt worden, weil er in der konstanten militärischen Führung von stehenden Truppen eine Gefährdung der Republik erblickte.[31]

Mittlerweile hatten die ständigen Kriege in Italien zu einer Machtkonzentration geführt, so daß das Land ab der Mitte des *Quattrocento* nur noch von fünf größeren Mächten beherrscht wurde: Florenz, Mailand, Venedig, dem Kirchenstaat und Neapel. Zudem war der wirtschaftlich-technische Vorsprung Italiens von vielen Regionen Europas eingeholt worden. Die Großmächte Frankreich und Spanien, das ab 1519 durch die Habsburger mit dem Heiligen Römischen Reich vereint war, begannen um die Wende zum *Cinquecento* (16. Jahrhundert) ihre modernen Truppen massiv und gezielt in Italien einzusetzen und sollten in der Folge jahrhundertelang maßgeblich die italienische Politik bestimmen.

All diese Entwicklungen beschleunigten den Niedergang der historischen Figur des *Condottiere*. Als einer der letzten großen *Condottieri* gilt Giovanni de' Medici, der als Giovanni delle Bande Nere bekannt ist und von Machiavelli als der mögliche Einiger Italiens angesehen wurde.[32] Bezeichnenderweise starb er 1526 an den Folgen einer Verletzung, die ihm durch ein Kugelgeschoß der kaiserlichen Landsknechte zugefügt wurde.[33] Ein Sitzbild von ihm, geschaffen von Baccio Bandinelli, ist auf der Piazza San Lorenzo in seiner Heimatstadt Florenz zu bewundern.

## Literatur

BLASTENBREI, Peter: *Die Sforza und ihr Heer*, Heidelberg 1987.

BLOCK, Willibald: *Die Condottieri*. Studien über die sogenannten »unblutigen Schlachten«, Berlin 1913.

DELBRÜCK, Hans: Das Mittelalter, mit einer Einl. von K.-G. CRAM, in: H. DELBRÜCK, *Geschichte der Kriegskunst im Rahmen der politischen Geschichte*, Bd. 3, Berlin (fotomechanischer Nachdr. der 2. Aufl., 1923) 1964.

DELBRÜCK, Hans: Die Neuzeit, mit einer Einl. von O. HAINTZ, in: H. DELBRÜCK, *Geschichte der Kriegskunst im Rahmen der politischen Geschichte*, Bd. 4, Berlin (fotomechanischer Nachdr. der 1. Aufl., 1920) 1962.

---

[31] Vgl. Delbrück 1962, 178ff.; vgl. Machiavelli 1833, 18 und 32ff.
[32] Vgl. Trease 1974, 238.
[33] Vgl. a.a.O., 239.

EROLI, Giovanni: *Erasmo Gattamelata da Narni. Suoi monumenti e sua famiglia*, Rom 1879.

GARZANTI, Aldo (Hg.): *Enciclopedia Europea*, Bd. V, Mailand 1977, 251.

GOSEBRUCH, Martin: *Donatello. Das Reiterdenkmal des Gattamelata*, Stuttgart 1958.

GRAEVENITZ, George von: *Gattamelata (Erasmo da Narni) und Colleoni und ihre Beziehungen zur Kunst*, Leipzig 1906.

LANG, Heinrich: „Der »zivile« Krieg. Ordnungskonzepte zwischen städtischer Gesellschaft und Söldnerführern im Italien der Renaissance", in: *Militär und Gesellschaft in der frühen Neuzeit*, hrsg. im Auftr. des Arbeitskreises Militär und Gesellschaft in der Frühen Neuzeit e.V. vom Lehrstuhl für Militärgeschichte der Universität Potsdam, 10. Jhrg., H. 2, Potsdam 2006, 220-240.
Zugänglich unter: http://opus.kobv.de/ubp/volltexte/2008/2101/

MACHIAVELLI, Niccolò: *Der Fürst*, übers. und hrsg. von R. ZORN, Stuttgart 1955.

MACHIAVELLI, Niccol: Geschichte von Florenz, in: Ders., *Gesammelte Schriften*. In 5 Bänden, unter Zugrundelegung der Übers. von J. ZIEGLER und F. N. BAUR, hrsg. von H. FLOERKE, Bd. 4, München 1925.

MACHIAVELLI, Niccol: Die Kriegskunst in sieben Büchern nebst den kleinen militairischen Schriften, in: Ders., *Machiavelli's Sämmtliche Werke*, übers. von J. ZIEGLER, Bd. 3, Karlsruhe 1833.

MALLET, Michael: „Der Condottiere", in: E. GARIN (Hg.), *Der Mensch der Renaissance*, Frankfurt a. M. 1990, 49-78.

MALLET, Michael: *Mercenaries and their Masters. Warfare in Renaissance Italy*, London 1974.

MENNITI IPPOLITO, Antonio: „Erasmo da Narni, detto il Gattamelata", in: M. CARAVALE (Hg.), *Dizionario Biografico degli Italiani*, Istituto della Enciclopedia Italiana, Bd. 52, Rom 1999, 46-52.

MITTERMAIER, Karl: *Machiavelli. Moral und Politik zu Beginn der Neuzeit*, Gernsbach 2005.

PLOETZ, Karl Julius (Begr.)*: Der große Ploetz*, Freiburg i. B. (32., neu bearb. Aufl.) 1998.

SELZER, Stephan: *Deutsche Söldner im Italien des Trecento*, Tübingen 2001.

TREASE, Geoffrey: *Die Condottieri*, übers. von R. M. GSCHWEND, München 1974.

# Der Aufstand der *Ciompi*

## *Michael Fischer*

Die Stadtgeschichte im Spätmittelalter war unter anderem geprägt von innerstädtischen Auseinandersetzungen der verschiedensten sozialen Gruppen im „Zeichen auslaufender ökonomischer Prosperität und der Krise des Spätmittelalters im Zeichen der Pestfolgen".[1] Die Opponenten, in der Regel die aufstrebende Mittelschicht, verlangten größere Mitsprache ihrer sozialen Interessenorganisationen, der Zünfte, auf Kosten der bisherigen Herrscher, der Mitglieder der privilegierten patrizischen Familien. Der Aufstand der *Ciompi* nimmt hierbei eine Sonderstellung ein; vielfach ist er aus Perspektive der marxistischen Geschichtsschreibung als erste städtisch-proletarische Erhebung klassifiziert worden.[2]

Florenz war seit 1138 eine Republik.[3] Die soziale Oberschicht und Teile der Mittelschicht waren stets an der Machtausübung beteiligt. Die *Signoria*, das oberste Verfassungsorgan, bestand aus acht *Prioren* und dem *Gonfaloniere di Giustizia*. Wählbar war hier jeder Mann, der über 30 Jahre alt war, Mitglied der *Parte Guelfa* sowie einer Zunft war, weder bankrott war noch Steuerschulden besaß. Die Mitglieder der *Signoria* wurden stets auf zwei Monate gewählt. Dem *Gonfaloniere di Giustizia* standen eigene Truppen zur Verfügung. Daneben existierten zwei Gesetzgebungsorgane, die jedoch nur eine Akklamationsfunktion gegenüber der *Signoria* besaßen.

Die Mitgliedschaft in der *Parte Guelfa* war eine der Voraussetzungen, um in der florentinischen Politik Karriere zu machen. Der realen Auseinandersetzung zwischen pro-kaiserlichen Ghibellinen und pro-päpstlichen Guelfen weitestgehend entzogen, diente die Bezeichnung Guelfen lediglich propagandistischen Zwecken. Alle politisch einflußreichen florentinischen Familien des 14. Jahrhunderts waren in der *Parte Guelfa* organisiert.

Neben der *Parte Guelfa* waren die Zünfte die einflußreichsten politischen Organisationen. Insgesamt gab es im Florenz des 14. Jahrhunderts 21 Zünfte: Die sieben *arti maggiori* repräsentierten das fernhändlerische Großkapital, die vierzehn *arti minori* die Kleinhändler, Gewerbetreibenden

---

[1] Heimann 1997, 229.
[2] Vgl. Kautsky 1921.
[3] Vgl. Brucker 1990.

und Handwerker. Eine Mitgliedschaft in einer Zunft setzte nicht den Besitz eines Gewerbes voraus. Den meisten Arbeitern und Kleinhandwerkern war die Mitgliedschaft in einer Zunft verwehrt, d.h. sie waren von der politischen Einflußnahme ausgeschlossen, aber an die Beschlüsse der Zunft gebunden.

Die wichtigste Industrie in Florenz war die Tuchindustrie, die entweder in zentralen Werkstätten oder im Verlagssystem organisiert war. Die *Arte della Lana* war die Zunft der Tuchindustrie. Aufgrund des oben beschriebenen Ausschlusses der Arbeiter und Kleinhandwerker also eine Organisation unter der Kontrolle der Besitzer der Produktionsmittel, der *lanaioli*. Sie war eine der einflußreichsten Zünfte innerhalb der *arti maggiori*. Die *Ciompi* waren der besitz- und rechtlose Teil der Wollarbeiter, zudem waren sie politisch ohne jeden Einfluß. Ausgehend vom 13. Jahrhundert prosperierte Florenz im 14. Jahrhundert vor allem in der Wollindustrie und im Bankgeschäft. Das wichtigste Exportgut war ab dem 13. Jahrhundert Wolltuch. Nach dem Einbruch der flämischen Wolltuchindustrie wurde im 14. Jahrhundert Florenz zum führenden Wolltuchproduzenten. In diesem Zusammenhang etablierte sich – nach dem die Hörigkeit bereits im Jahr 1289 aufgehoben worden war – in Florenz eine lohnabhängige Schicht von Wolltucharbeitern. Die Löhne blieben aufgrund des Verbots kollektiver Interessenvertretungen der Arbeiter sehr niedrig. Hinzu kam die Abhängigkeit der Arbeiter von den *lanaioli*, die in der Regel auch die Arbeitswerkzeuge an die Arbeiter vermieteten. Von den 60 000 Florentinern waren in den 1370er Jahren allein rund 14 000 in der Wolltuchproduktion tätig. Zum Vergleich: Die *Arte della Lana* hatte lediglich einige hundert vollwertige Mitglieder. Zur Überwachung der Arbeiter und Aufrechterhaltung der Produktion setzten die *lanaioli* einen *ufficiale forestiere* (auswärtigen Beamten) ein.

Jedoch war die Wollarbeiterschaft intern gleichfalls sozial hoch differenziert und kann grob in fünf Gruppen eingeteilt werden: 1. die Arbeiter, die mit geliehenen Werkzeugen in den Zentralwerkstätten arbeiteten (in der Regel Tagelöhner); 2. die Arbeiter, die mit geliehenen Werkzeugen zu Hause arbeiteten und in der Regel nach Stückzahl entlohnt wurden; 3. Weber, die teilweise im Besitz eigener Werkzeuge waren und daheim arbeiteten; 4. Walker und andere Tucharbeiter, die in den Werkstätten der Arte della Lana arbeiteten und 5. die Fertiger, in der Regel

Handwerker mit eigenen Werkstätten.[4] Dementsprechend differenziert müssen auch die sozioökonomischen Forderungen der Wollarbeiter betrachtet werden.

Zur Mitte des 14. Jahrhunderts wurde Florenz immer wieder von schweren Krisen heimgesucht. Im Winter 1339/40 brach eine schwere Hungersnot aus, 1340 suchte die Pest die Stadt heim. 1341 wieder eine schwere Hungersnot, 1343 eine Getreidemangelkrise, 1346/47 eine Hungersnot sowie eine Pestepidemie. Diese Krisen wurden stets von Aufständen des *popolo minuto* (des „kleinen Volks") begleitet. Infolgedessen sank die Einwohnerzahl von Florenz von 90 000 (1339) auf 50 000 (1349). Betroffen waren hier in der Regel die ärmeren sozialen Schichten.

Nach diesen krisenhaften Jahrzehnten trat eine neue politische Generation auf das Parkett: Die *gente nuova* rekrutierte sich aus der oberen Mittelschicht und dort primär aus bisher im Abseits stehenden Patrizierfamilien, welche die Macht der traditionellen guelfischen Eliten in Frage stellten. 1362–1364 führte Florenz Krieg gegen Pisa, 1375–1378 gegen den Papst. Diese beiden Kriege kosteten Florenz rund 5 000 000 Florin. Angeführt von *Salvestro de' Medici* opponierte die *gente nuova* gegen die traditionellen guelfischen Eliten und ging dabei ein Bündnis mit dem *popolo minuto* ein. Das handelskapitalistische Bürgertum verbündete sich mit den kleinbürgerlichen Schichten sowie den Recht- und Besitzlosen, den *Ciompi*. Im Juni 1378 ließ *Salvestro de' Medici* die Zünfte bewaffnen und gegen die guelfischen Patrizierfamilien vorgehen. Bei den anstehenden Neuwahlen zu den kommunalen Ämtern setzten sich die Kandidaten der *gente nuova* durch, die Recht- und Besitzlosen waren also nicht in den politischen Gremien vertreten. Deren zentrale Forderung war die Ausschaltung der *Parte Guelfa*. Unter dem Eindruck der bewaffneten *arte minori* konnten die Interessen der kleinbürgerlichen Handwerker durchgesetzt werden. Die *Ciompi* waren weiterhin ohne politischen Einfluß:

Die Bewegung entwickelte sich Schritt für Schritt in eine demokratische Richtung. Die Petition [der kleinbürgerlichen Handwerker] zielte nicht darauf ab, die bestehende Ordnung umzustürzen. Die, die sie geschrieben hatten, verhielten sich gegenüber der Anmaßung der Reichen wie der Kühnheit der Ciompi gleichermaßen ablehnend. Sie wollten, innerhalb der traditionellen

---

[4] Piper 1978, 47f.

korporativen Struktur, die bürgerliche Gleichheit zwischen kleinen Laden-
besitzern und Fernhandelskaufleuten, Rentiers und Magnaten vorantreiben.[5]

Die *arti minori* forderten also nur die politische Gleichheit, während die
*Ciompi*, die die größte und homogenste Gruppe der *arte minori* darstellten,
vor allem an einer sozialen Besserstellung interessiert waren. Die *Ciompi*
planten zur Durchsetzung ihrer Interessen einen Aufstand für den 20. Juli
1378. Dieser wurde zwar vereitelt, doch konnten die Truppen der *Signoria*
der zahlenmäßigen Überzahl der bewaffneten *Ciompi* nichts entgegen-
halten. Unter dem Druck dieser bewaffneten Übermacht schwangen sich
einige Anführer der *gente nuova*, darunter – durchaus den eigenen
Interessen folgend – Salvestro de' Medici zu den Anführern des Aufstands
der *Ciompi* auf. Am 21. Juli 1378 wurde der Palast der *Podestà* (eine Art
Polizeipräsidium) von den *Ciompi* und fast allen Zünften belagert. Die
*Ciompi* stellten umfangreiche soziale Forderungen, so z.B. die Gewährung
eines eigenen Zunftrechtes für das *popolo minuto*, eine Viertelparität des
*popolo minuto* in allen politischen Gremien, die Abschaffung der
drakonischen Strafen und die Rehabilitierung der von der *Parte Guelfa*
Verfolgten.[6] Obwohl diese Forderungen fast einstimmig angenommen
wurden, spitzte sich die Situation in der Stadt noch weiter zu. Die
Aufständischen stürmten den *Palazzo Vecchio* und ernannten Michele de
Lando, „einen der ihren",[7] zum neuen *Gonfaloniere di Giustizia*.

Diese neue Regierung war jedoch trotz alledem keine Regierung der
*Ciompi*: Die *gente nuova* herrschte weiterhin in den Gremien der Stadt,
während die *Ciompi* die Straße beherrschten. Die Gegner (die *gente nuova*,
die *arte minori* und das *popolo minuto*, d.h. vor allem die *Ciompi*) der
„alten Kräfte" hatten sich kurz in der Aktion vereinen können, jetzt
brachen die Interessengegensätze jedoch wieder auf. Die wichtigste
Handlung der neuen Regierung war die Organisation neuer Zünfte. So
entstanden die *Arte del popolo minuto* (auch *Arte dei Ciompi*) der am sozial
am schlechtesten gestellten Wollarbeiter mit ca. 9000 Mitgliedern, die *Arte
dei Tintori* der kleinbürgerlichen und sehr selbstbewußten Handwerker mit

[5] Michel Mollat / Philippe Wolff, *The Popular Revolutions of the Late Middle Ages*,
zitiert nach Piper 1978, 70.
[6] A.a.O., 79.
[7] Lettera d'Anonimo sull Tumulto dei Ciompi, in: Scaramella (Hg.), *Il Tumulto dei
Ciompi. Cronache e Memorie*, zitiert nach Piper 1978, 80.

ca. 2000 Mitgliedern und die ebenfalls kleinbürgerliche *Arte dei Farsettai* mit ca. 2000 Mitgliedern. Erstmals konnten die *Ciompi* ihre sozialen Interessen kollektiv vertreten. Die Antwort der Unternehmer, der Besitzer der Produktionsmittel in der Wollindustrie, war die Aussperrung von den Werkstätten, um die neue Regierung auf kaltem Weg zu liquidieren.[8] Dies führte zu einem Heer an Arbeitslosen und zu einer weiteren Radikalisierung der *Ciompi*. Im Laufe des Augusts 1378 verschlechterte sich die soziale Lage der *Ciompi*, was sie zu neuen Forderungen veranlaßte:

Das Volk war wütend vor Hunger; denn die Werkstätten blieben geschlossen, und, soweit sie öffneten, wurde nicht gearbeitet. Die *Arte della Lana* aber wollte nichts unternehmen. Deshalb forderten die *Ciompi* alle Ämter. Und da sie nicht bekommen konnten, was ihnen fehlte, wollten sie rauben, was sie zum Leben brauchten.[9]

Die *Ciompi* stellten einen weitgehenden Katalog mit sozialen Forderungen auf. Dies ging selbst der neuen Regierung, die ja eigentlich auch eine der *Ciompi* hätte sein sollen, zu weit. Am 31. August 1378 warfen die Truppen der Regierung unter Führung von Michele de Lando den Aufstand der *Ciompi* nieder:

*Michele de Lando*, dessen strahlendes Äußeres in auffallendem Gegensatz zu seinem Charakter stand, war einer jener typischen „Revolutionäre", die das aufstrebende Bürgertum in den ersten Jahrhunderten der Geschichte des Kapitalismus immer wieder hervorbrachte. Die Bourgeoisie bedurfte der Mobilisierung durch die Straße zur Durchsetzung ihrer Ziele gegen die alten Feudalkräfte, denn aus dem Elend der Massen gewann die Rhetorik dieser Führer ihr soziales Pathos, das es vermocht hat, so viele Revolten der Unterdrückten zum Scheitern zu führen.[10]

Am 1. September 1378 kamen die neuen *Prioren* in ihre Ämter und entfernten alle *Ciompi* aus den politischen Gremien; die *Arte di Popolo minuto* wurde aufgelöst. Das neue Regime, eine Regierung der *arte minori* konnte sich bis 1382 an der Macht halten, wonach es wieder einer Regierung der *lanaioli* Platz machen mußte. Diese neue Regierung griff hart durch:

---

[8]  A.a.O., 94.
[9]  Stefani, *Cronaca fiorentina*, zitiert nach Piper 1978, 95.
[10]  Meschkowski, *Le pathétique et la révoluion*, zitiert nach Piper 1978, 99.

Die neuen Herren kannten im Gegensatz zu ihren Vorgängern keine Milde. Wer auch nur im entferntesten als Anhänger der popolo minuto galt, wurde verbannt, mit dem Tode bestraft. Nichts und niemand in Florenz sollte mehr an diese kurze, außergewöhnliche Epoche, die als Aufstand der ciompi in die Geschichtsbücher eingegangen ist, erinnern.[11]

Aufstände der Besitz- und Rechtlosen haben sich in ähnlicher Weise auch an anderen Orten in Europa ereignet. Alleinstellungsmerkmal des Aufstands der *Ciompi* bleibt, daß er der erste Aufstand in der europäischen Geschichte ist, der – in seiner dritten Phase – von lohnabhängigen Arbeitern angeführt wurde.

## Literatur

BEUYS, Barbara: *Florenz.* Stadtwelt – Weltstadt. Urbanes Leben 1200 bis 1500, Reinbeck bei Hamburg 1992.

BRUCKER, Gene: *Florenz in der Renaissance.* Stadt, Gesellschaft, Kultur, übers. von C. PREUSCHOFT, Reinbek bei Hamburg 1990.

HEIMANN, Heinz-Dieter: *Einführung in die Geschichte des Mittelalters,* Stuttgart 1997.

KAUTSKY, Karl: *Vorläufer des modernen Sozialismus,* Bd. 1, 1921.

PIPER, Ernst: *Der Aufstand der Ciompi.* Über den „Tumult" der Wollarbeiter im Florenz der Frührenaissance, Berlin 1978.

---

[11] Beuys 1992, 196.

# „Undankbar, wankelmütig, verlogen, heuchlerisch, ängstlich und raffgierig"
# Der Mensch und die Motive seines Handelns in Machiavellis Il Principe

*Sven Reisch*

Würde schon allein die schiere Menge an Gegenschriften und literarischen Beifallsbekundungen, an Werkanalysen und Deutungsversuchen ausreichen, um der Wichtigkeit eines Werkes der Literaturgeschichte Ausdruck zu verleihen, so könnte man Niccolò Machiavellis *Il Principe* aus der Zeit um das Jahr 1513 (postum veröffentlicht 1532) bereits ungelesen zu den wirkungsmächtigsten Werken der politischen Literatur zählen. Die Exegesen und Analysen, von Philosophen, Historikern, Politikern und Politikwissenschaftlern über die Jahrhunderte bis in die Gegenwart verfaßt, sind ebenso zahlreich wie kontrovers. Es ist also der fortlaufende Diskurs seit Erscheinen und Bekanntwerden im 16. Jahrhundert bestes Indiz dafür, daß der *Principe* Fragen aufwirft und Thesen formuliert, die es unbedingt wert sind, untersucht zu werden.

Bei allen zum Teil großen Unterschieden in der Deutung des *Principe* sind sich die Rezipienten des wissenschaftlichen Diskurses durchaus einig, daß Machiavellis Werk nicht nur in einer Zeit ideenhistorischen Umbruchs entstanden ist, sondern selbst maßgeblich ein neues politisches Denken hervorgebracht hat. Der deutsch-griechische Ideenhistoriker Panajotis Kondylis beschreibt in seinem Machiavelli-Buch das Neue im Denken der Renaissance zusammengefaßt als „gemäßigte Trennungen",[1] die gerade im Werk Machiavellis zum Tragen kommen. Kondylis attestiert dem Positivismus der Renaissance die Tendenz zu einem ausgeprägten Individualismus, der von dem Begriff sozialer Gesetze nicht mehr erfaßt werden kann. Das Weltliche entfernt sich zunehmend vom Göttlichen – in der sozialen Praxis genauso wie im Bereich theoretischer Begründungen. Und letztens rückt das Politische vom Moralischen ab: Die Kriterien erfolgreichen praktischen Handelns werden anderen Maßstäben unterworfen. Diese Trennungen sind jedoch insofern „gemäßigt" zu nennen, als das Neue zwar den epocheprägenden Charakter ausmacht, jedoch das Alte

---

[1] Kondylis 2007, 12.

nicht in seiner Bedeutung gänzlich ablöst, sondern diesem vielmehr in der neuen Zeit an Erklärungsgewicht überlegen und deshalb vorgeordnet erscheint. Kondylis schreibt:

> Tritt man nun in Machiavellis Gedankenwelt ein, sieht man, daß die geistigen Merkmale der Renaissance dort nicht auf der Grundlage ihrer idealtypischen Basis integriert wurden [...], sondern in ihrer gemischten, unreinen Form, in der diese Merkmale in ihrer Zeit existierten und funktionierten.[2]

Einen Blick auf individuelles politisches Handeln, der ohne die Zuhilfenahme von jenseitigen Begründungsstrategien auskommt, nimmt Machiavelli im *Principe* ein und zahlreiche Autoren haben die Trennung von Politik und Moral als Grundthese des Werkes angesehen.[3] Da Machiavellis Argumentation nicht von moralischen oder religiösen – überindividuellen Grundannahmen geleitet wird, kommt Aussagen zur Ausstattung und den Intentionen der individuellen Akteure eine Schlüsselrolle zu. Wird das Individuum und sein Handeln, das im Kontext der Staatsgemeinschaft politisches Handeln ist, zum bestimmenden Objekt der politischen Theorie, so bedarf es einer anthropologischen Grundlegung.

Wie ist nun aber der Mensch beschaffen und wovon läßt er sich leiten? Machiavellis Antwort auf die anthropologischen Grundfragen läßt sich nicht ohne Bezug auf dessen Methode der Untersuchung im *Principe* finden. Das Werk hat ein vom Autor klar formuliertes Ziel, dem sich mitunter auch der eigene Untersuchungsgegenstand gleichsam unterzuordnen scheint: Machiavelli schreibt einen politischen Leitfaden für Herrscher im Allgemeinen, für die Fürstenfamilie der Medici im Florenz seiner Zeit im Speziellen. Damit steht er in der mittelalterlichen Tradition des Genres der Fürstenspiegel, einer Art politischer Ratgeber, die dazu dienten, die Herrscher in den Methoden des richtigen Regierens zu unterweisen. Während die Fürstenspiegel des Mittelalters jedoch ein christlich-religiös durchwirktes Ideal von Herrschaft formulierten, verzichtet Machiavelli gänzlich auf den Rekurs auf theologische Ideale. Religion spielt im *Principe* nur dort eine Rolle, wo sie dem Fürsten als Instrument seiner Herrschaft dienlich scheint. Damit bringt Machiavelli tatsächlich etwas Neues in das *Denken* seiner Zeit, wenngleich er zu einem guten Teil nur auf die *faktischen* politischen Verhältnisse reagiert. So gerät

---

[2] Kondylis 2007, 25.
[3] Vgl. ebd.

etwa das Gottesgnadentum in der frühen Neuzeit als Begründung der Legitimität von Herrschaftsverhältnissen zunehmend in den Hintergrund. Zwar attestiert er im elften Kapitel den geistlichen Herrschaften zunächst, daß „sie nach höheren Gesichtspunkten geleitet werden, an die der menschliche Verstand nicht heranreicht",[4] um dann aber selbst den Kirchenstaat als eine rein machtpolitisch handelnde Größe unter anderen zu behandeln. Gestützt auf seinen großen Fundus an Beispielen für politische Verhältnisse und Verstrickungen gelingt ihm eine schlüssige Darstellung zahlreicher inner- und zwischenstaatlicher Konflikte, ohne daß eine theologische oder metaphysische Autorität überhaupt eine Rolle spielt.

Machiavelli gewinnt seine historisch-erklärende Methode aus der Überzeugung, daß das Handeln der Menschen fast gänzlich an Vorbildern orientiert bleibt, sie kaum dazu bereit sind, von „Wegen, die bereits von anderen begangen wurden"[5], abzugehen. Und angesichts seines intensiven Studiums der Geschichte der Staaten sind es dann letztlich nur Fragen faktischer Machtausübung, die die Politik bestimmen. Dafür lieferte ihm seine Heimat Italien nicht nur eine reiche Zahl an Beispielen, sie prägte zugleich sein Denken. So sind für Bertrand Russell die politischen Wirrnisse, mit denen Machiavelli teils persönlich konfrontiert war, als eine der Grundlagen für seine politische Schriftstellerei anzusehen: „Die moralische und politische Anarchie Italiens im fünfzehnten Jahrhundert war erschreckend; auf diesem Boden erwuchsen Machiavellis Doktrinen."[6]

Theologischer oder moralphilosophischer Vorgaben entledigt, kommt es Machiavelli methodisch darauf an, „funktionale Effekte zu beobachten und untereinander zu vergleichen", anstatt „die Absichten und Ziele der Menschen nach universalistischen Vorgaben zu organisieren."[7] Machiavellis argumentativer Ansatz ist geprägt von Empirie und historischem Nachweis, von einem nüchternen Blick auf die Zweckrationalität des Menschen und dessen konsequentialistischer Handlungsmotivation. Er entwirft eine „Wissenschaft des Erfolges" – wenn „›Erfolg‹ bedeutet, das Ziel erreicht zu haben, welcher Art es auch sein mag."[8] Der wertungslose Erfolg einer

---

4 Machiavelli 1978, 46.
5 A.a.O., 20.
6 Russell 2005, 501.
7 Münkler 2009, 13.
8 Russell 2005, 517f.

Handlung läßt sich an einer grausamen, hinterlistigen, „schlechten" Tat genauso betrachten wie an einem „guten" Beispiel. Daß Machiavelli in dieser Art argumentiert, wenn er z.b. keinen qualitativen Unterschied zwischen „tugendhaft scheinen" und „tugendhaft sein" macht,[9] steht nicht nur für den radikalen Geist seines Werkes in der Zeit, sondern begründet auch den schlechten Ruf, den es seit seiner Veröffentlichung immer wieder genießt.

Mit dem Anspruch, die politischen Handlungen der Menschen so aufzugreifen wie sie sind und nicht wie sie sein sollen, verbindet sich also ein historisch-phänomenologisch orientierter Zugang zu politischen Verhältnissen. Es geht damit zudem eine aus der Beobachtung gewonnene Anthropologie einher:

Machiavelli schließt sich spontan der Vorstellung an, daß der Mensch schlecht sei, und um es zu beweisen, beruft er sich nur auf kollektive Erfahrung, nicht auf eine Analyse des Wesens des Menschen. Dieses Wesen interessiert ihn nicht [...]; er interessiert sich für die konkreten Manifestationen der menschlichen Natur, die in verschiedenen Handlungen gerinnen.[10]

Machiavellis gemeinhin angenommene pessimistische Anthropologie ist keine theoretisch gewonnene Erkenntnis, die er im *Principe* deduziert. Sie erscheint als eine methodologisch grundlegende Annahme, die vor allem dem Ziel des Autors des *Principe* dient. Denn die Rolle des Herrschers und seines Handelns ist dann von besonderer Wichtigkeit, wenn „Politik als Schadensbegrenzung" (Peter Schröder) begriffen wird, wenn das Regieren eine Form der Therapie sozial-anthropologischer Mängel darstellt.[11]

Machiavellis Satz im XVII. Kapitel des *Principe*, es sei „im allgemeinen zu sagen, daß sie [die Menschen] undankbar, wankelmütig, verlogen, heuchlerisch, ängstlich und raffgierig sind", wirkt für sich genommen pauschal, provokativ und wenig fundiert. Es sei dahin gestellt, ob eine empirische Untersuchung seine These eher stützen oder falsifizieren würde,

---

[9] Vgl. Machiavelli 1978, 71-74.

[10] Kondylis 2007, 113.

[11] Machiavelli selbst benutzt im III. Kapitel einen Vergleich von ärztlicher Behandlung und politischem Regierungshandeln. Wie der Arzt die Schwindsucht im Anfangsstadium schwer erkennen, aber leicht behandeln könne, und sie im Spätstadium zwar leicht zu erkennen aber nur noch schwer zu behandeln sei, so verhalte es sich auch mit den Übeln in der Politik. Vgl. Machiavelli 1978, III. Kapitel, 4-14.

scheint sie dem Autor doch im Kontext der den Herrscher betreffenden Frage, ob es besser sei, geliebt oder gefürchtet zu werden, von funktionaler Bedeutung zu sein. Das Ziel des *Principe* ist es, den politischen Führern eine Anleitung für erfolgreiches Regieren an die Hand zu geben. Der Erfolg politischen Handelns bemißt sich jedoch nicht an dem Grad wahrer Erkenntnis der sozialen Umstände inklusive der anthropologischen Verfassung des Menschen, sondern an der Machtfülle des Herrschers innerhalb des Staates und des politischen Gewichts des Staates nach außen. Machiavellis Anspruch ist es, eine Methodik der Macht zu entwickeln, die den Fürsten zu einer erfolgreichen Herrschaft befähigen soll. Vor diesem Hintergrund besteht kein qualitativer Unterschied zwischen einer fundierten Aussage darüber, wie der Mensch tatsächlich ist und einer Annahme über das Wesen des Menschen, die lediglich darauf gerichtet ist, wie der Fürst die Menschen einschätzen sollte, um seinen Erfolg nicht zu gefährden. Damit skizziert Machiavelli – modern ausgedrückt – nichts anderes als ein *worst-case*-Szenario. Will ein Fürst Herr des politischen Verfahrens und damit seines eigenen Schicksals bleiben, so darf er sich nicht auf Treue und Ergebenheit seiner Untertanen – auch nicht seiner engen Vertrauten – verlassen, gibt es doch für Machiavelli zu viele Beispiele aus der Geschichte, die zeigen, daß Herrscher genau daran scheiterten.

Der große Vorwurf an Machiavelli, sein *Principe* würde den Fürsten zu einem skrupel- und rücksichtslosen, nur auf seinen individuellen Erfolg ausgerichteten Handeln anleiten, setzt an dem Punkt an, wo aus dem postulierten negativen Menschenbild die Ratschläge zum Umgang mit den Untertanen gewonnen werden. Gerade das wiederkehrende Lob *Cesare Borgias*, den Machiavelli offen als grausamen Herrscher darstellt und dennoch seine Bewunderung für ihn nicht versteckt, trägt maßgeblich zu diesem Urteil bei. Machiavelli vergißt jedoch nicht zu schildern, welche politischen Erfolge das grausame Regieren des Herrschers über die Romagna nach seinem Dafürhalten legitimierten: „Cesare Borgia galt als grausam. Trotzdem hat diese Grausamkeit die Romagna geordnet und geeinigt und ihr wieder Frieden und Ergebenheit [gegenüber dem Herrscher] gebracht."[12] Ordnung, Einigkeit, Frieden und Ergebenheit sind Faktoren politischen Erfolges, von denen wohl nur letzterer ausschließlich dem Alleinherrschenden zugute kommt. Zwar ist die Behauptung,

---

[12] A.a.O., 68.

Grausamkeit gegen Untertanen könnte zu deren Vorteil sein[13] und auch als solcher empfunden werden, nicht frei von Paradoxien, doch müssen zu dieser Kritik entstehungsgeschichtliche Einschränkungen gemacht werden. So arbeitet Herfried Münkler eindrücklich heraus, daß sich „die Bewußtwerdung des Menschen als eines einzigartigen Individuums" und die „kühle Rationalität [...] zunächst im wesentlichen auf die Florentiner Oberschicht, die Kaufleute, Bankiers und die neue Bildungselite, beschränkt haben dürfte."[14] Die breite Masse der Untertanen, das Volk, wird weiterhin als überindividuelle Einheit wahrgenommen. Das Schicksal einzelner Mitglieder des Volkes, insbesondere jener Individuen, die den „›irrationalen‹ untersten Schichten"[15] angehören, spielen für die Erfolgsbilanz des Regierens keine Rolle, wohingegen das Volk als ganzes bei Machiavelli immer wieder als wichtige Größe der Machtfrage erscheint.

Der Fürst selbst ist im *Principe* freilich jederzeit explizit als souverän handelndes Individuum erkennbar. Sein Regieren ist maßgeblich für Gedeih und Verderb des Staates – doch damit ist er nicht nur seines eigenen Schicksals Herr. Die Thesen Machiavellis als einen Appell an die individuelle Rationalität des Fürsten zu verstehen, der allein den Machterhalt des Herrschenden zum Ziel hat, würde den *Principe* in seiner Bedeutung verkürzen.

Daß die Macht des Fürsten auch bei Machiavelli kein rein individueller Selbstzweck ist, kann ein Blick auf das in der Literatur oft mißachtete XXVI. Kapitel des *Principe* verdeutlichen. Es handelt sich dabei um den auf den letzten Seiten direkt an die Medici als Adressaten des Werkes gerichteten „Aufruf, in Italien die Macht zu ergreifen und es von den Barbaren zu befreien."[16] Dieses Schlußkapitel ist durchwirkt von der Idee eines geeinten Italiens unter gemeinsamer Herrschaft und Machiavellis Anspruch ist es, mit dem *Principe* die Anleitung für den Erfolg dieses patriotischen Projekts geliefert zu haben. Natürlich kann es für ihn nur ein Herrscherhaus geben, das die Fähigkeiten besitzt, die innere Einigung genauso wie die äußere Verteidigung herzustellen: Das Florentiner Geschlecht der Medici; denen er mit seiner Ehrerbietung in der Widmung

---

[13] Vgl. Machiavelli 1978, 38.
[14] Münkler 1982, 36.
[15] A.a.O., 37f.
[16] Machiavelli 1978, 106-111.

am Anfang des Werkes aufwartet. Die machttheoretischen Erörterungen des *Principe* sind also in ein Korsett tagespolitischer Avancen eingewebt: Zu Anfang die Widmung des Werkes an Lorenzo de Medici und im letzten Kapitel der Hinweis, daß dieser derjenige ist, der mit Hilfe der Lehren des *Principe* das große Ziel eines geeinten Italiens erreichen kann.

Die innerhalb des Werkes mitunter geforderten radikalen Methoden zur Festigung der Macht des rationalen Fürsten stehen dann nicht im Widerspruch zum patriotischen Projekt einer Einigung, wenn man der herausgehobenen Machtposition des Herrschers innerhalb eines autoritären Regimes Rechnung trägt. Hierbei darf keine Rolle spielen, ob es klügere, sicherere oder menschlichere Regierungsformen gibt. Machiavelli selbst schließt die Erörterung anderer Regime als einer Alleinherrschaft im II. Kapitel aus; es wird lediglich behandelt, wie ein autoritärer Fürst eine erfolgreiche Herrschaft ausüben kann. Daß sich dieser Erfolg nicht ausschließlich am individuellen Nutzen für den Herrschenden bemißt, kann auch daraus gefolgert werden, daß an keiner Stelle des Werkes dazu aufgerufen wird, das eigene Volk zu verraten. So wäre ja durchaus ein individuell rationaler Vorteil denkbar, wenn aus der Aufgabe der Herrschaft über das eigene Volk eine größere Machtposition – etwa durch Überlaufen zur gegnerischen Seite und Aushandeln neuer Herrschaftsfunktionen – erwachsen würde. Der rational-individualistische Ansatz hat also immer dort seine Grenzen, wo er einer patriotischen Gesinnung entgegenstehen würde.

Nicht umsonst sind die *condottieri*, eine im Italien zu Machiavellis Zeit weit verbreitete Form von angeheuerten Söldnerführern, das eigentliche Feindbild in den Ausführungen im *Principe*, geht doch gerade ihnen die vaterländische Verortung, die für Machiavelli zu Kriegszeiten unabdingbar ist, ab. Die Kapitel, in denen sich der Autor mit der Heeresorganisation und dem Kriegswesen auseinandersetzt (vgl. XII.-XIV. Kapitel) stehen bewußt im Zentrum des Werkes, das mit der Widmung an Lorenzo de Medici beginnt und mit der Aufforderung an selbigen endet, Italien zu einen (vgl. XXVI. Kapitel). Die Quintessenz jener drei Kapitel ist, daß eine Herrschaft nur dann erfolgreich sein kann, wenn sie sich auf ein Volksheer stützt. Söldnerheere seien deshalb gefährlich, weil „sie sich durch nichts gebunden fühlen und kein anderes Motiv sie im Feld hält als das bißchen

Sold, der nicht ausreicht um sie gerne für dich sterben zu lassen."[17] Auch von Hilfstruppen rät Machiavelli dringend ab, da diese „unter dem Kommando anderer"[18] stehen und damit nicht nur Abhängigkeitsbeziehungen eingegangen werden, sondern die direkte Gefahr besteht, daß sie nach erfolgreichem Kampf nicht mehr abziehen und das eigene Land besetzen.

Im Kriegswesen kulminiert also die Notwendigkeit einer patriotischen Gesinnung, sie entscheidet im Zweifelsfall über den Erfolg einer Herrschaft und damit über das Wohlergehen des Staates mit dem Fürsten an seiner Spitze. Machiavelli geht gar soweit zu sagen, daß ein kluger Herrscher „lieber mit seinen eigenen Truppen verliert, als mit fremden zu siegen."[19] Der Alleinherrscher beweist seinen Einsatz für die Sache des Staates in Kriegszeiten durch Präsenz auf dem Feld, als Feldherr soll er persönlich die Truppen anführen.

Weder die patriotische Gesinnung des Volkes noch die Notwendigkeit für den Herrscher, selbst in den Krieg zu ziehen, können durch zweckrationale Handlungsmotive hinreichend erklärt werden. Der Autor ist jedoch gar nicht daran interessiert, den angenommenen Patriotismus auf eine Ursache zurückzuführen. Die Annahme der Schlechtigkeit des Menschen diente Machiavelli als systematische Grundlage: Der *Principe* dient dem Ziel, Methoden einer jederzeit erfolgreichen Alleinherrschaft darzulegen, und zieht deshalb auch die widrigsten Umstände in Betracht. Die Patriotismusannahme weist nun darauf hin, daß der Alleinherrscher auf eine weitere Grundlage bauen muß und kann. Nur unter der Voraussetzung, daß ein allgemeines, wie auch immer gewonnenes Interesse daran besteht, das Staatswesen als solches zu erhalten, kann der Alleinherrscher seine Machtposition behaupten. Und will er diese Position auf Dauer erfolgreich halten, so muß er dafür sorgen, daß das patriotische Interesse seiner Untertanen auf seine Regentschaft gerichtet bleibt.

Viele Autoren haben sich mit dem vermeintlichen Widerspruch von individualistisch-pessimistischem Menschenbild und einer dennoch konstatierten Tendenz zur Gemeinschaftsbildung bei Machiavelli auseinandergesetzt. Wolfgang Kersting führt diese auf „eine gesinnungs- und

---

[17] Machiavelli 1978, 50.
[18] A.a.O., 56.
[19] Ebd.

charakterbildende politische Erziehbarkeit des Menschen" zurück.[20] Diese könne sich jedoch erst dann entfalten, wenn nach einer Phase der gewaltsamen Zwangspolitisierung durch die Herrschaft allmählich eine „Habitualisierung sozialkonformen Verhaltens" eintritt. Für Kersting handelt es sich dabei um eine zweite – quasi kultivierte – Natur des Menschen. Die politische Erziehbarkeit des Menschen zu einem Bürger könne aber „nur in einem günstigen politischen Umfeld gelingen, das nach Machiavelli allein in einem republikanisch organisierten Gemeinwesen anzutreffen ist."[21] Damit scheint Kersting die auch im *Principe* angelegte sozialaffine Tendenz im Menschenbild Machiavellis zu verkennen. Gleichfalls scheint es zu kurz gegriffen, wenn die Möglichkeit der Vergemeinschaftung von Individuen lediglich als ein Ergebnis politisch-erzieherischer Verformung der menschlichen Natur begriffen wird.

Eine schlüssigere Analyse liefert Münkler. Der hypothetisch angenommenen permanenten Korruptibilität des Menschen bei Machiavelli stellt dieser eine „Fungibilität der menschlichen Natur für die Zwecke des Staates" zur Seite.[22] Darüber, welche der beiden Seiten des Menschen stärker zum Vorschein kommt, entscheide die politisch-historische Konstellation. Insofern spielen beide Faktoren der menschlichen Natur eine ähnliche Rolle. Natürlich lassen sich historische Beispiele finden, die die Annahme von Korruptibilität und Fungibilität als Grundanlagen des Menschen rechtfertigen mögen, dies ist aber gar nicht das Motiv Machiavellis. Ist der Zweck des *Principe*, eine Methodik der Macht zu entwickeln, die den Fürsten zu einer Herrschaft befähigen soll, deren Erfolg sich nicht nur auf den individuellen Nutzen beschränkt, sondern das Wohl des Staatswesens im Blick hat, so benötigt er nicht nur die Hypothese eines pessimistischen Menschenbildes, dessen „doppelte strategische Funktion [...], logische Voraussetzung und legitimatorische Absicherung des modernen Staates zugleich zu sein, [...] als eine der wichtigsten Innovationen in der politischen Theorie Machiavellis angesehen werden [kann]."[23] Das Menschenbild muß, um auf das Ziel der Untersuchung des *Principe* gerichtet zu bleiben, gleichzeitig für ein Bewußtsein für die Schicksalsgemeinschaft offen sein.

---

[20] Kersting 1988, 43.
[21] A.a.O., 44.
[22] Münkler 1982, 269f.
[23] A.a.O., 266.

Diese zwei Ebenen des Menschenbildes bei Machiavelli werden weder empirisch noch normativ begründet, es handelt sich vielmehr um konsequentialistisch motivierte Grundannahmen, die die Handlungstheorie des *Principe* stützen. Diese beiden Faktoren der Anthropologie Machiavellis mögen sich oft genug widerstrebend entgegenstehen. Es hängt „allein von der jeweiligen politischen Konstellation ab"[24], welcher das Handeln des Menschen stärker bestimmt. Insofern spielen natürlich auch politisch-erzieherische Maßnahmen eine Rolle für den dauerhaften Erfolg des Regierungshandelns. Doch gerade deshalb muß eine Fungibilität für die Zwecke des Staates, eine anthropologische Grundtendenz zur Bildung und Förderung der Schicksalsgemeinschaft über das individuelle Interesse hinaus angenommen werden. Das Schicksal des Staates ist somit der gemeinsame Nenner des Interesses des Fürsten mit den Bedürfnissen des Volkes. Als autoritärer Herrscher ist der eigene Erfolg untrennbar mit dem Wohl des Gemeinwesens verbunden, während das Schicksal des Volkes in der Alleinherrschaft ausschließlich in den Händen des Fürsten liegt.

Aus der Position der Machtfülle für den Fürsten erwächst eine uneingeschränkte Zahl an Handlungsoptionen und damit die größtmögliche persönliche Verantwortung. Wie ein Fürst dieser Verantwortung gerecht werden kann, darum geht es Machiavelli im *Principe*. Für Max Weber bedeutet verantwortungsethisches Handeln, „daß man für die (vorhersehbaren) *Folgen* seines Handelns aufzukommen hat."[25] Während der aus reiner Gesinnung Handelnde schlechte Folgen seines an obersten, für unbezweifelbar gut gehaltenen Leitlinien orientierten Handelns auf äußere, nicht selbst verantwortbare Faktoren abwälzen kann, steht der Verantwortungsethiker nackt vor den Folgen seines Handelns: „Er wird sich sagen: diese Folgen werden meinem Tun zugerechnet."[26] Aus dieser Verantwortungsposition speist sich die Legitimation des Handelns des Fürsten, wie es Machiavelli skizziert.

Machiavellis *Principe* befaßt sich nicht mit den Vor- und Nachteilen der Alleinherrschaft. Das Werk resultiert aus seinem persönlichen Motiv, sich als politischer Berater für die Medici ins Gespräch zu bringen und dem Ziel, politische Handlungsempfehlungen für eine erfolgreiche Einigung

---

[24] Münkler 1982, 271.
[25] Weber 1992, 237.
[26] A.a.O., 238.

seines Vaterlandes zu präsentieren. Damit ist der Spielraum für Interpretationen des Werkes eingegrenzt. Aus heutiger Sicht mutet natürlich die Beschränkung auf eine autokratische Regierung genauso befremdlich an wie der patriotische Impetus des Werkes, der dem Schicksal des Individuums – so es nicht als Schicksal des Fürsten direkt mit dem Wohlergehen des Staates in Verbindung steht – keinen Wert beimißt. Dies alles führt zu der Skizze des mächtigen, zu allen Grausamkeiten befähigten Fürsten, wie sie Machiavelli zeichnet. Man kann heute also – und muß geradezu – bereits Machiavellis schriftstellerische Motivation und seine Grundauffassung des Politischen kritisieren. Läßt man sich auf den *Principe* ein, den zeitgeschichtlichen Kontext im Blick und mit seinem expliziten politischen Ziel, die Anleitung für eine erfolgreiche Alleinherrschaft zur Einigung Italiens zu liefern, zu deren argumentativem Grundgerüst das zweipolige Menschenbild von anthropologischem Pessimismus und patriotischem Geist gehört, welches dem politischen Handeln als Legitimationsgrundlage dient, dann kommt man nicht umhin, dem politischen Autor Niccolò Machiavelli eine wohl durchdachte Argumentationsführung zu bescheinigen.

## Literatur

KERSTING, Wolfgang: *Niccolò Machiavelli*, München 1988.

KONDYLIS, Panajotis: *Machiavelli*, Berlin 2007.

MACHIAVELLI, Niccolò: *Der Fürst*, übers. und hrsg. von R. ZORN, Stuttgart (6. Aufl.) 1978.

MÜNKLER, Herfried: *Machiavelli*. Die Begründung des neuzeitlichen Denkens aus der Krise der Republik Florenz, Frankfurt a. M. 1982.

MÜNKLER, Herfried: „Vorwort", in: N. Machiavelli, *Der Fürst*, übers. v. A. W. REHBERG, mit einem Vorw. von H. MÜNKLER, Hamburg 2009, 9-16.

RUSSELL, Bertrand: *Philosophie des Abendlandes*, übers. von E. FISCHER-WERNECKE und R. GILLISCHEWSKI, durchges. von R. KASPAR, München (3. Aufl.) 2005.

SCHRÖDER, Peter: *Niccolò Machiavelli*, Frankfurt a. M. 2004.

WEBER, Max: Politik als Beruf, in: Ders., *Gesamtausgabe*, Abt. 1, Bd. 17, hrsg. v. W. J. MOMMSEN / W. SCHLUCHTER, Tübingen 1992, 157-252.

*Palazzo Vecchio, Ulrich Arnswald 2008*

# Machiavellis *Discorsi*

*Heiko Kirschner*

Als politischer Beamter und als Verbannter schrieb *Niccolò Machiavelli* seine Werke und reflektierte darin die Wirren seiner Zeit.[1] Diese Wirren bestanden aus einer radikalen Umordnung der bis dato geltenden gesellschaftlichen Ordnung. Weltliche und geistliche Führer spalteten die Lager, Zünfte begehrten auf, und es schien ein „allgemeiner Krieg aller gegen aller [...]"[2] zu entbrennen. „Ein ungeheurer Wirbel hatte Europa erfaßt, in dem jegliche Ordnung zu Grunde zu gehen drohte."[3] Italien konnte sich trotz dieser Wirren, eine Art von Ordnung bewahren, in dem ein ohne Garantie versehenes „Gleichgewicht"[4] zwischen den großen Mächten Venedig, Florenz, Neapel, Mailand und Rom bestand. Seit ungefähr 1480 brach dann auch über Italien der „große Sturm"[5] ein. Dieser erreichte seinen symbolischen Höhepunkt im Todesjahr Machiavellis 1527 mit der Plünderung Roms.[6] Die politische Instabilität Italiens und Europas zu dieser Zeit sind zentrale Rahmenbedingungen für das Denken und Wirken Machiavellis. Daher wird Machiavelli nicht nur als Politik- und Geschichtsphilosoph, sondern auch als Diagnostiker seiner Zeit angesehen und dementsprechend rezipiert.[7]

Das Werk *Discorsi* beinhaltet eine zielgerichtete Vorstellung davon, wie ein Gesellschaftsgebilde, genauer ein *Gemeinwesen* als Staat funktionieren kann.[8] Bereits im zweiten Kapitel des ersten Buches der *Discorsi* beschreibt Machiavelli eine wiederkehrende Abfolge der Geschichte, genauer die Ablösung einer „guten" Staatsform durch eine „entartete" und umgekehrt.[9] Diese Abfolge, so seine These, sei der menschlichen Natur geschuldet.

---

[1] Münkler 2007, 1.
[2] König 1979, 80.
[3] Ebd.
[4] Ebd.
[5] Ebd.
[6] Vgl. a.a.O., 8off.
[7] Als Beispiel sei hier die einschlägige Überschrift des Kapitels „Die Discorsi oder der Entwurf einer Krisenanalyse" in René Königs *Machiavelli* von 1979 zu erwähnen.
[8] Vgl. Schneidereit 2010.
[9] Vgl. Machiavelli 2007, I, Kap. 2, 14.

Seine Vorstellung von der Natur des Menschen beruht auf der Annahme, diese neige eher zum Schlechten als zum Guten.[10] Dieses gilt aber nur solange, als der Mensch nicht durch eine herrschende Ordnung gezwungen oder durch anderweitige Machteinflüsse, wie das Geschick eines Fürsten, dazu verleitet würde, Gutes zu tun. Machiavelli beschäftigt sich in seinen *Discorsi* mit der Frage, welche Vorraussetzungen erfüllt sein müssen, um die Einrichtung einer Regierungsform zu ermöglichen, die sich der wiederkehrenden Abfolge der Staatsformen so weit wie möglich entzieht. Die unter seinen anthropologischen Grundannahmen gedeutete Geschichte, zumindest in der für Machiavelli vorliegenden Form, steht hierbei Modell für seine Argumentation:

Alle die über Politik schrieben, beweisen es, und die Geschichte belegt es durch viele Beispiele, daß der, welcher einem Staatswesen Verfassung und Gesetze gibt, davon ausgehen muß, daß alle Menschen schlecht sind und daß sie stets ihren bösen Neigungen folgen, sobald sie Gelegenheit dazu haben.[11]

Für Machiavelli besteht im Erwerb eines Vorteils gegenüber seinen Mitmenschen eine den Menschen auszeichnende Eigenschaft. In dieser egoistischen Grundhaltung sieht er allerdings eine Gefahr für das soziale Zusammenleben. Sie kann, wenn ihr nicht entgegengewirkt wird, zu einer Handlungsunfähigkeit von politischen Institutionen innerhalb eines – wie auch immer geordneten[12] – Gemeinwesens führen und damit die zivile Ordnung gefährden. Machiavelli benutzt für den Prozeß, in dem durch egoistisches Verhalten eine zivile Ordnung aufgehoben wird, den Begriff „Sittenverderbnis".[13]

Der Verfall der Sitten ist die treibende Kraft für die Ablösung der „guten" Staatsformen in ihre „verderbten" Nachfolger.[14] Als in seinem Sinne „gute" Staatsformen erachtet er die Monarchie, die Aristokratie und die Demokratie, insofern, als daß sie das Gemeinwesen lange sichern. Diese Sicherung spielt dabei auf keine weiteren sozialen Faktoren an. Individuelle

---

[10] Vgl. Machiavelli 2007., I, Kap. 9, 37.
[11] A.a.O., I., Kap. 4, 16.
[12] Machiavelli beschreibt in seinen *Discorsi* nie einen Institutionen-Katalog, der die gesamte Ordnung abzeichnet, eher bezieht er sich auf grundlegende Eigenschaften von Institutionen, die erlauben, das Zusammenleben zu ordnen.
[13] Machiavelli 2007, I, Kap. 55, 149.
[14] Vgl. a.a.O., I, Kap. 2.

Freiheiten sind nicht notwendig, um eine Staatsform als „gut" zu klassifizieren.[15] Für Machiavelli sind sich die drei „guten" und die drei „verderbten" Staatsformen sehr ähnlich und ihre Übergänge von der einen in die andere sind anhand seines Geschichtsverständnisses eine Konstante.[16] Als ein für ihn passendes Beispiel des Überganges einer Monarchie in eine Tyrannis durch den Verfall der Sitten beschreibt er den Wandel bei der Wahl des Oberhauptes. Anfangs galt ein Oberhaupt noch als Gerechtester unter allen, bis zur Einführung der Erbfolge, in der diese Eigenschaft, die Gerechtigkeit, keinen Wert mehr hatte, sondern nur noch zählte ob man die Vorfahren in „Prunk, Zügellosigkeit und jeder Art von Lüsten"[17] übertreffen könne.

Um den Verfall der Sitten hinauszuzögern, schlägt Machiavelli vor, eine Mischverfassung zu kreieren, welche die drei guten Staatsformen in sich vereint. Die Idee der Republik, wie er sie vertritt, beschreibt eine Grundordnung mit Institutionen, die für jeden in dem Gemeinwesen lebenden Menschen eine Teilnahme am politischen Leben ermöglichen. Diese Institutionen müssen so beschaffen sein, daß sie die gegebene Konkurrenzsituation zwischen den verschiedenen Bevölkerungsgruppen (Volk, Adel)[18] zum einen manifestieren, zum anderen aber nivellieren.[19] Weiterhin muß, so Machiavelli, eine Verfassung, um erfolgreich und damit „gut" zu sein, die ständige Anpassung des politischen Systems und seiner Institutionen an die zeitlichen Umstände ermöglichen.[20] Diese Umstände manifestieren sich in den Handlungen der Menschen und wirken dadurch auf die politischen Institutionen zurück. So entsteht eine gegenseitige

---

[15] A.a.O., I, Kap. 2, 11.

[16] In den *Discorsi* heißt es wörtlich: „Führt also ein Gründer eines Staatswesens eine dieser drei Regierungsformen ein, so ist dies nur für kurze Zeit. Es läßt sich durch kein irdisches Mittel verhindern, daß sie in ihr Gegenteil ausartet; denn gut und schlecht sind einander in diesem Fall sehr ähnlich." Ebd.

[17] A.a.O., I, Kap. 2, 12.

[18] Machiavelli beschreibt nicht konkret eine Volksgruppe, die der monarchischen Staatsform als äquivalent gilt. Die bestehende Konkurrenzsituation zwischen Volk und Adel wird von Machiavelli nicht von der Konkurrenz z.B. des Adels mit den monarchischen Vertretern (*Konsulen*) oder dem Volk und den monarchischen Vertretern gesondert betrachtet. Wichtiger scheint der generelle Unterschied der Interessen zwischen Volk und Adel. Vgl. hierzu a.a.O., I, Kap. 5, 20.

[19] Vgl. A.a.O., I, Kap. 4.

[20] Vgl. ebd.

Abhängigkeit von politischen und sozialen Institutionen wie z.B. dem Ausüben einer Religion.

Als Beispiel für eine in ihrer Zeitepoche entsprechende Konkretisierung einer solchen Institution beschreibt Machiavelli das Amt des Volkstribuns in der römischen Republik. Der Volkstribun hatte die Funktion, das Volk vor Übergriffen durch den Adel zu schützen. Zugleich war er aber auch ein Mittel, um zu ermöglichen, daß die Mitglieder des Volkes politisch aktiv werden konnten. In seiner Funktion als aktiver politischer Mittler stand er zwischen den Machtkämpfen von Volk und Adel. Diese Macht- und Parteikämpfe waren eine Voraussetzung für eine „gute" Gesetzgebung.[21] Die Volkstribunen standen in dieser Logik exemplarisch für eine Institution, die zur Aufgabe hatte, Streitigkeiten im Rahmen der herrschenden Gesellschaftsordnung, d.h. nicht durch einen Aufstand oder andere gewaltförmige Handlungen, sondern innerhalb der gegebenen Institutionen zu lösen. Durch die Institution der Volkstribune erhöhte sich der politische Einfluß des Volkes und es entstand ein politischer Ausgleich zwischen Adel und Volk. Dieser Ausgleich manifestierte jedoch auch die Grenzen zwischen beiden Bevölkerungsgruppen, so daß sich im Umkehrschluß eine neue Konkurrenzsituation bildete. Neu insofern, als die Konkurrenz zwischen zwei Bevölkerungsgruppen entstand, die durch angemessene Institutionen jeweils mit hinreichend politischer Macht ausgestattet waren. Diese Konkurrenzsituation wurde auf weitere Institutionen wie Gesetzgebung, Religion und Militärdienst übertragen und schaffte somit ein Geflecht aus interdependenten Strukturen, welche förderlich für das Gemeinwesen waren.

„Förderlich" bedeutet für Machiavelli sowohl ein Hinauszögern des Sittenverfalls als auch die Stabilisierung der Ordnung innerhalb einer Gemeinschaft. Dabei rückt er die Einbettung der in dem Gemeinwesen Lebenden in den Vordergrund. Die Institutionen dienen nicht nur der Stabilisierung der Ordnung, sie bieten auch ein Identifikationspotential für jeden innerhalb dieses Gemeinwesens. Machiavelli vertritt die Vorstellung eines politisch aktiven, freien und mit seinen Mitbürgern gleichen Bürgers innerhalb der Gemeinschaft. Für diese Definition des Bürgers spielt das aktive politische Leben, das *vivere politico*,[22] eine zentrale Rolle. Der

---

[21] Vgl. Machiavelli 2007, I, Kap. 4, 18f.
[22] Kersting 1998, 132.

Bürger, wie er in den *Discorsi* dargestellt wird, entspricht nicht dem modernen Bild des freien *individualisierten* Bürgers.[23] Vielmehr zeichnet er die Idee eines Bürgers, der in dem Gemeinwesen und durch Dienst an diesem, sei es über Institutionen wie den Volkstribunen, Wahlen oder die Wehrpflicht, einen übergeordneten Selbstzweck erfülle, nämlich die Erhaltung dieses Gemeinwesens. Dessen Ordnung dient dabei als notwendiges und im Idealfall selbsterhaltendes Mittel, da sie die Identifikation des Bürgers mit dem Gemeinwesen gewährleistet und ihn somit in seinem Handeln anleitet. So verwundert es kaum, daß Religion und die Sitten eines Volkes, auch wenn sie keine dezidiert politischen Institutionen sind, eine wichtige Rolle in den *Discorsi* spielen[24]. Für ihn steht und fällt ein Gemeinwesen damit, daß Menschen zu Bürgern – in dem von ihm gemeinten Sinne – werden.

Die Republik, in der idealerweise alle Menschen zu Bürgern werden und alle Bürger *per definitionem* politisch aktiv sind, und in der das Gemeinwesen somit gleichfalls idealerweise zu einer Angelegenheit aller wird, betrachtet Machiavelli folgerichtig als die allen anderen überlegene Staatsform. Denn in Relation zu einer so begriffenen Republik tut sich eine Monarchie (d.h. eine Staatsform der exponierten Stellung eines Einzelnen) strukturell ungleich schwerer damit, die Belange jeder Bevölkerungsgruppe offen zu legen und diese angemessen zu berücksichtigen.[25] Ähnlich ist es in einer Aristokratie und auch in einer Demokratie. Nur eine Mischverfassung, die jede Bevölkerungsgruppe mit politischer Macht ausstattet, bietet Machiavelli zufolge eine hinlängliche Gewähr dafür, daß die Belange aller Volksschichten in die politischen Institutionen integriert und dadurch stabil untereinander verknüpft werden.

Wenn Machiavelli die Belange des Volkes anspricht, so geht er davon aus, daß diese Belange zumeist – zumindest soweit es um Unzufriedenheit geht – immer eine politische Komponente haben. Hunger, Krankheiten und Mißstände jeder Art ziehen immer politische Konsequenzen nach sich, denn die Regeln, in deren Rahmen Menschen zusammenleben, sind von politischen Instanzen eingesetzt und legitimiert. Damit reicht die Macht der politischen Institutionen soweit, daß sie auch Sitten und Religion

---

[23] Vgl. Beck 1986.
[24] Vgl. Machiavelli 2007, I, Kap. 2, 13.
[25] Vgl. a.a.O., I, Kap. 2, 10.

beeinflussen. Allerdings stehen die politischen Institutionen ihrerseits auch wiederum unter dem Einfluß von Sitten und Religion: „Wie nämlich zur Erhaltung guter Sitten Gesetze nötig sind, so sind auch zur Beachtung der Gesetze gute Sitten erforderlich."[26] Dementsprechend betrachtet Machiavelli dieses institutionelle Geflecht als Anhaltspunkt für den jeweiligen Grad der Verderbtheit eines Volkes.[27]

Diese gegenseitige Abhängigkeit von politischer Praxis, insofern, als daß öffentliche Leben immer auch politisches Leben bedeutet, und der politischen Rahmenordnung, macht die Sichtweise Machiavellis in seinen *Discorsi* aus. Seine auf der Idee der prinzipiellen (oder jedenfalls stets drohenden) „Verderbtheit des Volkes" basierende Geschichtsphilosophie und seine auf der Idee der prinzipiellen „Schlechtigkeit des Menschen" basierende Anthropologie bilden den Hintergrund von Machiavellis Politiktheorie, die sich „in stürmischen Zeiten" am Ideal eines stabilen Gemeinwesens und damit am Konzept einer institutionell geregelten Gesellschaftsordnung orientiert.

Als Protagonist dieser „Ordnungspolitik" erscheint in den *Discorsi* der Bürger (als normative Sozialfigur) als unverzichtbar.[28] Den Bürger beurteilt Machiavelli nahezu ausschließlich im Hinblick auf dessen Potentiale zur Herstellung und Erhaltung eines „guten" Staates. Und dessen Qualität mißt er daran, wie lange und wie sicher er das Gemeinwesen stabilisiert.

Bei aller Zeitgebundenheit seines historischen Denkens und bei aller Normativität seiner gegenüber dem Menschen „an sich" mißtrauischen Vorstellungen zeichnet Machiavelli uns hier eine Analyse der strukturellen Rahmenbedingungen politischen Handelns und dessen „Logik" im Rahmen der gegebenen Bedingungen. Seine Beschreibung von dem Ineinandergreifen verschiedener Institutionen auf *Mikro-, Meso-* und *Makroebene* beschreibt eine Form von gegenseitiger Abhängigkeit, welche gegenwärtig auch als integrative Mehr-Ebenen-Analyse angesehen werden könnte.

---

[26] Vgl. Machiavelli 2007, I, Kap. 18, 66.
[27] Ebd.
[28] Vgl. Hitzler 1994.

## Literatur

BECK, Ulrich: *Risikogesellschaft*, Frankfurt a. M. 1986.
HITZLER, Ronald: *Der gemeine Machiavellismus*, (Schriftensammlung zur Habilitation) Berlin 1994.
KERSTING, Wolfgang: *Niccolò Machiavelli*, München 1998.
KÖNIG, René: *Niccolo Machiavelli*. Zur Krisenanalyse einer Zeitenwende, München / Wien 1979.
MACHIAVELLI, Niccolò: *Discorsi*. Gedanken über Politik und Staatsführung, übers., eingel. und erl. von R. ZORN, mit einem Geleitwort von H. MÜNKLER, Stuttgart (3. verb. Aufl.) 2007.
MÜNKLER, Herfried: „Geleitwort“, in: N. MACHIAVELLI, *Discorsi*. Gedanken über Politik und Staatsführung, übers., eingel. und erl. von R. ZORN, mit einem Geleitwort von H. MÜNKLER, Stuttgart (3. verb. Aufl.) 2007, XVII-XXX.
SCHNEIDEREIT, Nele: *Die Dialektik von Gemeinschaft und Gesellschaft*. Grundbegriffe einer kritischen Sozialphilosophie, Berlin 2010.
VOEGELIN, Eric: *„Die spielerische Grausamkeit der Humanisten“*. Eric Voegelins Studien zu Niccolò Machiavelli und Thomas Morus, übers. und mit einem Vorw. von D. HERZ. Nachw. von P. J. OPITZ, München 1995.

*Büste Machiavellis, erste Hälfte 16. Jh., Palazzo Vecchio, Michael Wendland 2008*

# Machiavellis *Il Principe*

*Sven Reisch*

Im Jahr 1513 schreibt Machiavelli (1469–1527) sein Werk *Der Fürst*. Er befindet sich zu dieser Zeit nicht mehr im Dienst der Stadt Florenz, der er rund zwei Dekaden in verschiedenen politischen Ämtern gedient hatte. Nach der Rehabilitation der Medici in Florenz wird Machiavelli entlassen, wegen des Vorwurfs der Verschwörung zeitweilig inhaftiert und gefoltert. Er kann sich dann jedoch auf seinen Bauernhof bei San Casciano zurückziehen, schreibt dort in kurzer Zeit seinen *Fürsten* und beginnt mit den Studien zu den *Discorsi*.

Wie kaum ein zweites Werk kann Machiavellis *Fürst* zur Diskussion verschiedener ideengeschichtlicher Positionen herangezogen werden.[1] Hierbei spielt die Diskrepanz zwischen Verweilen im zeitgeschichtlichen Kontext eines Werkes (und der damit einhergehenden Gefahr, nicht mehr als einen doxographischen Gehalt zu liefern) und einer rein analytischen Rekonstruktion (welche sich dem Vorwurf des Anachronismus auszusetzen hat) eine Rolle. Ohne einen zeithistorischen Bezug, der die biographische Situation des Autors zur Zeit der Entstehung des Werkes bzw. die Motive des Verfassers einbezieht, kann eine Werkanalyse den *Fürsten* nicht vollständig erfassen. Hierbei soll nicht einmal gemeint sein, daß ohne Hinzunahme zahlreicher anderer Quellen ein Verständnis des Werkes nicht möglich sei. Es sei hier jedoch angenommen, daß dem Werk selbst zeithistorische Referenzen und Anspielungen zugrunde liegen, die die Werkanalyse bestimmen müssen.

Machiavellis Erörterungen sind in ein Korsett persönlicher Bekenntnisse eingespannt. In der Widmung an Lorenzo de Medici, die er seinem Werk im Jahr 1516, also drei Jahre nach Fertigstellung, voranstellte, dient sich der Autor dem Herzog von Urbino als Berater an. Er preist seine „Erfahrung mit den Verhältnissen unserer Zeit" und die „ständige Lektüre der Verhältnisse vergangener Zeiten" an, die ihn befähigen sollen, als politischer Berater Lorenzos de Medici zu wirken. Diesem wünscht er, „daß Ihr zu jener Größe emporsteigen möget, die Euch das Schicksal und Eure

---

[1] Zur Einführung verschiedener ideengeschichtlicher Positionen vgl. Rorty 1984.

Talente in Aussicht stellen!"[2] Im 26. und letzten Kapitel, dem „Aufruf, in Italien die Macht zu ergreifen und es von den Barbaren zu befreien", nimmt Machiavelli den Tenor seiner Widmung wieder auf. Er kommt nach seinen Erörterungen zu dem Schluß, daß im Italien seiner Zeit ein neuer Herrscher Aussichten auf Erfolg genießt, zumal wenn sich dieser an die Ratschläge Machiavellis zu halten weiß. Und er läßt keinen Zweifel daran, wer für ihn diese neue erfolgreiche Herrscherperson verkörpern könnte:

Doch zeigt sich gegenwärtig niemand, auf den es [Italien] größere Hoffnungen setzen könnte, als auf euer erlauchtes Haus, das sich auf Grund seines Glücks und seiner Tüchtigkeit, begünstigt von Gott und der Kirche, deren Haupt es augenblicklich ist, zum Führer des Befreiungswerks machen könnte.[3]

Machiavellis *Principe* ist also als politischer Leitfaden im Speziellen an die Fürstenfamilie der Medici gerichtet. Es liegt nahe, dem Autor die Intention zu unterstellen, sich mit dem *Principe* als politischer Ratgeber wieder ins Gespräch bringen zu wollen.[4] Vor diesem Hintergrund kann die oft thematisierte inhaltliche Diskrepanz zwischen dem *Fürsten* und Machiavellis zweitem Hauptwerk, den *Discorsi*, in denen er Stellung für republikanische Herrschaftsformen bezieht, einer pragmatischen Erklärung zugeführt werden.

Machiavelli schließt im zweiten Kapitel des *Fürsten* die Erörterung anderer Herrschaftsformen als der Alleinherrschaft aus.[5] Der *Principe* soll sich also ausschließlich mit der Alleinherrschaft und deren Bedingungen des Erfolges befassen. Daraus ein persönliches Bekenntnis Machiavellis zu Alleinherrschaften zu schließen, würde nicht nur im Hinblick auf die *Discorsi*, sondern eben auch unter Berücksichtigung der Lebenssituation des Autors und seines Zieles, durch den *Fürsten* erneut zu politischer Stellung zu kommen, zu kurz greifen. Machiavelli beweist durch die Fokussierung auf die Alleinherrschaft im *Principe* jedoch ohne Zweifel

---

[2] Machiavelli 1978, 1f.

[3] A.a.O., 107.

[4] Tatsächlich arbeitete Machiavelli ab 1519 für einige Jahre für die Medici, auch wenn davon auszugehen ist, daß Lorenzo de Medici den *Principe* nie zu lesen bekam. Vgl. Zorn 1978, XIII.

[5] Machiavelli verweist darauf, sich an anderer Stelle bereits ausführlich über Freistaaten verbreitet zu haben. Der Verweis bezieht sich auf die *Discorsi*. Vgl. hierzu den Aufsatz *Machiavellis Discorsi* von Heiko Kirschner in diesem Band.

seine Fähigkeit, die politische Situation und damit seine Chancen auf beruflichen Erfolg nüchtern kalkulieren zu können.

Das Werk kann grob in vier Abschnitte untergliedert werden, die durch die Widmung und den Aufruf an die Medici im 26. Kapitel eingerahmt sind werden. Im ersten Abschnitt (Kapitel 1-5) handelt Machiavelli eine Herr-schaftstypologie ab. Die Grundannahme ist, daß Staatswesen entweder als Freistaaten oder als Alleinherrschaften organisiert sind. Die Analyse von Freistaaten wird aber für die Erörterungen im *Fürsten* ausgeschlossen. Machiavelli beschränkt sich auf die Untersuchung von autokratisch organisierten Staatswesen. Diese unterscheiden sich dadurch, ob die Herrschaft innerhalb eines Geschlechts vererbt oder neu erworben wird. Ererbte Herrschaften stellen für Machiavelli keinen Gegenstand von größerer Bedeutung dar, da er annimmt, daß diese sehr viel leichter zu behaupten sind als neuerworbene. Weil die Herrschaftstradition dem Fürsten eine natürliche Zuneigung durch die Untertanen beschert,

[...] wird sich ein Herrscher mit nur durchschnittlichen Fähigkeiten immer in seinem Staat halten, es sei denn, daß ihm dieser durch eine außergewöhnliche und überlegene Macht entrissen wird; er wird aber seine verlorene Herrschaft beim geringsten Mißgeschick des Eroberers wieder zurückgewinnen.[6]

Machiavelli handelt die ererbten Alleinherrschaften im zweiten Kapitel sehr knapp ab, weil diese im Hinblick auf Herrschaftsmechanismen und Verhaltensweisen des Herrschers weit weniger komplex sind als neuerworbene Herrschaften. Da Machiavellis Adressaten nicht im Besitz bedeutender Erbfürstentümer sind, ist zudem die Frage nach deren Herrschaftsmechanismen nicht von direkter Bedeutung. Gleichwohl müssen Machiavellis knappe Aussagen zu ererbten Herrschaften und der gefestigten Position von Erbmonarchen als Warnung an jene verstanden werden, die gegen Erbmonarchien aufbegehren oder diese neu erwerben wollen. Die Festigkeit einer ererbten Herrschaft wird zum Problem des Eroberers.

Neuerworbene Herrschaften werden durch Machiavelli wiederum systematisch unterteilt in völlig neue Staatsschöpfungen und Gliedstaaten, die mit dem bisherigen Staat des Eroberers vereinigt werden. Diese nennt Machiavelli vermischte Herrschaften. Eine weitere Dichotomie besteht

---

[6] Machiavelli 1978, 4.

zwischen Staaten, die es gewohnt sind, unter einem Alleinherrscher zu leben (Kapitel 3) und ehemaligen Freistaaten (Kapitel 5). Letztere stellen für Machiavelli das schwierigste Unterfangen eines jeden neuen Herrschers dar:

Die Erinnerung an die alte Freiheit verläßt die Bürger nie und kann sie nie ruhen lassen: daher ist es das sicherste Mittel, Freistaaten entweder zu vernichten oder dort seine Residenz einzurichten.[7]

Das sechste Kapitel beginnt Machiavelli mit einer Erklärung zu seiner historisch-erklärenden Methode. Bereits in der Widmung verweist der Autor auf seine umfangreiche „Lektüre der Verhältnisse vergangener Zeiten". Unter Berufung auf historische Beispiele wichtiger Herrscherpersönlichkeiten versucht er seine Schlüsse zu belegen, „denn die Menschen gehen fast immer nur auf Wegen, die bereits von anderen begangen wurden, und richten sich bei ihren Handlungen nach Vorbildern."[8] Machiavelli verbindet politisches Gespür mit historischer Expertise und präsentiert sich somit als ausgewiesener Fachmann der politischen Beratung. Der zweite Abschnitt (Kapitel 6-11), der mit dieser erneuten Werbung in eigener Sache beginnt, spricht nun die Herrscherperson als solche an: Welche persönlichen Fähigkeiten und Voraussetzungen sind es, die einen erfolgreichen Herrscher ausmachen?

Machiavelli führt hier die Begriffe ein, die die inhaltliche Diskussion seines Werkes in vielen Interpretationen bestimmen: Das Zusammenspiel von *virtù* (Tüchtigkeit), *fortuna* (Glück) und *occasione* (Gelegenheit) bestimmt die Chancen der Machtergreifung. Und die Art und Weise, wie ein Herrscher zu seiner Macht gelangte, spielt auch für die Frage, ob er seine Herrschaft dauerhaft festigen kann, eine entscheidende Rolle. Fürsten, die sich durch ein hohes Maß an *virtù* auszeichnen und dadurch zu ihrer Herrschaft gelangten, sind nach Machiavelli denen gegenüber überlegen, die durch ein großes Maß an glücklicher Fügung zu ihrer Position gelangten. Als Beweis dieser These führt der Autor als historische Beispiele Moses, Cyrus, Romulus und Theseus an:

Prüft man ihre Taten und ihr Leben, so sieht man, daß sie dem Glück nur die Gelegenheit verdankten, die ihnen den Stoff bot, in dem sie die Form prägten, die

---

[7] Machiavelli 1978, 20.
[8] A.a.O.

ihnen gut schien: ohne diese Gelegenheit hätte ihre Kraft und Tüchtigkeit keine Wirkungsmöglichkeit gehabt, und ohne ihre Kraft und Tüchtigkeit hätte sich die Gelegenheit vergeblich eingefunden.[9]

Herrscher, deren Machtergreifung vor allem auf Tüchtigkeit, politischem Instinkt und taktischen Fähigkeiten fußt und die nicht über die pure Gelegenheit der Machtergreifung hinaus vom Glück begünstigt sind, haben es schwerer eine Herrschaft zu erlangen, gleichzeitig ist deren Herrschaft dann aber als sicherer zu betrachten, weil viele Probleme, die den späteren Machterhalt betreffen würden, bereits bei der Ergreifung gelöst werden mußten. Daß Herrscher, die durch glückliche Fügung oder die Hilfe anderer zu Macht gelangten, sich gleichfalls erfolgreich behaupten können, sofern sie die Eigenschaften der *virtù* tragen, beschreibt Machiavelli in diesem Abschnitt mit Hilfe der von ihm verehrten Figur des Cesare Borgia, des Herzogs von Urbino:

Wer es für nötig hält, in einer neuerworbenen Herrschaft sich vor seinen Feinden zu sichern, Freunde zu gewinnen, sich mit Gewalt oder mit List durchzusetzen, sich beliebt zu machen und gleichzeitig gefürchtet zu werden, die Soldaten in Zucht zu halten und von ihnen verehrt zu werden, wer es ferner für nötig hält, diejenigen zu beseitigen die ihm schaden könnten und zwangsläufig schaden werden, sowie die alten Ordnungen durch neue zu ersetzen, wer es weiterhin für nötig hält, streng und liebenswürdig, großmütig und freigebig zu sein, wer es für nötig hält untreue Truppen aufzulösen und eine neue Streitmacht aufzustellen, ferner sich die Freundschaft mit Königen und Herrschern zu erhalten, damit sie ihm gerne Hilfe leisten oder sich hüten, ihn anzugreifen, der kann keine näherliegenden Beispiele finden als die Taten dieses Mannes.[10]

Gleichwohl hängen jene durch Glück zur Herrschaft gelangten Fürsten „einfach vom guten Willen und vom Glück dessen ab, dem sie die Herrschaft verdanken."[11] Für das Beispiel des Cesare Borgia bedeutete das, daß nach dem frühen Ableben seines Vaters, des Papstes Alexander VI., Cesares Niedergang begann. Bei der auf seinen Vater folgenden Papstwahl konnte er keinen Kandidaten durchsetzen, der seinen Interessen genutzt hätte. Jedoch spielte dieses Problem in der Folge keine Rolle mehr, da Cesare Borgia selbst kurze Zeit später tödlich erkrankte.

---

[9] A.a.O., 21.

[10] A.a.O., 32.

[11] A.a.O., 25.

Im Zentrum des *Fürsten* steht mit den Kapiteln 12-14 Machiavellis Untersuchung über das Heereswesen. Machiavelli selbst rückt diesen Bereich in den thematischen Mittelpunkt seiner Untersuchung, wenn er anführt, daß „[d]ie wichtigsten Grundlagen, die alle Staaten haben müssen, [...] gute Gesetze und ein gutes Heer [sind].":[12]

Da es aber keine guten Gesetze geben kann, wo ein gutes Heer fehlt, und da dort, wo das Heer gut ist, auch die Gesetze gut sein müssen, will ich auf die Gesetze nicht weiter eingehen und nur vom Heerwesen sprechen.[13]

Diese nicht weiter begründete These zeigt, daß Machiavelli im Heer das zentrale Herrschaftsinstrument sieht. Und er setzt sich in diesem zentralen dritten Abschnitt seines Werkes besonders deutlich von der vorherrschenden Praxis seiner Zeit ab. Im Italien der Renaissance war es verbreitet, Söldnertruppen anzustellen. Machiavelli charakterisiert Söldner als „[...] uneinig, machtgierig, ohne Disziplin und treulos, überheblich gegenüber den Freunden, feig vor dem Feind, ohne Furcht vor Gott, ohne Redlichkeit gegen die Menschen."[14] Zwar mögen sie den einen oder anderen militärischen Erfolg durchaus errungen haben, jedoch kann sich ein Herrscher und das durch ihn vertretene Volk nie deren voller Loyalität sicher sein, da „sie sich durch nichts gebunden fühlen und kein anderes Motiv sie im Feld hält als das bißchen Sold, der nicht ausreicht, um sie gerne für dich sterben zu lassen."[15] Ähnliche Probleme sieht Machiavelli, wenn ein Herrscher sich genötigt fühlt, fremde Truppen zu Hilfe rufen zu müssen. Auch diesen fehlt es an Identifikation und letzten Endes an der patriotischen Gesinnung.

Für Machiavelli kann nur ein eigenes Volksheer, das vom Herrscher selbst im Kampf angeführt wird, dauerhafte militärische Erfolge erringen. An dieser Stelle wird deutlich, wie eng Machiavelli das Schicksal des Herrschers, das Wohl des Volkes und die militärische Stärke des Staates miteinander verknüpft: Ein kluger Herrscher ziehe es vor, „lieber mit seinen eigenen Truppen zu verlieren, als mit fremden zu siegen, in der Erkenntnis, daß der Sieg mit fremden Truppen nie ein wahrer Sieg ist."[16]

---

[12] Machiavelli 1978, 49.
[13] Ebd.
[14] Ebd.
[15] A.a.O., 50.
[16] A.a.O., 56.

Die Schicksalsgemeinschaft des Staates ist in der Alleinherrschaft unmittelbar von den Qualitäten des Handelns des Fürsten abhängig. In der Kriegssituation beweist sich nicht nur die individuelle Tüchtigkeit der Herrscherperson, sondern besonders seine Führungsfähigkeit gegenüber dem eigenen Volk. Daß diese jedoch nicht nur dem eigenen Zweck, dem Machterhalt des Alleinherrschers dient, sondern Machiavellis Untersuchung das Wohl des Staates unter einem Alleinherrscher im Blick hat, beweist sich in diesem Abschnitt genauso wie noch einmal im letzten Kapitel, dem Appell zur Einigung Italiens. Durch die schicksalhafte Verbindung von Wohl des Herrschers und Wohl des Volkes in der Autokratie genießt das Handeln des Herrscherindividuums gleichwohl vorrangige Aufmerksamkeit.

Im vierten Abschnitt (Kapitel 15-25) beschreibt Machiavelli deshalb die besonderen Charaktereigenschaften, die erfolgreichen Fürsten nicht fehlen dürfen und leitet aus diesen Handlungsempfehlungen für den Alleinherrschenden ab. Hierin vor allem mag Machiavellis Ruf als ein Befürworter skrupelloser Herrschaftstechniken begründet liegen. Orientierung finden Machiavellis Aussagen nicht an postulierten Tugenden menschlichen Handelns und Herrschaftsidealen, sondern an Beispielen erfolgreicher Machtausübung. Dies macht Machiavelli zum Vorläufer eines politischen Realismus. Jedoch muß auch hier in Frage gestellt werden, ob sich die von Machiavelli genannten Techniken des Machterhalts im individuellen Selbstzweck der Herrscherperson erschöpfen oder ob auch diese Handlungsempfehlungen auf das übergeordnete Ziel eines stabilen Gemeinwesens hinweisen.[17]

Zunächst handelt der Autor drei Dichotomien von Charaktereigenschaften ab: Freigebigkeit und Sparsamkeit, Grausamkeit und Milde, Liebe und Furcht. Die Kunst des Herrschenden soll darin bestehen, „dem Haß zu entgehen",[18] was jedoch nicht ein generelles Votum für die „positiven" Eigenschaften der genannten Begriffspaare ist. Vielmehr kann beispielseise zügellose Freigebigkeit zwar zunächst Sympathien bei den Profitierenden auslösen, aber auch negative Folgen durch Nichtberücksichtigung anderer oder auch dadurch, daß der Herrscher unter Druck gerät, sich neue Mittel

---

[17] Vgl. hierzu meinen Aufsatz zur Politischen Anthropologie im *Fürsten* im vorliegenden Band.

[18] Machiavelli 1978, 71.

für seine Geschenke bei anderen besorgen zu müssen. Dies kann schnell entgegen der ursprünglichen Absicht zu einem schlechten Ansehen des Fürsten führen.

Machiavelli plädiert daher für einen nüchternen Regierungsstil und empfiehlt stets der jeweiligen Situation angemessenes Handeln jenseits von übergeordneten Tugendprinzipien. Diese könnten ansonsten schnell zu negativen Folgen führen und damit den Herrscherstatus schwächen:

Ein Herrscher braucht also alle die vorgenannten guten Eigenschaften nicht in Wirklichkeit zu besitzen; doch muß er sich den Anschein geben, als ob er sie besäße. Ja, ich wage zu behaupten, daß sie schädlich sind, wenn man sie besitzt und stets von ihnen Gebrauch macht, und daß sie nützlich sind, wenn man sich nur den Anschein gibt, sie zu besitzen. So muß ein Herrscher milde, treu, menschlich, aufrichtig und fromm scheinen und er soll es gleichzeitig auch sein; aber er muß auch die Seelenstärke besitzen, im Fall der Not alles ins Gegenteil wenden zu können.[19]

Gefahren für den Herrscher sind im Innern wie im Äußern zu sehen. Auch im 19. Kapitel klingt noch einmal an, daß der Schlüssel für ein befriedetes Gemeinwesen in einem nach Machiavellis Vorstellungen aufgestellten Heer liegt. So ist ein „tüchtiges Heer" nicht nur Schutz vor äußeren Gefahren. Außenpolitische Ruhe und Stärke gelten auch als Garant für innenpolitische Stabilität. Verschwörungen im Innern sollte der Herrscher wie bereits erwähnt dadurch abwenden, „daß er Haß und Verachtung zu vermeiden sucht und das Volk mit ihm zufrieden ist."[20]

Die Herrscher, die ihre Machtposition in Italien verloren, haben nach Machiavelli genau hierin versagt: entweder waren sie nicht in der Lage, ein starkes Heer aufzustellen, verließen sich auf Söldnerheere, denen es an Treue mangelte, oder sie waren beim Volk verhaßt, was ihnen innenpolitische Probleme bereitete. Dazu kommt, daß einige von ihnen im Verteidigungsfall falsche Entscheidungen getroffen haben, weil sie ihrer Machtposition und den Anforderungen an die Tüchtigkeit des Fürsten nicht gerecht werden konnten: „Nur die Verteidigungsmittel sind brauchbar, sicher und zuverlässig, die allein von dir und deiner Tüchtigkeit abhängen."[21]

---

[19] Machiavelli 1978, 73.
[20] A.a.O., 76.
[21] A.a.O., 102.

Ein Primat der Politik vor den Tugenden, ein auf einem Volksheer und der Führerschaft des Fürsten beruhendes Kriegswesen und persönliche Anlagen des Herrschers, die in Machiavellis Begriff der *virtù* zusammengefaßt sind, stellen nicht nur Machiavellis Idealbild für erfolgreiche Herrschaften und damit sichere Gemeinwesen dar, sondern sollen gleichzeitig als Blaupause für die aktuelle Suche nach einem Herrscher für ein geeintes Italien gelten. Gleichwohl ist das Ergebnis dieser vermeintlichen Suche bereits durch Machiavellis Widmung und die Intention seines Werkes vorweggenommen.

Während die inneren Abschnitte des Fürsten allgemeine Herrschaftscharakterisierungen und abgeleitete Handlungsempfehlungen enthalten, welche den inhaltlichen Höhepunkt in den Analysen des Heereswesens setzen, wird durch das Korsett von Widmung und letztem Kapitel deutlich, daß der Fürst auf die Machtübernahme der Medici in Italien ausgerichtet ist. Für den Autor Machiavelli war hierbei persönlich eine eigene Anstellung für das Herrschergeschlecht von Interesse.

Drei Faktoren sind für eine Interpretation des *Fürsten* entscheidend, um die Beschränkung der Untersuchung auf Alleinherrschaften und die teilweise radikalen Aussagen Machiavellis zu verschiedenen Herrschaftsinstrumenten besser einordnen zu können: Erstens muß die politische Situation im Italien der Renaissance beachtet werden. Unsere heutigen Ansprüche an Rechtsstaatlichkeit und Demokratie können hier noch keinen Widerhall finden. Zweitens ist Machiavellis Beschränkung seines Werkes auf die Untersuchung von Alleinherrschaften nicht einem präskriptiven Votum zugunsten jener geschuldet. Vielmehr ist es die Zielrichtung des Autors, eine praxisorientierte Theorie gegenwärtiger Herrschaftsstrukturen anzubieten. Hierfür scheint Machiavelli die Analyse politischer Strukturen jenseits der Alleinherrschaft nicht für notwendig zu halten. Und drittens müssen auch die Lebenssituation des Autors und das Motiv seines Schreibens in die Analyse einfließen. Werkanalysen, die der Widmung und dem letzten Kapitel des *Fürsten* keine Rolle für die Gesamtinterpretation zuweisen, greifen wohl zu kurz.

Machiavellis Thesen können uns heutzutage für unser politisches Gemeinwesen nichts Substantielles mehr sagen. Dennoch bleibt *Der Fürst* als zeithistorische Analyse und als Wegbereiter einer theoretischen Schule des politischen Realismus von Bedeutung.

## Literatur

MACHIAVELLI, Niccolò: *Der Fürst*, übers. und hrsg. von R. Zorn, Stuttgart
(6. Auflage) 1978.

RORTY, Richard: „*The Historiography of Philosophy*. Four Genres", in:
Ders. / J. B. Schneewind / Q. Skinner (Hg.): *Philosophy in History*,
Cambridge 1984, 49-76.

ZORN, Rudolf: „Einleitung", in: N. Machiavelli, *Der Fürst*, übers. und hrsg.
von R. Zorn, Stuttgart (6. Aufl.) 1978, IX-XXII.

# Die Schöpfung der Politik aus der Geschichte
## Machiavellis Erkenntnismethode

*Joel Szonn*

Man schätzt Machiavelli als originären Denker, dessen Ideen großen Einfluß auf die politische Philosophie und die Entwicklung der empirischen Sozialwissenschaften hatten. Zugeschrieben wird ihm die Trennung von Moral und Politik, die es ermöglicht, Handlungen nach einem definierten Erfolg zu beurteilen und Politik als Selbstzweck zu begründen, worauf die Idee der Staatsräson zurückzuführen ist.[1] Es muß allerdings die Frage gestellt werden, ob es seiner Theorie nicht an Systematik mangelt, wie sie beispielsweise bei einem Denker wie Thomas Hobbes angelegt ist.

Zu seinen Erkenntnissen führte Machiavelli eine diskursive Methode der Auseinandersetzung mit der – überwiegend römischen – Antike, was von den Humanisten als „das Gespräch mit den Alten"[2] verstanden wurde. Machiavelli versprach sich, mittels Analogien aus der Geschichte lernen zu können. Die Nachahmung der überlieferten Antike war zu seiner Zeit nicht nur in der Kunst, sondern generell positiv besetzt. Zudem hatte Machiavelli eine zyklische Auffassung von Geschichte, so daß er – trotz der bewußten zeitlichen Distanz – des Glaubens sein konnte, an die idealisierte Antike anknüpfen und sie wieder beleben zu können.[3]

Machiavelli teilt diese Ansicht mit vielen Gelehrten, distanziert sich jedoch stark von der humanistischen Idealisierung der Menschengattung und behält sich eine solche für Personen und Handlungen vor, deren politischer Erfolg sich historisch zeigen ließe. Die idealisierten Personen sollten als Vorbild dienen und damit zur Erfüllung eines Wunschs von Machiavelli beitragen: nämlich daß Italien, welches in politischer Unordnung unterzugehen drohte,[4] in naher Zukunft vereinigt werden

---

[1] Vgl. Lutz 1995, 550.

[2] Vgl. Burke 1990, 32.

[3] Vgl. a.a.O., 36.

[4] Die Geschichte scheint Machiavellis Warnungen Recht zu geben: Im Prunk seiner kulturellen Blüte – dem Scheitelpunkt seines zyklischen Geschichtsbilds – zerfiel Italien kurz vor dem Tod des Autors, was sich symbolisch im legendären *Sacco di Roma* 1527 niederschlug.

könnte. Seine geschichtlichen Beispiele mußten mit der aktuellen politischen Lage vergleichbar sein, um anhand der aus ihnen gewonnenen Regeln konkrete Handlungsanweisungen ableiten zu können.

Die für einen Analogieschluß nötigen wesenhaften Übereinstimmungen findet Machiavelli im Wesen des Menschen, der als unersättliches Triebwesen eine ordnungsstiftende Herrschaft über sich braucht. Wie schon Thukydides sah Machiavelli den Menschen als Summe seiner Leidenschaften, welche das eigensüchtige Machtstreben dominiere.[5] Diese als Prämisse gesetzte Konstante für die Erklärung von menschlichem Denken und Handeln ermöglichte es Machiavelli, verschiedene historische Situationen miteinander zu vergleichen und daraus politische Schlüsse und Forderungen zu ziehen. Der in seinem Kern unveränderliche Mensch konnte im Kontext der jeweiligen Herrschaftsform somit als Ursache dafür gelten, daß sich in der Geschichte immer wieder die gleichen Situationen ergeben, welche die gleichen politischen Maßnahmen erfordern:

Da aber solche Betrachtungen von den Lesern vernachlässigt oder nicht verstanden werden, oder wenn sie verstanden werden von den Regierenden nicht umgesetzt werden, so finden wir zu allen Zeiten die gleichen Mißstände.[6]

Machiavelli fordert also von den Politikern, daß sie durch historische Einsichten politische Entwicklungen früh erkennen und antizipieren können sollten. Da die Geschichte neben den von Machiavelli ausgewählten Beispielen, diesen eben auch widersprechende bietet, stellt sich die Frage, ob seine Vorgehensweise nicht lediglich die beliebige Begründung einer dogmatischen Lehre darstellt.

## I.

Die Methodik, aus der Machiavelli seine Lehre gewinnt, weist ein charakteristisches Vorgehen auf: Nach der Analyse historischer Fälle[7] im

---

[5] Die Idee einer allen Menschen gemeinsamen, Natur als das die Geschichte bestimmendes Prinzip, konnte er zwar von Thukydides übernehmen, nahm aber zu dessen Kernbehauptungen auch gegensätzliche Positionen ein. Vgl. Leppin 1999, 108. So sah er in der Muße, der Quelle der Wissenschaften und Künste, stets den Verfall, wie er durch die ungebändigte egoistisch-ehrgeizige Natur des Menschen verursacht werde. Nur äußere Zwänge, machten den Menschen „gut" Vgl. Machiavelli 2007, I, Kap. 3, 17.
[6] A.a.O., I, 39.

Bezug auf die entscheidenden Handlungen und politischen Bedingungen folgt das Ableiten allgemeiner Regeln des menschlichen Verhaltens, aus denen, nach der Anwendung auf eine bestimmte politische Situation, schließlich eine politische Handlungsanweisung erfolgt. In vielen Fällen genügt Machiavelli die Analogie eines Fallbeispiels zur Erläuterung seiner Anweisung. Scheint ihm der Schluß ausgehend von den antiken Beispielen zu gewagt, so fügt er mitunter auch zeitgenössische politische Situationen als Beispiel zur Herleitung der Regeln und Anweisungen an.

Um zu entscheiden, „[...] ob es besser ist, geliebt oder gefürchtet zu werden [...]"[8] wird von Machiavelli eine seiner Annahmen untersucht, die er durch das Studium der Geschichte und seine Erfahrungen als Diplomat gewonnen hatte: daß die Stabilität der Herrschaft das Band zwischen ihr und dem Volk sei, und zudem, daß dieses nicht durch fremdbestimmte Liebe, sondern nur durch selbstbestimmte Furcht erhalten werden könnte. Das hätten zeitgenössische Herrscher wie Papst Alexander VI. und dessen Sohn Cesare Borgia gezeigt, die Einigung und Frieden brachten, da sie es wie Hannibal verstanden hätten, grausam, und doch nicht verhaßt zu sein, und stattdessen durch ihren Erfolg bewundert würden. Der Haß gelte dagegen jenen, die zu große Milde besäßen, wie einst der römische Heeresführer Scipio, der die Disziplin seiner Soldaten verdarb, oder „[...] das Volk von Florenz, das, um dem Ruf der Grausamkeit zu entgehen, die Zerstörung von Pistoja zuließ."[9] Letztere hätten zu viel Vertrauen in die Liebe ihrer Untergebenen gelegt. Diese werde jedoch „[...] nur durch das Band der Dankbarkeit erhalten, das die Menschen infolge ihrer Schlechtigkeit bei jeder Gelegenheit aus Eigennutz zerreißen. Furcht dagegen beruht auf der Angst der Strafe, die den Menschen nie verläßt."[10]

Um aus seiner Grundannahme, besser gefürchtet als geliebt zu werden, eine eindeutige Anweisung zu bekommen, stellt Machiavelli die Beispiele

---

[7]  Er entnimmt diese Beispiele vor allem aus Titus Livius' Fassung der römischen Geschichte.

[8]  Machiavelli 1978, Kap. XVII, 67.

[9]  A.a.O., Kap. XVII, 68.

[10]  A.a.O., Kap. XVII, 69. Annahme eines zum Schlechten neigenden Menschen, als Bedingung seiner Schlüsse, verdeutlicht Machiavelli immer wieder. Beschreibt er ihn allgemein als „wankelmütig", „raffgierig" und „verlogen", verurteilt er hier in die Gebundenheit der Loyalität der Menschen an ihre Vorteilsorientiertheit und an der Abwesenheit von Not.

stark vereinfacht gegenüber. Er versucht, universale Antworten geben zu können, außerdem möglichst unterschiedliche Beispiele anzuführen, welche dazu noch aus unterschiedlichen Zeiträumen stammen. Dieser Anspruch Machiavellis, aus der überlieferten Geschichte – ungeachtet der humanistischen Tradition mit eigener Erfahrung bereichert – auf rationalem Wege allgemeine Handlungsforderungen und konkret anwendbare Staatspolitik zu folgern, ist mutig. Will man Machiavellis Methode bewerten, so erscheint sie im Ansatz als nicht so formal, als daß sie an inneren Widersprüchlichkeiten scheitern könnte, aber doch als stringent genug, um zu klaren Anweisungen zu kommen. – Aber macht sie das plausibel?

## II.

Machiavellis Methode ist keine der theoretischen Argumentation mit Vernunftgründen, denn „[…] läßt man die Vernunft sprechen, so kann man beides rechtfertigen; sieht man aber auf den Erfolg [...]",[11] so könne man zu einem eindeutigen Ergebnis gelangen. Die Generalisierung historischer Beispiele setzt ein stimmiges Konzept voraus, welches ihre Vergleichbarkeit und ihren Bezug zur Gegenwart rechtfertigt. Somit verbindet Machiavellis Methode Pragmatismus mit geschichtsphilosophischer Tiefe und ist genauerer Betrachtung wert.

Im Gegensatz zum unmittelbaren Anschein sammelte Machiavelli nicht bloß Beispiele, um seine Handlungsanweisungen begründen zu können. Wie von ihm selbst beschrieben,[12] pflegte er, wie viele Denker der Renaissance, eine diskursive Auseinandersetzung mit der antiken Geschichte und ihren Persönlichkeiten, mit deren Hilfe er wichtige historische Entwicklungen deutete. Seine Art „des Gesprächs mit den Alten" war ein

---

[11] Machiavelli 2007, I, Kap. 5, 20.

[12] „When evening comes I return to the house and enter my writing room, and on the threshold I take off my everyday clothes full of mud and mire and put on royal and curial robes, and properly reclothed I enter the ancient courts of the men of antiquity where affectionately received by them I pasture on that food that alone is mine and for which I was born, where I am not to timid to speak with them and ask them about the reasons for their actions; and they in their courtesy answer me; and for four hours of time I feel no weariness, I forget every trouble, I do not feel poverty, death does not dismay me: I transfer all of myself into them." Machiavelli, *Lettere,* zitiert nach Grazia 1984, 145.

hermeneutischer Weg der Bereicherung seiner aus der praktischen Erfahrung in der Politik gewonnenen Vorannahmen durch das Studium der Geschichte, welches selbst das Produkt der selektiven Befragung der Geschichte war. Wie vorsichtig und bedacht Machiavelli mit seinem Vorverständnis umgeht, ist schwer ersichtlich; zumal die praktisch politischen Grundannahmen in seinem Gesamtwerk nicht die durchgängig angenommene Konstanz bewahren können (wie sich an der Veränderung seines Menschenbilds festmachen läßt).

Das Ziel Machiavellis ist stets eine eindeutige Handlungsentscheidung. Diese Praxisbezogenheit ist prägend für seinen Stil der zugespitzten Szenarien, in denen klare Entscheidungsmaximen politisch anwendbar präsentiert und Alternativen ausgeschlossen werden. Aus dieser Perspektive entsteht die Theorie, so daß auf Kosten der vereinfachten Gegenüberstellung von Ereignissen der politischen Geschichte klare Grundmuster des politischen Handelns erkennbar werden.[13]

Machiavellis Werk gründet also nicht allein auf der originellen Methodik des Vergleichs, sondern vor allem auf zwei Grundannahmen, die seinen Handlungsanweisungen zugrundeliegen: Die Möglichkeit der Erfassung von Politik in rationalen Regeln sowie deren Generierung aus der Geschichte.[14]

## III.

Für Machiavelli ist Geschichte nicht beliebig. Er ist sich sicher, die „weltimmanente Gesetzmäßigkeit und Notwendigkeit geschichtlicher Abläufe"[15] gefunden zu haben. Die Grundannahme Machiavellis, die Geschichte als „Lehrmeisterin"[16] zu sehen, war verbreitet unter den Denkern der Renaissance. Das hypothetisch angenommene konstante

---

[13] Die auf Kosten der Genauigkeit entstehende Klarheit begründet Machiavelli auch normativ. Sie rechtfertigt sich im Vermeiden der negativen Konsequenzen zweideutiger Entscheidungen, welche wie die langsamen und späten Entscheidungen Unheil anrichteten und daher entweder „auf Mangel an Mut und auf Schwäche zurückzuführen [seien] oder auf die bösen Absichten derer, die die Beschlüsse zu fassen haben." Machiavelli 2007, II, Kap. 15, 213ff.

[14] Vgl. Münkler, 1982, 248.

[15] Vgl. a.a.O., 243.

[16] Vgl. a.a.O., 246.

Menschen- und Geschichtsbild hat seinen Ursprung in der Antike. Es war zu seiner Zeit weder neu, noch läßt es sich heutzutage als schlicht überholt verwerfen, da auch in modernen Theorien empirischer Sozialforschung partiell von der Konstanz der untersuchten sozialen Strukturen und Gesetzmäßigkeiten ausgegangen wird. In dieser Hinsicht ist Machiavellis Konzept geschlossen, die Regeln anwendbar, Geschichte vorhersehbar und beeinflußbar, aufgrund ihres zyklischen Wesens letztlich jedoch nicht aufhaltbar. Macht der Mensch die Geschichte und bleibt er seinem Weltbild treu, so muß letztlich alles konstant bleiben.

Da Machiavelli die Geschichte jedoch nicht für durchgehend rational und dem Menschen nicht komplett ersichtlich hält,[17] kann auch er nicht ganz auf transzendentale Erklärungsformen verzichten. Zum Beispiel im Falle der Schicksalsgöttin Fortuna,[18] die sich als stete Bedrohung vernünftiger Politik erweise; als Variable jedoch nur in dem Rahmen eine Rolle spiele, wie es dem Herrscher versagt sei, die Möglichkeiten und Bedeutungen seines Handelns zu erkennen. Zugleich weist er damit selbst auf die Grenzen seiner Lehre hin, welche im Unvermögen des Menschen liegen, sich stets aller relevanten Informationen bewußt zu sein. Die Offenheit bzw. Unvollkommenheit seiner Systematik versucht er so als Variable zu umfassen, um sie zumindest theoretisch kontrollierbar zu machen.

Es stellt sich angesichts des Induktionsproblems zur Gewinnung allgemeiner Regeln mittels historischer Beispiele die Frage, wie das Ziel der politischen Tüchtigkeit auf solchen induktiven Schlüsse aufbauen kann. Die Allgemeingültigkeit, die er seinen Erkenntnissen unterstellt, um aus ihnen Regeln zu formen, hätten sie jedoch nur in einem abgeschlossenen System, welches er mittels Konzepten von Mensch und Geschichte jedoch nur umriß. Auch Machiavelli konnte nämlich nicht ausschließen, daß es in der historischen Überlieferung Gegenbeispiele zu den seinen gibt – eine Kritik

---

[17] Sie sei nicht durchgehend rational und könne der menschlichen Vernunft widerstreben, denn: „[...] zu vielem zwingt die Not, wozu die Vernunft nicht rät." Machiavelli 2007, I, Kap. 6, 27 .

[18] Machiavelli 1978, Kap. XXV, 102ff. Als Repräsentantin der Unberechenbarkeit des Laufs der Dinge hat Fortuna mit ihrem Wankelmut und ihrer Vielschichtigkeit Autoren über die Jahrhunderte hinweg gedient. Ihr göttliches Bild wird bei Machiavelli zu einer übelwollenden Feindin kontrollierbarer Ordnung, deren Macht Machiavelli mehr Beachtung schenkt als der Gottes.

an seiner Methode, welche sich darauf stützt, daß die Geschichte sicher andere Beispiele böte, die seine Argumente nicht stützen, wenn nicht gar widerlegen würden, scheint nicht unplausibel. Grundsätzlich gelten gesellschafts- und staatswissenschaftliche Untersuchungen genau deshalb als weniger sicher als naturwissenschaftliche, da der Faktor der Individualität als Modifizierung allgemeiner Gesetzmäßigkeit berücksichtigt werden muß.

Doch ungeachtet dieser Kritik an der Wissenschaftlichkeit seiner empirischen Methodik muß anerkannt werden, daß Machiavelli durch sie mit der Tradition der Antike und des Mittelalters bricht. Er verwirft die teleologische Idee der Sinnhaftigkeit der Welt und der Position des Menschen in ihr. Mit der Reduktion des Menschen auf ein trieb- und bedürfnisorientiertes Wesen wird ihm eine weltliche Bestimmung ermöglicht: ein neuer Zugang zur Realität.[19] Machiavellis Geschichtsdeutung liegt also eine induktive, empirische wie deduktive, bestimmende Methodik zugrunde, wobei nicht in allen Fällen einzusehen ist, ob der eine Teil den anderen stützt oder sie sich wechselseitig begründen. Machiavellis Methodik veranschaulicht, daß sich die Denker der Renaissance auf der Suche nach allgemeinen Regeln des Verstehens, auf ihre jeweils ganz eigene Weise, gegen den religiösen Glauben wandten. Machiavelli verlangte gleichfalls für die Geschichte, natürliche Erklärungen zu finden.


## Literatur

GRAZIA, Sebastian de: „Crossings to Another World: Machiavelli and Others", in: *Journal of the History of Ideas,* Vol. 45, No. 1, 1984, 145-151.

LEPPIN, Hartmut: *Thukydides und die Verfassung der Polis*, Berlin 1999.

LUTZ, Bernd (Hg.): *Metzler Philosophen Lexikon*, Stuttgart / Weimar (2. Aufl.) 1995.

KLUXEN, Kurt: *Politik und menschliche Existenz bei Machiavelli*, Stuttgart 1967.

MACHIAVELLI, Niccolò: *Der Fürst*, übers. und hrsg. Von R. Zorn, Stuttgart (6. Aufl.) 1978.

---

[19] Kluxen 1967, 38.

MACHIAVELLI, Niccolò: *Discorsi*. Gedanken über Politik und Staatsführung, übers., eingel. und erl. von R. ZORN, mit einem Geleitwort von H. MÜNKLER, Stuttgart (3. verb. Aufl.) 2007.

MÜNKLER, Herfried: *Machiavelli*. Die Begründung des politischen Denkens der Neuzeit aus der Krise der Republik Florenz, Frankfurt a. M. 1982.

# Der Rote Faden im Heuhaufen – Die *virtù* in den *Discorsi*

*Haike Dogendorf*

> Es ist, als ob nur dieses zauberkräftige Ferment in
> dem dumpfen Material des Menschentums Ent-
> schlüsse und Bewegungen hervorrufen könnte, die
> Geschichte sind, während überall, wo es fehlt, die
> Menschheit in jenen bedeutungslosen Zustand
> zurücksinkt, der nur scheinbar ereignisvoll, in
> Wahrheit ungeschichtlich ist.  Hans Freyer 1986, 58

*Virtù* ist eine von Machiavelli eigens konzipierte Begrifflichkeit, welche in
seinen *Discorsi* auf den ersten Blick grob mit „Tüchtigkeit" und
„Vortrefflichkeit" übersetzt werden kann, etymologisch abstammend vom
Lateinischen *virtus*.[1] In Machiavellis Verständnis jedoch weicht sie von der
antiken Vorstellung, die mit dem Begriff *„virtus"* verbunden ist, insofern ab
und bekommt einen völlig neuartigen Charakter, als daß sie vor allem eine
praktische Tugend ist, die sich vornehmlich im *politischen Handeln* zeigt
und zeigen muß. Des weiteren wird sie gleichzeitig als metaphysische
Substanz allen erfolgreichen politischen Handelns angesehen, die entweder
anwesend sei, zunehme, abnehme oder im schlechtesten Falle gänzlich
fehle. Sie sei im Idealfall, als „gesammelte Energien",[2] sowohl dem
Einzelnen als auch einem ganzen Volk in seiner Natur eigen. Im Bezug auf
Machiavellis höchstes Ziel, den Erhalt und die Stabilisierung des Staates,
stellt die *virtù* jene Macht dar, die als „politische Energie"[3] die
unberechenbaren Begebenheiten der Geschichte beeinflussen kann
(*fortuna*).[4]

---

[1] Der Begriff „virtus" (lat.) = „Tapferkeit", „Tugend", „Tüchtigkeit", „Vortrefflichkeit"; es sollte bedacht werden, daß der Wortstamm, „vir" (= Mann), darauf
hinweist, daß „virtus" im Sinne der „Mannhaftigkeit" verstanden werden muß.

[2] Vgl. Machiavelli 2007, II, Vorw., 167f.

[3] Münkler 1982, 325.

[4] Diese „politische Energie" (ebd.) scheint immer wieder in seiner Person auf, was aus
seinem Verhalten gelesen werden kann, wenn Rudolf Zorn eine von Machiavellis
Lebenskrisen analysiert: „Der Wirbel der florentinischen Katastrophe [Sturz der
republikanischen Regierung Soderinis und Übernahme der Medici, 1512] riß auch
Machiavelli mit. Der damals Dreiundvierzigjährige wurde ins Nichts geschleudert:

Die Herkunft und „Stofflichkeit" der *virtù* benennt Machiavelli nicht im Genauen.[5] Sie ist als „(quantitativ begrenzte) positive Energie" in der Welt vorhanden und über die verschiedenen Länder verteilt. Im Sinne seiner zyklischen Geschichtsauffassung[6] verändert sich die Menge der *virtù* nicht, sie wandert – an Gehalt abnehmend, zunehmend, sich auf mehrere Länder spaltend – durch die Welt und kann an den gewählten Orten länger oder kürzer verweilen, je nachdem, wie gesittet der Staat, deren Bürger und Volk

am 7. November 1512 entsetzte ihn der einstimmige Beschluß der Signoria seines Amts." Zorn 2007, XLVII. Trotz dieses schweren Schlages will er auch aus dem Exil heraus genau die Stärke zeigen, die seinen Mitbürgern und den Mitstreitern in der Politik abhanden gekommen sei. Der mächtigste Antrieb bleibt ihm seine persönliche *virtù,* mit der er gegen den „übermächtigen Gesamtdruck des Auslandes auf die ganze Appeninenhalbinsel" (Meinecke 1963, 35) anzugehen versucht.

5  „Wenn ich den Lauf der Dinge bedenke, so finde ich, daß die Welt stets dieselbe geblieben ist. Es gab auf ihr immer ebenso viel Gutes wie Schlechtes, nur wechselten das Schlechte und Gute von Land zu Land. So ist uns bekannt, daß die Macht der alten Reiche infolge des Wechsels der Sitten einem ständigen Wandel unterlag. Die Welt blieb jedoch immer dieselbe, nur mit dem Unterschied, daß sich ihre *gesammelten Energien* zunächst in Assyrien entluden, dann in Medien und Persien, bis sie schließlich auf Italien und Rom übergingen. Und wenn der römischen Weltherrschaft auch kein dauerndes Reich mehr folgte, in dem die *Kräfte der ganzen Welt* vereinigt gewesen wären, so zeigen sich diese doch verstreut über viele Völker, wo noch *gute Sitten* herrschen, wie beim fränkischen Reich, bei dem der Türken, beim Reich des Sultans und heute bei den Völkern Deutschlands und vordem beim Stamm der Sarazenen, der *so Großes vollbracht,* soviel Länder erobert und schließlich das Oströmische Reich zerstört hat." Machiavelli 2007, I, Vorw., 167f. (Hervorh. der Verf.).

6  Die Auffassung der zyklischen Geschichte kann bei Machiavelli auf Polybios zurückgeführt werden, jedoch ist bei unserem Autor der Mensch der Geschichte nicht mehr völlig ausgeliefert. Münkler analysiert Machiavellis Auffassung hier als nicht-resignativ im Bezug auf die Unveränderlichkeit der Geschichte, denn er habe vor allem mit Hilfe der *virtù* und der Erkenntnis genau dieser Gesetzmäßigkeit die Macht, die Geschichte eingeschränkt zu beeinflussen. Münkler beschreibt dies als „die Stabilisierung der partikularen Fortschritte", welches „der politische und geschichtsphilosophische Kulminationspunkt der Machiavellischen Theorie" sei. Vgl. Münkler 1982, 42. Meinecke erläutert Machiavellis *virtù*-Verständnis eingebettet in dessen zyklische Geschichtsauffassung: „[...] daß, da die Welt immer dieselbe bleibe und alle Dinge sich im Kreislaufe wiederholten, auch die *virtù* in der Welt nicht in unbegrenzten Quantitäten vorhanden sei, bald jenes Volk zum bevorzugten Träger sich erwähle." Meinecke 1963, 39f.

sind, und entsprechend der Fähigkeit der Regierung, die *virtù* zu „halten"
und nicht „abwandern" zu lassen.[7]

Für kaum beschreibbar wichtig hält er, daß ihr Wert wiedererkannt und
aufs Neue geschätzt wird, um ein stabiles Staatswesen schaffen und
aufrechterhalten zu können:[8] Die „sinnlich-geistige Gesamtkraft des
natürlichen, naturhaften Menschen"[9] müsse wiederaufblühen. Dies könne
sich einerseits in einem Einzelnen, Herausragenden zeigen oder anhand
eines ganzen Volkes. Nicht nur in Zeiten der Umstürze und Unaus-
gewogenheiten, durch die, so Machiavelli, jeder Staat ging und gehen wird,
sondern auch und gerade in Zeiten der Stabilität sei *virtù* vonnöten. Diese
aber, so glaubt er, sei in Florenz und Italien, aber auch in vielen anderen
Staaten seiner Zeit verlorengegangen, jedoch können die Beschreibungen
der Literaten der römischen Antike den nötigen Einblick in bessere Zeiten
geben und Vorbild zur Nachahmung bieten:[10]

Liest man, wie die Stadt Rom gegründet wurde, welche Gesetzgeber sie hatte und
welche Einrichtungen getroffen wurden, so wundert man sich nicht, daß sich
mehrere Jahrhunderte lang eine *außerordentliche Tüchtigkeit* in dieser Stadt
erhalten hat und daß sich aus diesem Gemeinwesen später ein *Weltreich*
entwickelt hat.[11]

Ebenso war die *virtù* in der griechischen Antike noch lebendig:

Glücklich das Volk, das einen Weisen hervorbringt, der ihm bleibende Gesetze
gibt, unter denen es lange Zeit sicher leben kann! Über 800 Jahre hat Sparta die

---

[7] „Auch bleibt sie [die *virtù*] nie für immer an denjenigen Stellen, wo sie einmal war,
sondern sie wandert, taucht hier auf und bleibt dort weg, zieht sich hier zusammen
und versiegt anderswo; und kein Ort der Welt, an dem sie zur Zeit ist, kann damit
rechnen, daß sie morgen auch noch da ist." Freyer 1986, 58.

[8] „Machiavelli [...] konzentrierte [...] seine eigentlichen und höchsten Lebenswerte auf
das, was er *virtù* nannte – [...] Heldentum und Kraft zu großen politischen und
kriegerischen Leistungen, vor allem zur Gründung und Lebendigerhaltung blühender
Staaten und namentlich Freistaaten". Meinecke 1963, 37.

[9] A.a.O., 36.

[10] Die *virtù* stellt ein Sammelbecken für jene Begriffe dar, welche Machiavelli mit
Tüchtigkeit, Staatserhalt und -stabilisierung, und Sittenaufbau und -erhalt verbindet.
Je nach Situation und Beispiel, die er in den *Discorsi* schildert, steht eine andere
Facette im Vordergrund, die ihm in seiner Argumentation als nützlich erscheint.

[11] Machiavelli 2007, I, Kap. 1, 5 (Hervorh. der Verf.).

Gesetze des Lykurgs befolgt, ohne sie anzutasten und ohne daß eine gefährliche Umwälzung stattgefunden hätte.[12]

Anhand seiner Analyse der gesellschaftlichen und politischen Krise Florenz' und Italiens und dem Vergleich mit vorbildlicheren Zeiten, Staaten und vor allem angemesseneren Handlungen der jeweiligen Herrscher oder Regierungen versteht Machiavelli den Verlust bzw. die Abnahme der *virtù* als Sittenverderbnis und Verlust der Tüchtigkeit:

In der Tat, wo diese *Rechtschaffenheit* im Volk fehlt, da läßt sich nichts Gutes erwarten. So ist nichts zu erhoffen in den Ländern, wo heutzutage *allgemeine Sittenverderbnis* herrscht, wie vor allem in Italien und ferner in Frankreich und Spanien."[13]

Jedoch fehle genau diese „außerordentliche Tüchtigkeit", diese „Herrscherkraft und Bürgertugend"[14] bei seinen Zeitgenossen und deren Staaten; nur einige Ausnahmen bestätigten die Regel:

Wenn man in diesen letzteren beiden Ländern [Frankreich und Spanien] keine solche Unordnung sieht wie tagtäglich in Italien, so kommt dies nicht von der Rechtschaffenheit ihrer Völker, die meist nicht mehr besteht, sondern daher, daß sie einen König haben, der sie nicht allein durch *seine Tüchtigkeit*, sondern auch durch eine noch *gut funktionierende Staatsverfassung* zusammenhält.

In Deutschland dagegen ist im Volk noch *viel Rechtschaffenheit und Frömmigkeit* zu finden. Deshalb gibt es dort auch viele freie Städte, die *ihre Gesetze so gut beachten*, daß weder ein äußerer noch ein innerer Feind etwas gegen *ihre Unabhängigkeit* zu unternehmen wagt.[15]

---

[12] Machiavelli 2007, I, Kap. 2, 10.

[13] A.a.O., I, Kap. 55, 148 (Hervorh. der Verf.). Italien wird von ihm sogar als das Schlimmste der drei Länder eingeschätzt, da die anderen beiden im Vergleich zu Italien sowohl tüchtige Herrscher als auch verläßliche Staatsordnungen hätten und weniger gespalten seien. Vgl. ebd.

[14] Meinecke 1963, 41.

[15] Machiavelli 2007, I, Kap. 55, 148 (Hervorh. der Verf.). Vor dem Hintergrund der immer weiter abnehmenden Einflußnahme von Florenz auf Italien und dem damit verflochtenen Verlust der Unabhängigkeit der republikanischen Handelsstadt, war diese nicht mehr ausreichend gegen die äußeren, zunehmenden politischen Zudringlichkeiten gewappnet. Unter anderem aus dieser Entwicklung heraus zieht Machiavelli das Fazit, Italien könne nur vereint wieder zu alter *virtù* aufsteigen. Diese nationale Einheit müsse sich vor allem auf ein eigenes Heer stützen können. Vgl. Münkler 1982, 201ff. In der zweiten Hälfte des 15. Jahrhunderts nimmt die „innere

Gleichwohl Florenz und Italien „verderbt"[16] geworden sind und nichts mehr von den Sitten der vorbildlichen römischen und griechischen Antike vorzuweisen haben, sieht er es als seine intrinsische Pflicht, alles Erdenkliche – unabhängig von verschiedenen Herrschaftssystemen[17] – für sein Vaterland zu leisten:

Da es aber *meiner natürlichen Veranlagung* entspricht, stets ohne Rücksicht alles zu tun, was nach meiner Ansicht für das *Allgemeinwohl* von Nutzen ist, habe ich mich entschlossen, einen Weg zu beschreiten, den noch niemand gegangen ist und der mir zwar Mühe und Beschwerden bringen wird, aber auch *Lohn* eintragen kann, falls man meine Bemühungen nachsichtig beurteilt.[18]

Dieses kontinuierliche, *tüchtige* Verhalten seinerseits darf man – und so hoffte er wohl selbst – als Mustergültigkeit im Bezug auf seine Forderungen einer *virtù* der Bürger und des Staates interpretieren.

Wenn nun aber die *virtù* das belebende, stärkende und stabilisierende Moment des Staates darstellt, und Machiavellis Handlungsmaxime der Erhalt des Staates ist, muß gefragt werden, wie und mit Hilfe welcher Mittel dieses gewünschte Ziel erreicht werden kann: „Zur virtù kann und

---

Aushöhlung der Republik unter den Medici" (ebd. 227) zu, gleichzeitig wird die militärische Eigenregie schwächer und die Söldnerhaltung wird zum Alltag. Jedoch gelingt Machiavelli als Berater des Gonfaloniere Soderini die Rückeroberung Pisas (1509), was man wohl als eine seiner politischen Sternstunden bezeichnen darf. Vgl. Münkler 2007, XLIV. Der Höhepunkt der Abhängigkeit ist wohl mit dem Jahre 1530 verbunden, als das Herzogtum Toskana Florenz unterwirft. Vgl. Münkler 1982, 218ff.

[16] Machiavelli 2007, I, Kap. 17, 63.

[17] Vgl. Münkler 2007, XLVII. Nach den destruktiven Machenschaften der Medici-Familie und den verheerenden Jahren des Bußpredigers Savonarola war Machiavelli 1498–1512 Staatssekretär der Zweiten Kanzlei des *Rats der Zehn*. Nach der Rückkehr der Medici (1512) wurde er aufgrund seiner offensichtlich republikanischen Bestrebungen, wahrscheinlich sogar wegen seiner generellen politischen Bedeutung und Kompetenz ins Exil verbannt. Vgl. Münkler 1982, 11. Diesen schweren Schlag versuchte er durch seine schriftstellerische Tätigkeit zu kompensieren (der *Principe* und die *Discorsi* sind so entstanden) und dadurch weiterhin politischen Einfluß auszuüben. Unter anderem aufgrund einiger weniger bedeutender politischer Aufträge, die er für die Medici ausführte und so als politisches „Fähnlein im Wind" verrufen war, war ihm das Schicksal hinsichtlich einer erneuten Wahl zum Sekretär im wieder republikanischen Florenz (1527) nicht hold und er starb kurz darauf.

[18] Machiavelli 2007, I, Vorw., 3 (Hervorh. der Verf.).

muß erzogen werden."[19] Der Florentiner nennt unter anderem Aspekte wie Religion, ein nationales Heerwesen und Gesetze sowie Institutionen als Pfeiler eines stabilen Staates. Seien diese vorhanden und gepflegt, könne man eher mit einem gesunden Staat rechnen.[20]

Im Gegensatz zur vor *virtù* sprühenden Vergangenheit finde man bei seinen Zeitgenossen

[...] nichts, was die minderwertigste Erbärmlichkeit, Schmach und Schande ausgliche; denn es werden weder *Religion* noch *Gesetze*, noch *militärische Disziplin* beachtet; vielmehr ist alles im Schmutz versunken. Die Laster sind um so verabscheuungswürdiger, als sie am häufigsten bei denen vorkommen, die auf den Richterstühlen sitzen, jedem Befehle erteilen und verhimmelt werden wollen.[21]

Auch wenn Machiavelli die christliche Religion – genauer die Ausprägung dieser bei seinen Zeitgenossen – für schädlich hält, da sie der *virtù* gerade entgegenwirke,[22] solle ein weiser Herrscher oder eine ebensolche Regierung auf die Religion als Mittel der (Macht-) Stabilisierung bauen,[23] denn sie mache das Volk gut[24] und stärke damit wiederum die *virtù*. Ein nationales

---

[19] Knauer 1990, 20.

[20] „Fast könnte es scheinen, als ob die Erzeugung von Virtù der eigentliche Zweck des Staates wäre [...]. Aber genau besehen, ist es eher umgekehrt: nur wo sich Virtù findet, kommt ein wirklich lebendiges Staatswesen zustande." Ritter 1948, 44.

[21] Machiavelli 2007, II, Vorw., 168 (Hervorh. der Verf.).

[22] „Wäre von den Spitzen der Christenheit die christliche Religion erhalten worden, wie sie ihr Stifter gegründet hat, dann wären die christlichen Staaten und Länder einträchtiger und glücklicher, als sie es jetzt sind. Nichts spricht mehr für den Verfall des christlichen Glaubens als die Tatsache, daß die Völker, die der römischen Kirche, dem Haupt unseres Bekenntnisses, am nächsten sind, am wenigsten Religion haben." A.a.O., I, Kap. 12, 49.

[23] Stolleis 1990, 50.

[24] „Wenn ich bedenke, woher es kommen konnte, daß im Altertum die Völker die Freiheit mehr liebten als je, so scheint mir dies aus derselben Ursache herzurühren, welche heute die Menschen weniger kraftvoll macht. Sie liegt nach meiner Meinung in der Verschiedenheit der heutigen und der antiken Erziehung, die wiederum in der Verschiedenheit der heutigen und der antiken Religion begründet liegt. Unsere Religion, die uns die Wahrheit und den rechten Weg des Heils lehrt, läßt uns die Ehren dieser Welt weniger schätzen, während die Heiden diese sehr hoch schätzten, ihr höchstes Gut darin erblickten und deshalb in ihren Taten viel kühner waren." Machiavelli 2007, II, Kap. 2, 177.

Heer sei von großer Bedeutung, da so das Volk selbst in die Belange des Staates involviert werde und gerade dies identitätsstiftend sei. Ein Volk werde dann tüchtiger, wenn es Heeresübungen und Kriege durchstehe, zusammenwachse und dadurch wiederum dem Staat selbst Kraft gebe;[25] nach René König ist virtù die „Verteidigung mit eigenen Waffen".[26] Zwischen der alles innewohnenden *virtù* und dem Staat, Volk,[27] Heer und den Institutionen bestehen interdependente Strukturen.[28] Am Zustand eines Staates müsse man dementsprechend ablesen können, wieviel von der nötigen *virtù* tatsächlich vorhanden ist und wo Defizite bestehen, die es auszugleichen gilt.

Eine kurze Abgrenzung der *virtù* gegenüber einigen wichtigen Begrifflichkeiten Machiavellis soll den Einfluß und die Interdependenz dieser am Ende verdeutlichen. Um die volle Kraft der *virtù* ausschöpfen zu können, sei die Kenntnis der historisch-weltlichen Zusammenhänge von äußerster Wichtigkeit. Aufbauend auf die *virtù* sei der *necessità* als „Beherrschbarkeit der Geschichte durch Erkenntnis ihrer Gesetzmäßigkeit [...]"[29] zu folgen. Handle man nach dieser „Gesetzmäßigkeit" mit dem Rückenwind der *virtù*, setze man sich nicht allzu schnell der *fortuna* aus.

---

[25] Der Florentiner versucht sich unnachgiebig an dem Aufbau einer nationalen Miliz, die sich nicht mehr auf Söldnertrupps verlassen muß und somit dem Staat insgesamt nur Vorteile bringen könne: „Da nun diese Liebe und dieser Kampfgeist nur bei den eigenen Untertanen entstehen kann, so ist es für den, der an der Macht bleiben und einen Freistaat oder einen Thron erhalten will, notwendig, sich aus seinen Untertanen eine Armee zu bilden, wie es alle getan haben, die mit Waffen bedeutende Erfolge erzielt haben." A.a.O., I, Kap. 44, 123. Auch stellt er die Verbindung eines nationalen Heeres und der ihr innewohnenden *virtù* mit dem Glück her, welches dem Staat hold ist, oder nicht: „Ich kann nicht in Abrede stellen, daß Glück und das römische Heerwesen die Ursache des römischen Weltreichs waren; aber man scheint zu übersehen, daß da, wo man ein gutes Heer hat, auch eine gute staatliche Ordnung sein muß und daß es da auch selten an Glück fehlt." A.a.O., I, Kap. 4, 18.

[26] König 1941, 248.

[27] „In ihrer volkhaften Darstellung hat jede virtù die Tendenz, sich zu Institutionen zu gestalten und zu verhärten und zurückwirkend damit erst dem Volke seine eigene Physiognomie zu geben [...]." A.a.O., 252.

[28] „Wie nämlich zur Erhaltung guter Sitten Gesetze nötig sind, so sind auch zur Beachtung der Gesetze gute Sitten erforderlich" (Machiavelli 2007, I, Kap. 18, 66), „denn gute Beispiele entstehen durch gute Erziehung, gute Erziehung durch gute Gesetze und gute Gesetze durch Parteikämpfe" A.a.O., I, Kap. 4, 18.

[29] Münkler 1982, 248.

Sie kann, als Zufallsvariable, nicht völlig im Zaum gehalten werden, jedoch mit Hilfe der *virtù* und *necessità* besser geschätzt und folglich auch gelindert werden, doch nie kann man sich ihrer völlig sicher sein. Als „Geschichtsfaktor, der weder berechenbare Kausalität noch erkennbare Finalität aufzuweisen vermag"[30] schlägt sie je nach *virtù*-Vorkommen mehr oder weniger aus.[31] Münkler bezeichnet *virtù* und *fortuna* sogar als „Fundamentalopposition".[32] Werden *virtù*, *fortuna* und *necessità* optimal ausgespielt, beherrscht und beeinflußt („Grundformel politischen Erfolgs"[33]) kann der Staat auch ohne Machthaber stabil bleiben. Die *corruzione*, die „zur Dekadenz neigende menschliche Natur"[34] wird hier durch die *virtù* nicht nur im Zaum gehalten, sondern den Menschen sogar ausgetrieben.

So schreibt Machiavelli in seinen *Gedanken zur Politik und Staatsführung (Discorsi)* über eine metaphysische Substanz, die beweglich ist, wandert, dem Einzelnen sowie auch vielen eigen sein kann, zu der erzogen werden kann, die aber schneller wieder verloren gehen kann, als sie antrainiert wird. Die *virtù* kann letztlich als anzustrebendes Substrat allen erfolgreichen politischen Handelns einerseits, sowie andererseits allen sich durch Tüchtigkeit und Sitte auszeichnenden Moments gelten.

## Literatur

Freyer, Hans: *Machiavelli*, mit einem Nachw. von E. Üner, Weinheim 1986.

Knauer, Claudia: *Das magische Viereck bei Niccolo Machiavelli*, Würzburg 1990.

König, René: *Niccolo Machiavelli.* Zur Krisenanalyse einer Zeitenwende, Zürich 1941.

Machiavelli, Niccolò: *Discorsi.* Gedanken über Politik und Staatsführung, übers., eingel. und erl. von R. Zorn, mit einem Geleitwort von H. Münkler, Stuttgart (3. verb. Aufl.) 2007

---

[30] Münkler 1982, 302.
[31] A.a.O., 317.
[32] Vgl. a.a.O., 316.
[33] A.a.O., 332.
[34] Vgl. a.a.O., 317.

MEINECKE, Friedrich: Die Idee der Staatsräson in der neueren Geschichte, hrsg. u. eingel. von W. HOFER, in: F. MEINECKE, *Werke*, hrsg. im Auftr. des Friedrich-Meinecke-Instituts der Freien Universität Berlin von H. HERZFELD / C. HINRICHS / W. HOFER. Bd. 1, München (3. Aufl.) 1963.

MÜNKLER, Herfried: „Geleitwort", in: N. Machiavelli, *Discorsi*. Gedanken über Politik und Staatsführung, übers., eingel. und erl. von R. ZORN, mit einem Geleitwort von H. MÜNKLER, Stuttgart (3. verb. Aufl.) 2007, XVII-XXX.

MÜNKLER, Herfried: *Machiavelli*. Die Begründung des politischen Denkens der Neuzeit aus der Krise der Republik Florenz, Frankfurt a. M. 1982.

RITTER, Gerhard: *Die Dämonie der Macht*. Betrachtungen über Geschichte und Wesen des Machtproblems im politischen Denken der Neuzeit, München 1948.

STOLLEIS, Michael: *Staat und Staatsräson in der frühen Neuzeit*, Frankfurt a. M. 1990.

ZORN, Rudolf: „Einleitung", in: N. Machiavelli, *Discorsi*. Gedanken über Politik und Staatsführung, übers., eingel. und erl. von R. ZORN, mit einem Geleitwort von H. MÜNKLER, Stuttgart (3. verb. Aufl.) 2007, XXXI-LXXXVIII.

*Epitaph Niccolò Machiavellis in der Basilika Santa Croce, Michael Wendland 2008*

# Machiavelli als Klassenkämpfer
## Panajotis Kondylis' Versuch einer sozialrevolutionären Lesart des Werkes

*Ulrich Arnswald*

Erstmals ist nun im Deutschen die Frühschrift des griechisch-deutschen Philosophie- und Sozialhistorikers Panajotis Kondylis erschienen, der bis zu seinem frühen Tod 1998, kurz vor seinem fünfundfünfzigsten Geburtstag, als Privatgelehrter in Heidelberg lebte. Bereits 1971 verfaßte der Autor das Werk als Einleitung zu der von ihm besorgten ersten griechischen Machiavelli-Ausgabe des *Fürsten*. Heute, über ein Jahrzehnt nach seinem Tod, wird Kondylis in Deutschland primär mit seinen theoriegeschichtlichen Werken in Verbindung gebracht. Neben dem Buch *Macht und Entscheidung* und der nachgelassenes Fragment gebliebenen *Sozialontologie* sind es vor allem die Werke *Der Niedergang der bürgerlichen Denk- und Lebensform*, *Die Aufklärung im Rahmen des neuzeitlichen Rationalismus* sowie *Konservativismus*, die von einer nach wie vor äußerst überschaubaren Gemeinde an Kondylis-Kennern rezipiert werden. Die frühe, bisher dem deutschen Leser nicht vorliegende Machiavelli-Studie überrascht, denn der Autor praktiziert dort bereits seine später als „deskriptiven Dezisionismus" bezeichnete Vorgehensweise der sezierenden Analyse.

Der Ansatz des deskriptiven Nihilismus, den Kondylis seinem Anspruch nach als wertfreier Beobachter applizierte und in seiner 1985 erschienenen, sein Werk prägenden Schrift *Macht und Entscheidung* zur Methode des „deskriptiven Dezisionismus" ausbaute, ist bereits im *Machiavelli* erkennbar. Diese Methode erhebt laut Autor keine Interpretationsansprüche, sie hat dem Leser weder Anweisungen zur Lebensgestaltung zu geben, noch will sie Deutungsansprüche in Form eines ideologischen Konzeptes postulieren. Kondylis will nur die Herausforderungen von Machiavellis Zeit verstehen, in dem er die sozioökonomischen, politischkulturellen und historischen Verflechtungen der Epoche offenzulegen versucht. Dadurch will er die Interaktion sozialer, geistesgeschichtlicher, historischer sowie politischer Zusammenhänge freisetzen, die Machiavellis Traktate beinhalten, wie beispielsweise dessen Verständnis des italienischen

Humanismus. Hinter diesem Ansatz steht das Grundverständnis, daß Denken immer bestimmte Weltbilder gegen rivalisierende Ansprüche durchsetzen will. Insofern war Niccolò Machiavelli für Kondylis nur ein exemplarisches Objekt zum Erproben seiner eigenen Erschließungsmethode, die als Deskription selbstredend nicht sagen darf, was der Leser schlußfolgern soll.

Dem Autor gebührt die Anerkennung, durchaus mannigfaltige Facetten von Blickwinkeln herauszuarbeiten, die neue Perspektiven auf das Gesamtwerk Machiavellis als auch auf die Auseinandersetzung mit seiner Epoche eröffnen. Sicherlich kann man Machiavellis Werk als ein mehrschichtiges betrachten, die unterschiedlichen Texte des Autors von *Der Fürst* über die *Discorsi*, von die *Geschichte von Florenz* zu *Von der Kriegskunst*, bis hin zu den Versdichtungen, Novellen, Tragödien und Komödien, wie die heute noch aufgeführte Komödie *Mandragola*, laden geradezu dazu ein. Für den Leser ist diese Vorgehensweise äußerst anstrengend, denn der Autor verharrt weitestgehend, den Leser förmlich mit der Fülle an Beobachtungen allein lassend, in der Haltung eines distanzierten Beobachters. Eine leidenschaftliche Involviertheit, die die Lektüre erleichtern würde, kommt so nicht auf. Kondylis betreibt die Analyse der unterschiedlichsten Erscheinungen in Literatur, Lyrik, Dramatik, Malerei, Musik, Philosophie und Naturwissenschaft, die wiederum in Analogie Rückschlüsse auf die Veränderung im Staatswesen sowie im neuen Verständnis des immerwährenden politischen Kampfes um Selbst- und Machterhaltung erlaubt. Dies gelingt ihm vom Ansatz her so vortrefflich, daß man leicht geneigt ist, die ein oder andere historisch schwerwiegende Ungenauigkeit wohlwollend zu überlesen.

Die Bedeutungslosigkeit beispielsweise, die Kondylis der Religion in Machiavellis Zeit zuweist (11),[1] steht im starken Widerspruch zu Machiavelli, der die Religion als wichtig betrachtete, weil sie Moral vermittle und somit die Voraussetzung für die Sittlichkeit sei. Aus der Sittlichkeit kann nach Machiavelli wieder *virtú* entspringen, dies belegt die Immanenz der Religion als wichtigen Eckpfeiler in dessen Werk. Hingegen behauptet Kondylis, daß sich die metaphysischen Bezugssysteme auflösen und der Geist daher nach dynamischen und handfesten Begründungen

---

[1] Die Seitenzahlen in Klammern beziehen sich immer auf das am Ende des Artikels genannte Hauptwerk: Kondylis, *Machiavelli*, Berlin 2007.

verlange (7). Dies ist insofern falsch, als die Religion auch bei den Humanisten immer die Angelegenheit des Einzelnen war, und sich die aus der Religion geschöpfte Moral des Einzelnen durchaus wiederum in der Politik widerspiegeln konnte, auch wenn die Politik nicht die Moral verhandeln sollte. Ein Verschwinden der Religion hat es in dieser Epoche nicht gegeben, vielmehr ging es nur um den Streit über die Frage der Trennung von Kirche und Politik. Rudolf Zorn beschreibt in seiner Einleitung in den *Discorsi* das eigentliche Spannungspotential der Renaissance wie folgt:

Allerdings ist daneben überall noch das Mittelalter spürbar. Hinter aller Daseinsfreude zittert eine gewisse Lebensangst und Unruhe, die sich nach Frieden mit Gott sehnt; trotzdem nimmt man inbrünstig den diesseitigen Geist der Antike auf.[2]

Auch Kondylis' flapsige These, daß Gott in den „ehrenvollen Ruhestand" (11) gegangen sei, läßt sich daher nicht rechtfertigen, so lustig diese Formulierung auch sein mag. Erklären müßte der Autor erst einmal, warum im Zeitalter Machiavellis so viele Kirchen, Kapellen und Grablegen gestiftet wurden, wenn doch die herrschende Klasse – aus der die Humanisten entstammten – massenhaft vom Glauben abgefallen sei. Historisch stimmig ist die Darstellung der Religion im Renaissance-Humanismus bei Kondylis jedenfalls nicht. Vielleicht ist hier eher der Wunsch Vater der Gedanken gewesen.

Eine ähnliche Motivation scheint auch bei der Thematik des Klassenkampfes am Werk. Der zu dieser Zeit, die auch die Zeit der griechischen Militärdiktatur war, achtundzwanzigjährige Verfasser des Buches war damals Mitglied der Kommunistischen Partei und ein orthodoxer Marxist.[3] Daher ist es nicht verwunderlich, daß er im Mittelpunkt von Machiavellis Denken die Begriffe der Differenzierung der Klassen und des Klassenkampfes sieht. Kondylis schreibt:

Freilich bringt er die Klassendifferenzierung nicht mit der wirtschaftlichen Differenzierung in Beziehung, er will auch hinter dem Klassenkampf keine ökonomischen und sozialen Ursachen oder Wirklichkeiten finden. (124)

Noch nebulöser wird der Kondylis'sche Klassenkampf an anderer Stelle:

---

2   Zorn 2007, XXXI.
3   Vgl. Lauermann 2000, 72.

Ein Klassenkampf, der in der völligen Spaltung des gesellschaftlichen Körpers und in der Aufreibung eines seiner Teile endet, schwächt in der Folge das Staatswesen und beraubt es der Tugenden der sozialen Gruppe, die vernichtet wurde, während die gegnerische Gruppe nun unumschränkt, tyrannisch und nur mehr gleichgültig gegenüber der Pflege ihrer Verdienste herrschen kann. Im Gegensatz dazu ist ein Klassenkampf günstig, aus dem ein Staatswesen hervorgeht, an dem die gegnerischen Klassen jeweils mit ihrer eigenen Dynamik teilhaben, wo das Staatswesen von den Vorzügen aller Klassen profitiert und sein Potential aufs äußerste genutzt werden kann. Für Machiavelli ist die umfassende Vorherrschaft der „fortschrittlichsten" gesellschaftlichen Gruppe also nicht das Wichtigste, sondern die beste Mischung aller gesellschaftlichen Elemente und die Maximierung ihrer Leistung. (125)

Das Kernproblem der Aussage liegt in dem von Kondylis um jeden Preis eingeführten und nicht weiter erläuterten Begriff Klassenkampf. Dieser mag im Jahre 1971 eine Rolle gespielt haben, aber zu Lebzeiten Machiavellis (1469–1527) war der Begriff definitiv schon deshalb nicht *en vogue*, weil dieser erst mit der marxistischen Theorie im 19. Jahrhundert aufkam. Er beschreibt soziale und politische Konflikte zwischen den Klassen, die sich im Widerspruch zwischen Produktivkräften und Produktionsverhältnissen zeigen. Der Klassenkampf resultiert letztlich in einer revolutionären Umwälzung der bestehenden Produktionsverhältnisse. Wenn man vom Aufstand der Ciompi in Florenz in der Frührenaissance des Jahres 1378 absieht, der deutlich vor der Lebenszeit Machiavellis war und auch dem für die Jahre von ca. 1400 bis ca. 1600 taxierten Renaissance-Humanismus vorauslief, kann ansonsten keineswegs auch nur im Ansatz von Klassenkämpfen in dieser Epoche die Rede sein. Und selbst beim Aufstand der Ciompi, dem Tumult der Florentiner Wollarbeiter, ist bis heute strittig, ob es sich um einen protoproletarischen Aufstandsversuch oder um einen gescheiterten Zunftkampf gehandelt hat. Der Historiker Ernst Piper, Autor des Buches *Der Aufstand der Ciompi*, kommt zu folgender Bewertung:

Nachdem eine herrschaftsorientierte Geschichtsschreibung jahrhundertelang den Aufstand der Ciompi zu einer beliebigen Entäußerung des „Pöbels" herabgewürdigt hatte, neigten die liberalen Historiker des späteren 19. Jahrhunderts wiederum dazu, das Ereignis zu überschätzen. Denn daß die Aktionen der florentiner Wollarbeiter „ihre weltgeschichtliche Bedeutung gewinnen als die erste Emanzipationsbewegung des industriellen Proletariats", kann man bei aller Neigung, die Bedeutung dieses Aufstandes zu betonen, wohl nicht sagen.[4]

Jedenfalls fanden zu Machiavellis Zeiten innerstädtische Machtkämpfe überwiegend zwischen gleich oder ähnlich gestellten Schichten statt. Es gibt kein Muster, das das Wort eines Klassenkampfes zwischen „unten" und „oben" hinreichend erkennen läßt, obwohl das Volk laut Machiavelli zweifellos den Adel als natürlichen Feind betrachtete. Nicht von ungefähr sah Machiavelli Verschwörungen und Umsturzbewegungen eher als das Resultat der Reichen und Wohlhabenden an, wie Münkler festhält:

Die vergleichende Betrachtung, so Machiavellis These, zeigt, dass entgegen einer verbreiteten Vorstellung es keineswegs immer die ärmeren und unteren Schichten sind, die Verschwörungen anzetteln und Umsturzbewegungen hervorbringen, sondern dass daran ebenso die Wohlhabenden und Reichen beteiligt sind, wobei sie aufgrund ihrer grösseren materiellen Ressourcen sowie ihrer umfänglicheren Verbindungen und Kontakte grössere Erfolgsaussichten für den Umsturz des Staates haben.[5]

Kondylis biegt hier förmlich den Geschichtsverlauf ganz in seinem ideologisch-motivierten Sinne. Dies wird auch dadurch deutlich, daß er seine Klassenkampf-These mit der Begründung herleitet, Machiavelli habe keine ökonomischen Beziehungen zwischen den stattgefundenen Kämpfen erfaßt. Konkrete Belege für diese Beziehungen vermag der Autor aber selbst nicht zu liefern. Noch ungenierter manipuliert der Autor den Begriff des *Condottiere*, den er kurzerhand zu einer Art revolutionären Kämpfer umfunktioniert. Dies ist fernab jeglichen historischen Erkenntnisstandes. Der Kondylis'sche *Condottiere*, dieser eigentlich brutale Söldnerführer, der fast bis zum Ende des 15. Jahrhunderts von italienischen Stadtstaaten als Kriegsherr angeheuert wurde und nach Belieben für mehr Sold die Seiten wechselte, bekommt nun eine geradezu sozial-romantische Note:

Das Leben eines Heerführers war außerordentlich hart und es machte auch den Menschen selbst unvorstellbar hart, schärfte aber in gleichem Maß auch seinen

---

[4] Piper 2000, 108. Hier muß hinzugefügt werden, daß der Aufstand selbst von einem der reichsten Männer Florenz, dem Bankier Benedetto degli Alberti, Mitglied einer angesehenen Patrizierfamilie, ausgerufen wurde. Dieser verfolgte damit politische Ziele. Den auf Zuruf aufbegehrenden Ciompi war von ihm nur eine Statistenrolle zugedacht worden (ebd. 7; 77). Klassenkampf sieht anders aus.

[5] Münkler 2004, 113.

Verstand. Sein persönliches Ansehen war sein wichtigstes Kapital, und nur dadurch konnte er Söldner an sich binden. Allein Talent, Geschicklichkeit und das Fehlen moralischer Bedenken konnten seinen Aufstieg sichern. Auf den Herrscherthron stieg er entweder durch direkte Usurpation oder über eine Gebietsherrschaft, die er als Lohn für seine Dienste oder als Winterquartier bekommen hatte und ausdehnen konnte. In dieser Hinsicht ist der Fürst ein „demokratisches" Phänomen, er konnte ohne weiteres aus jeder Gesellschaftsschicht stammen und sich nur dank seiner Fähigkeiten emporarbeiten wie ein Gelehrter oder ein Künstler – und natürlich half ihm eine niedrige Herkunft beim Aufstieg, denn er hatte von vornherein keine moralischen und religiösen Bindungen, und das Geburtsrecht, das der Adelsstand vertrat, galt für ihn ebensowenig wie feudale ritterliche Tugenden und Ehrgefühle. (17)

Der Söldnerführer ist also für Kondylis ein „demokratisches" Phänomen, insofern er ohne weiteres jeder Gesellschaftsschicht entstammen konnte. Von der merkwürdigen Auffassung was hier „demokratisch" sein soll abgesehen, stimmt es auch nicht, daß die *Condottieri* bevorzugt aus niedriger Herkunft abstammten, wie Kondylis insinuiert. Größtenteils entstammten sie vielmehr dem niederen Adel, wenige waren Bauern und Handwerker, viele kamen sogar aus den mächtigsten Familien ihrer Zeit.[6] Sie waren definitiv weit entfernt vom unteren sozialen Spektrum. Das Phänomen der *Condottieri* war weder „demokratisch" noch „revolutionär", und es muß gute Gründe geben, warum der Autor dies gegen jegliche historische Erkenntnis und ohne Nennung wissenschaftlicher Belege unbedingt so lesen will. Machiavelli äußert weit entfernt von sozial-romantischer Verklärung seine harsche Kritik am *Condottieri*-System im 12. Kapitel des *Principe*:

Ein Herrscher, der sich auf Söldner stützt, wird niemals auf festem Boden stehen und sicher sein; denn Söldner sind uneinig, machtgierig, ohne Disziplin und treulos, überheblich gegenüber den Freunden, feig vor dem Feind, ohne Furcht vor Gott, ohne Redlichkeit gegen die Menschen. Man schiebt seinen Untergang nur so lange hinaus, als man den Angriff hinausschiebt. Im Frieden wird das

---

[6] Die bekanntesten *Condottieri* kamen aus ausgesprochen mächtigen Familien, was Kondlyis gänzlich verschweigt. Z.B. war Cesare Borgia (1475-1507) der Sohn von Papst Alexander VI, ein *Condottiere*. Aus reichen Adel-, Patrizier- oder Kaufmannsfamilien kamen ebenso unter anderem Prospero Colonna, Bartolomeo Colleoni, Castruccio Castracani, Andrea Doria und Giovanni dalle Bande Nere. Schon diese Beispiele widerlegen Kondylis' romantische Verklärung.

Land *von ihnen* ausgeplündert, im Krieg *vom Feind*. Der Grund hierfür ist der, daß sie sich durch nichts gebunden fühlen und kein anderes Motiv sie im Feld hält als das bißchen Sold, der nicht ausreicht, um sie gerne für dich sterben zu lassen. Sie wollen wohl deine Soldaten sein, solange du keinen Krieg führst; doch wenn wirklich Krieg kommt, so werden sie fahnenflüchtig oder ziehen ab.[7]

Auch die Söldner- oder Heerführer, die *Condottieri*, kommen bei Machiavelli nicht besser weg, er schreibt im gleichen Kapitel:

Söldnerführer sind entweder hervorragende Fachleute des Kriegshandwerks oder sie sind es nicht: im ersteren Fall kannst du dich nicht auf sie verlassen; denn sie streben immer nur danach, ihre eigene Macht zu vergrößern, und setzen entweder dich, ihren Herrn, oder Fremde gegen deinen Willen unter Druck. Ist aber ein Söldnerführer nicht tüchtig, so richtet er dich auf dem gewöhnlichen Weg zugrunde.[8]

Von Sympathie mit den „demokratischen" Aufsteigern aus tendenziell eher „niederster Herkunft" kann bei Machiavelli jedenfalls nicht die Rede sein. Man könnte die Liste der historischen Unstimmigkeiten noch eine ganze Weile fortsetzen. Zudem müßte man über das Kondylis'sche Verständnis beispielsweise vom humanistischen Begriff der Ratio sprechen, ebenso wie die Behauptung, daß in der Renaissance versucht wurde, alle Lebensbereiche dem Rationalismus unterzuordnen (20). Letzteres war schon deshalb nicht der Fall, da sonst die Religion wohl kaum hätte überleben können, insofern waren die Humanisten wesentlich toleranter als Kondylis sie darstellt. Dies ist wenig überraschend, denn Toleranz gilt noch heute als wichtiges humanistisches Prinzip im menschlichen Zusammenleben. Und es ist zudem bekannt, daß Machiavelli politische Argumentationen auf der Basis religiöser Überzeugungen keineswegs generell abgelehnt hat, vielmehr reflektiert er explizit in den *Discorsi* sogar seine religionspolitischen Ansichten:

Die Häupter eines Freistaats oder eines Königreichs müssen daher die Grundlagen der Religion, zu der sich ihre Völker bekennen, bewahren; dann wird es ihnen leicht sein, ihren Staat in Gottesfurcht und damit gut und einträchtig zu erhalten. Sie müssen alles, was für die Religion spricht, unterstüt-

---

[7] Machiavelli 1978, 49f.
[8] A.a.O., 50.

zen und fördern, auch wenn sie es für falsch halten. Sie müssen dies umso mehr tun, je klüger sie sind und je klarer sie natürliche Dinge durchschauen.[9]

Neben all diesen Ungereimtheiten seien hier noch zwei weitere konkrete Beispiele abschließend benannt. Kondylis verkündet:

Man kann Machiavellis Haltung zum Humanismus und den Humanisten nun allgemein charakterisieren und zunächst feststellen, daß er in bezug auf die Antike kein Interesse hat, die ostentative Haltung der Humanisten zu übernehmen. Seine Kenntnis der Klassiker und seine allgemeinen Kenntnisse benutzt er keineswegs als Instrument, um sich von der breiten Masse abzugrenzen wie die Humanisten, für die Wissen, genauso wie Reichtum, ein Kriterium gesellschaftlicher Unterscheidung war. Auch verfolgte er die literarischen Produktionen der Humanisten nicht, (sie schrieben auf Lateinisch, schwelgten in pedantischen und hohlen Diskussionen über philosophische Themen, mit denen nur „Eingeweihte" vertraut waren); deren oberster und alleiniger Zweck war es, die Distanz zwischen sich selbst als der gebildeten Elite und dem Rest der Welt zu betonen. (73f.)

Dies wirft Fragen zum Umgang Machiavellis auf, aber ebenso zu seiner humanistischen Ausbildung sowie seinem Werdegang. Machiavelli wurde nach den Vorstellungen seines Vaters, eines Rechtsanwalts und Notars, humanistisch ausgebildet. Letzterer besaß eine für die damalige Zeit umfangreiche Bibliothek, die viele klassische Texte der Antike umfaßte. Diese Bibliothek wurde vom jungen Machiavelli reichlich genutzt. Es ist weiterhin bekannt, daß dieser lieber Humanist als Jurist werden wollte.[10] Weiterhin hatte Machiavelli von 1498 bis zu seiner Demission 1512 als Sekretär des „Rats der Zehn" in der Republik von Florenz ein hochrangiges politisches Amt inne, das ihn zum Gesprächspartner aller Mächtigen seiner Zeit (unter anderem Ludwig XII., Kaiser Maximilian I., Papst Julius II., Cesare Borgia) machte. In Florenz arbeitet er zudem eng mit Leonardo da Vinci zusammen. Selbst nach seiner Demission und nach der an diese anschließenden Verbannung blieb Machiavellis Interesse am Humanismus bestehen und er besuchte 1518 den politischen Club der *Orti Oricellarii*, so genannt nach den Gärten des Cosimo Rucellai. Hier traf sich die geistige Elite der Stadt, hier lasen humanistische Dichter und Schriftsteller aus ihren Werken vor. Dieser Club war geradezu ein Nukleus des Humanismus in

---

[9] Machiavelli 2007, 48.
[10] Vgl. Voigt/Walkenhaus/Münkler 2004, 15.

Florenz. Machiavelli trug dort erstmals die *Discorsi* vor einem größeren Publikum vor. 1519 schreibt er außerhalb seines beruflichen Spektrums unter anderem das Lustspiel *La Mandragola*. Von Distanz zu den Humanisten kann wohl kaum die Rede sein.

All dies spricht nicht für die Behauptungen Kondylis'. Es ist nicht zu erkennen, daß Machiavelli jemals die Nähe zu den Massen suchte und Distanz zur Elite hielt. Im Gegenteil. Auch das angebliche Desinteresse, die ostentative Haltung der Humanisten gegenüber der Antike zu übernehmen, ist so nicht richtig. Ein Blick in die *Discorsi* genügt. Das Werk Machiavellis ist wesentlich durch die Rezeption der Antike und durch die Geschichtsauffassung des Humanismus geprägt. Richtig wäre bestenfalls das Herausarbeiten eines schwerpunktmäßigen Unterschiedes zu den Humanisten gewesen: Machiavelli zog Beispiele der römischen Republik denen der griechischen Antike vor, da die römische Republik *a priori* keine Forderungen an die Bürger in Sachen ethisches Verhalten erhob, sondern die zu schaffende politisch gute Ordnung selbst als Anfang von Moral in den Mittelpunkt stellte. Durch eine gute Ordnung sollte dann das Ethos der Bürger entstehen. Kurzum, Machiavelli hatte inhaltliche Gründe für diese Präferenz, die keineswegs gezielt in Distanz zu den Humanisten stand, wie vom Autor suggeriert.

Die Präferenz für die römische Republik mag zusätzlich dadurch begünstigt gewesen sein, daß Machiavelli zwar die Lateinschule besucht, aber nicht wie einige Humanisten griechisch gelernt hatte. Herfried Münkler bewertet diese Einschätzung bestätigend im Geleitwort zu den *Discorsi* und im Kontrast zu Kondylis einen Brief Machiavellis, der dessen Tagesablauf beschreibt, als geradezu „ein Stück humanistischer Selbststilisierung":

Nach einem langen Tag, der wesentlich anderem gewidmet ist, endlich Lektüre antiker Texte, Notizen dazu, neuerliche Lektüre, schließlich schriftliches Festhalten dessen, was Machiavelli für richtig und beispielhaft hält. Sicherlich steckt darin auch ein Stück humanistischer Selbststilisierung. Aber das Nachdenken über die römische Geschichte als Trost angesichts des persönlichen Scheiterns und die Reflexion über Politik als eine Art Ersatzhandeln lassen sich bei der Lektüre der *Discorsi* immer wieder finden.[11]

Auch hier nimmt Kondylis in der Rezeptionsgeschichte Machiavellis eine Außenseiterposition ein. Letzterer qualifiziert nicht als der „Chefideologe"

---

[11] Münkler 2007, XVIII.

oder „Theoretiker" der breiten Massen, der bewußt Abstand zu den Humanisten und ihrem elitären Getue hielt. Machiavelli war vielmehr ein Bewunderer der Humanisten, verweilte in ihren Kreisen, und wenn überhaupt litt er darunter, daß seine bescheidenere humanistische Ausbildung nicht zu den allerhöchsten humanistischen Weihen seiner Zeit reichte. Daraus folgt, daß der Kondylis'sche „Klassenkampf" in Machiavelli keinen „Theoretiker der Revolution" hatte. Daß dieser nie dafür in Betracht kam, zeigen unter anderem seine mannigfaltigen Versuche wieder in Amt und Würden bei den Medicis zu kommen.

Und zu guter letzt sei auch folgende Behauptung Kondylis, die er wieder einmal nicht zu belegen gedenkt, in Betracht gezogen:

Machiavellis Grabmal in Santa Croce mit der lobpreisenden Inschrift stiftete der Großherzog der Toskana (und „aufgeklärte Herrscher") Leopold I., Sohn Maria Theresias und späterer Kaiser von Österreich, der sich in ständigem Konflikt mit Kirche und Papst befand; die Bedeutung dieser Handlung ist somit klar. (152)´

Nach dem heutigen Erkenntnisstand hat die Stadt Florenz das Grabmal in der Kirche Santa Croce ihrem berühmten Sohn gestiftet. Es trägt die Inschrift: „TANTO.NOMINI.NULLUM.PAR.ELOGIUM", was mit „Solchem Namen wird kein Lob gerecht" übersetzt werden kann, darunter den Namen „NICOLAUS.MACHIAVELLI", und eine Zeile darunter das Sterbedatum wie folgt: „OBĪT.AN.A.P.V.MDXXVII", für „gestorben im Jahre nach der jungfräulichen Geburt 1527". Die Inschrift wurde dreihundert Jahre nach seinem Tod von einem britischen Bewunderer hinzugefügt.[12] Auch diese Pointe Kondylis' ist somit obsolet.

Die Kritik an den historischen Ungenauigkeiten und Ungereimtheiten wiegt zwangsläufig schwer, denn letztlich war ja die historische Herleitung des Werkes gerade die Intention des Autors. Kondylis ging es darum, aufzuzeichnen, warum es notwendig ist, die historischen Bedingungen der Entstehung eines klassischen Werkes wie das Machiavellis zu kennen, um den Sinngehalt angemessen beurteilen zu können. Andererseits verlässt er selbst unzählige Male diesen von ihm selbst abgesteckten Pfad, um Spekulationen anzustellen wie z.B.:

Vielleicht versuchte Machiavelli in den letzten zehn, fünfzehn Jahren seines Lebens, ein solcher Polittechnokrat zu werden, als er beharrlich danach strebte,

---

[12] Zorn 2007, LVII.

in die Dienste der Medici zu treten, und ihnen immer wieder neue Lösungsvorschläge für konkrete Probleme machte; als der erste Vorschlag nicht angenommen wurde, unterbreitete er einen abgewandelten Plan nach dem anderen – als ginge es um eine Schachpartie, die sich mit ganz unterschiedlichen Zügen spielen ließe, ohne daß es große Bedeutung gehabt hätte, welcher Zug schließlich gemacht wurde [...]. (44)

Es sei aber auch erinnert, daß dieser Text bereits 1971 entstand. Dies ist zugunsten des Autors anzuführen, der zudem der erneuten Veröffentlichung in dieser Form nicht mehr zustimmen konnte. Vermutlich hätte er einige Überarbeitungen vorgenommen. Angebracht wäre gewesen, wenn Günter Maschke – anstelle einer Vorrede – auf abweichende Aspekte in der neueren Forschungsliteratur der Machiavelli-Forschung eingegangen wäre. Auf eine solche Verortung hätte der Verlag drängen müssen.

Als Einführung taugt Kondylis' *Machiavelli* nicht, auch wenn das Buch ursprünglich so konzipiert war. Es ist zu speziell, sowohl zu sehr vom Methodenzugang des Autors als auch von dessen ideologischer Sichtweise geprägt. Nicht die komparative Methodik Machiavellis kommt zum Vorschein, sondern die semantischen Manöver Kondylis' zugunsten seiner marxistisch-motivierten Lesweise Machiavellis. Diese ist nicht – wie von ihm selbst reklamiert – als analytisch-deskriptiv und wertneutral zu bezeichnen, sondern vielmehr als den Leser irreführend. Man kann sie auch manipulativ nennen. Stattdessen hätte es dem Buch gut getan, die Herkunft dieser Lesart offen zu benennen. Kondylis' Interpretationsansatz geht nämlich gut mit dem Satz von Karl Marx und Friedrich Engels im ersten Kapitel des *Manifests der Kommunistischen Partei* einher: „Die Geschichte aller bisherigen Gesellschaft ist die Geschichte von Klassenkämpfen."[13]

Das darf man durchaus so sehen, allerdings muß man dann auch Quellen benennen und empirische Belege beischaffen und darf keine Thesen in den Raum stellen, die wie bei Kondylis oft auf tönernen Füssen stehen. Zudem muß man unbedingt bezüglich des ideengeschichtlichen Interpretationsansatzes gegenüber dem Leser mit offenen Karten spielen. Karl Kautsky hätte mit seinem Buch *Thomas More und seine Utopie*[14] Vorbild sein können. Trotz aller Irreführungen ist das Buch für Kenner Machiavellis dennoch lesenswert, wenn man das Werk unter die zeitbedingten

---

[13] Marx / Engels 2009, 19.
[14] Vgl. Kautsky 1907.

„marxistischen Vorzeichen" seiner Entstehung einordnet. Einen Fingerzeig in diese Richtung hat der Autor zumindest am Ende des Buches gegeben, in dem er schreibt:

Doch Machiavelli und auch gewisse grundlegende Anregungen und Einsichten, die sich mit seinem Namen verbinden, müssen nicht dem Bereich theoretischer Einschätzungen verhaftet bleiben, weil diese von selbst dazu tendieren, sich mit realen Situationen zu verbinden, die immer wieder in der Geschichte auftreten, und ideologische Waffen im Streit der gegnerischen Parteien zu werden. (157)

Wie einst die sehr eigene sozialistische Morus-Rezeption Karl Kautskys hat auch eine solche Sichtweise durchaus ihren Charme. Machiavelli-Kenner werden sicherlich die historischen Bewertungen des Autors und somit mögliche Fallstricke der Kondylis'schen Interpretation erkennen und genau abzuwägen wissen.

**Panajotis Kondylis, *Machiavelli*. Mit einer Vorrede von Günter Maschke. Aus dem Griechischen übersetzt von Gaby Wurster und durchgesehen von Athanassios Kaissis, Berlin: Akademie Verlag 2007. 181 S.**

## Literatur

KAUTSKY, Karl: *Thomas More und seine Utopie*, mit einer historischen Einl. von K. KAUTSKY, Stuttgart (2., durchges. Aufl.) 1907.

LAUERMANN, Manfred: „Freiheit als zivilreligiöses Formular bei Spinoza. Diverse Bielefelder Dekonstruktionen", in: *Etappe*, H. 15, Herbst 2000, 49-99, 72.

MACHIAVELLI, Niccolò: *Der Fürst. „Il Principe"*, übers. und hrsg. von R. ZORN, Stuttgart (6. Aufl.) 1978.

MACHIAVELLI, Niccolò: *Discorsi*. Gedanken über Politik und Staatsführung, übers., eingel. und erl. von R. ZORN, mit einem Geleitwort von H. MÜNKLER, Stuttgart (3. verb. Aufl.) 2007.

MARX, Karl / ENGELS, Friedrich: *Manifest der Kommunistischen Partei*. Grundsätze des Kommunismus, Nachw. von I. FETSCHER, Stuttgart 2009.

MÜNKLER, Herfried / VOIGT, Rüdiger / WALKENHAUS, Ralf: „Niccolò Machiavellis Politikverständnis", in: Dies. (Hg.), *Demaskierung der*

*Macht.* Niccolò Machiavellis Staats- und Politikverständnis, Baden-Baden 2004, 13-29.

MÜNKLER, Herfried: „Der Imperativ expansiver Selbsterhaltung. Machiavellis komparative Begründung für die Vorbildlichkeit der Römischen Republik", in: H. MÜNKLER / R. VOIGT / R. WALKENHAUS (Hg.), *Demaskierung der Macht.* Niccolò Machiavellis Staats- und Politikverständnis, Baden-Baden 2004, 103-120.

MÜNKLER, Herfried: „Geleitwort", in: N. Machiavelli, *Discorsi.* Gedanken über Politik und Staatsführung, übers., eingel. und erl. von R. ZORN, mit einem Geleitwort von H. MÜNKLER, Stuttgart (3. verb. Aufl.) 2007, XVII-XXX.

PIPER, Ernst: *Der Aufstand der Ciompi.* Über den „Tumult" der Wollarbeiter im Florenz der Frührenaissance, Zürich / München 2000.

ZORN, Rudolf: „Einleitung ‚Das Leben Machiavellis'", in: N. Machiavelli, *Discorsi.* Gedanken über Politik und Staatsführung, übers., eingel. und erl. von R. ZORN, mit einem Geleitwort von H. MÜNKLER, Stuttgart (3. verb. Aufl.) 2007, XXXI-LXXXVIII.

HANS-PETER SCHÜTT / BERND THUM

# Nachwort

Der einstige und seit den 1958 von General DE GAULLE herbeigeführten Verfassungsreformen bisher einzige Präsident der Französischen Republik aus den Reihen der Sozialistischen Partei, François MITTERAND, war schon vorher, in der sogenannten Vierten Republik, ein prominenter Politiker. Mehrfach gehörte er als Minister einer Regierung an. Einflußreich war er allemal: Sein Wort konnte den Ausschlag darüber geben, ob ein Kabinett bzw. eine Koalition zustande kam oder kläglich scheiterte. In dieser Zeit der 1950er Jahre, also lange vor seiner Präsidentschaft erwarb MITTERAND sich den Beinamen *le Florentin*, was natürlich kein Hinweis auf den Ort seiner Herkunft sein sollte.

Wie alle derartigen Namen war auch dieser nicht frei von Zweideutigkeit: Einerseits war die Bezeichnung nicht als ein Kompliment gemeint, weil sie eine Anspielung auf das „machiavellistische" Wesen dieses Parteipolitikers sein sollte, der für Macht und Einfluß viel, für moralische Skrupel indes wenig übrig hatte; andererseits schwingt, wenn europäische Journalisten einem aktiven Politiker nachsagen, er folge den Einsichten und Lehren MACHIAVELLIS, immer auch eine gewisse — womöglich nur widerwillig gezollte — Anerkennung, ja Bewunderung mit, was wiederum daran liegt, daß jener Niccolò MACHIAVELLI selber, als Figur der europäischen Ideengeschichte, geradezu ein Musterbeispiel der Ambivalenz war, ist und wohl noch lange bleiben wird.

Mit nur ein wenig Übertreibung kann man diese Ambivalenz so auf den Punkt bringen: Politiker, Manager und andere *very important persons* (wie z.B. Journalisten) fühlen sich zwar verpflichtet, den – vermeintlich offenkundigen – Amoralismus der Lehre MACHIAVELLIS zu verdammen, und ebenso hemmungslos, wie sie dieser Pflicht nachkommen, wünschen sie für sich selber, Machiavellisten zu sein — naturgemäß erfolgreiche im Unterschied zu CESARE BORGIA. Was in dieser ambivalenten Einstellung zu MACHIAVELLI oder vielmehr dem gegenüber, was als Machiavellismus gilt, seinen Ausdruck findet, ist eine dumpfe Ahnung, daß gerade die moralisch anrüchigen Mittel, zu denen, wer politische Herrschaft ausübt, gelegentlich zu greifen versucht ist, zugleich genau die Mittel sind, die — „wenn man die Menschen nimmt, wie sie nun einmal sind" — am ehesten den Erfolg sichern. Es ist zu befürchten, daß die von denselben Akteuren so verdächtig oft zu hörende emphatische Zustimmung zu Max WEBERs bekannter Äußerung über den Vorrang der „Verantwortungsethik" vor der „Gesinnungsethik" in der Politik, ebenfalls dieser Ahnung geschuldet ist. Wenn es sich so verhalten sollte, dann hätte man hierin ein exzellentes Beispiel dafür, wie die Rezeption von Klassikern der Ideengeschichte zu den delikatesten Kombinationen führen kann, fast so delikat wie die Koalitionen, auf die sich manche der zahlreichen Kabinette der Vierten Republik in Frankreich stützten (nicht zuletzt aufgrund der Machinationen des „Florentiners" MITTERAND).

Angesichts der beschriebenen Ambivalenzen versteht man auch, weshalb Florentiner sich nicht kompromittiert sehen, wenn der Name ihrer Stadt zur Charakterisierung eines besonders raffinierten Meisters der politischen Intrige zweckentfremdet wird. An die „Ideenassoziation", welche einem zu diesem Namen alsbald den von MACHIAVELLI in den Sinn kommen läßt, sind sie ohnehin gewöhnt und fühlen sich dadurch keineswegs herabgesetzt. Eher ist das Gegenteil der Fall — abgesehen davon, daß einem zu Florenz mit derselben Promptheit außerdem die Namen anderer großer Männer (und Frauen) einfallen. In umgekehrter Richtung ist das Assoziationsverhältnis daher noch enger: Wer an MACHIAVELLI denkt, der (oder die) denkt beinahe *eodem actu* auch an Florenz.

So bedarf es weder einer Rechtfertigung noch einer Erklärung, daß die Studierenden aus dem von Ulrich ARNSWALD vor einigen Jahren am Insitut für Philosophie der Karlsruher Universität gehaltenen Seminar zur politischen Philosophie MACHIAVELLIs die Seminararbeit mit einer Exkursion nach Florenz fortzusetzen bereit waren. Wie aus Seminar und Exkursion die Beiträge in diesem Band hervorgegangen sind, ist an anderer Stelle beschrieben. Wir können uns in diesem kleinen Nachwort auf den Hinweis beschränken, daß man in dem Band an mehreren Stellen ausgeführt findet, wie sich nicht dieselben, aber den skizzierten ähnliche Ambivalenzen auch für andere Gestalten des *rinascimento* diagnostizieren lassen, ja schließlich für die ganze sogenannte Renaissance.

Zu einem erheblichen Teil gehen diese Ambivalenzen darauf zurück, daß es in der Ideengeschichte stets einen Abstand gibt zwischen einerseits dem, was für den Inhalt der Lehren eines Klassikers gemeinhin gehalten wird, und andererseits dem, was denen aufstößt, die sich mit dessen Werken und ihrem Kontext näher beschäftigen. Es gibt eben die im allgemeinen Diskurs gehandelten „Bilder", z.b. der Lehren MACHIAVELLIS oder überhaupt der Philosophie der Renaissance, und daneben gibt es die verständlicherweise nur noch selten studierten Originaltexte selbst und mit ihnen eine Fülle intertextueller und kontextueller Kleinigkeiten, die in jenen „Bildern" schon deshalb gar nicht alle vorkommen können, weil diese dann im allgemeinen Diskurs gar nicht mehr zu „händeln" wären. Manchmal führt das Aufspüren solcher Kleinigkeiten indes zu einer Modifikation jener „Bilder", was dem allgemeinen Diskurs und damit auch der Allgemeinheit zum Vorteil gereicht. Gerade eine wissenschaftlich-technisch geprägte Zivilisation verträgt es schlecht, wenn mit Bezug auf ihre eigene kulturelle Tradition bloß geglaubt wird, wo man es statt dessen besser wissen könnte.

Als wir vor sieben Jahren in der Fakultät für Geistes- und Sozialwissenschaften der Universität Karlsruhe, großartig unterstützt von unseren Kolleginnen und Kollegen aus den Fächern Germanistik, Geschichte und Philosophie, den Studiengang *Europäische Kultur und Ideengeschichte* (kurz: EUKLID) eingeführt haben, waren es solche Überlegungen, von denen wir uns haben leiten lassen. Daß die Gegenstände, mit denen wir Historiker, Philologen und Philosophen uns beschäftigen, außerhalb der engeren Fachzusammenhänge gar kein Interesse fänden und so einen greifbaren „gesellschaftlichen Nutzen" vermissen ließen, ist nichts weiter als böswillige Propaganda. Die darin verborgene Tatsachenbehauptung wird durch das Faktum, daß über diese Gegenstände nahezu jedermann seine festen Meinungen hat, glatt widerlegt. Eine Gesellschaft, die sich selbst als Wissensgesellschaft begreift, kann es sich aber schlicht nicht leisten, daß es für einen Bereich, in dem ihre Mitglieder so entschieden meinungsfreudig sind, keine diese Meinungen nötigenfalls korrigierende Wissenschaft gibt. Der Schaden, den sie davontrüge, wollte sie diese für entbehrlich erklären, ist jedenfalls weit größer als das, was bei oberflächlicher Betrachtung an greifbarem Nutzen zu fehlen scheint. An „Zulauf" oder, marktkonform ausgedrückt, an Nachfrage fehlt es unseren Fächern und speziell dem EUKLID-Studiengang überdies ohnehin nicht. Man hat überhaupt noch nie davon gehört, daß irgendwo in Deutschland oder sonstwo in der Welt spezielle Werbekampagnen für geisteswissenschaftliche Fächer aufgelegt worden seien, um einer als zu gering empfundenen Nachfrage nach Studienplätzen zu begegnen, wie es für die sogenannten MINT-Fächer[1] offenbar nötig zu sein scheint. An der technisch-naturwissenschaftlich ausgerichteten Universität Karlsruhe, die jetzt ein Teil des *Karlsruher Instituts für Technologie* (KIT) ist, hat es an einem Interesse an den Gegenständen der Geisteswissenschaften, auch und gerade von Studierenden der MINT-Fächer, übrigens niemals gefehlt.

Um diesem Interesse ebenso wie dem zukünftiger Fachstudierender etwas Greifbares bieten zu können, haben wir uns entschlossen, unsere im Verlag KIT Scientific Publishing (ehemals Karlsruher Universitätsverlag) bereits bestehende Reihe „EuKlid–Studien" um eine zweite Abteilung, „EuKlid–Mitteilungen", zu ergänzen. Dort wollen wir von Lehrkräften oder Studierenden (oder beiden) angefertigte wissenschaftliche Arbeiten publizieren, die inhaltlich oder aufgrund ihrer Genese eine besondere Nähe zum Karlsruher Studiengang EuKlid auszeichnet. Der interessierten Öffentlichkeit innerhalb wie außerhalb des KIT und damit speziell auch den Studieninteressierten von morgen möchten wir auf diese Weise eben „mitteilen", worum es geht, wenn in Karlsruhe von EuKlid die Rede ist.

---

[1] „MINT" steht für: <u>M</u>athematik, <u>I</u>nformatik, <u>N</u>aturwissenschaft und <u>T</u>echnik.